90단계

기초영문법

90단계
기초영문법

토익 · 토플 · 텝스 · 공무원 임용시험과
수능시험을 위한 영문법 완벽 가이드

신규철 지음

신아사

신규철(申奎澈) (K. C. Shin/ Ph.D)

고려대학교 영어교육과 졸업
한국외국어대학교 대학원 영어과 졸업
고려대학교 대학원 영어영문학과 졸업: 영어학박사(영어교육 전공)
극동대학교 교수(언어교육연구소 소장)
한국영어학학회 이사/ 한국영어어문교육학학회 이사/범태평양응용언어학회 이사
미국 하와이대학교(University of Hawaii at Manoa) 언어학과 연구교수

주요저서

한국인을 위한 자동화 영어학습법/ 영어교육학/ 현대영어교육론/ Reading Update/
차세대 One-Stop 영작문/ Grammar Star/ 고교필수 영단어/ 주니어 토플 외 다수.

90단계
기초영문법

발행일

1판 1쇄 찍음 • 2007년 2월 28일
1판 1쇄 펴냄 • 2007년 2월 28일

저 자

신규철

펴낸이

정현걸

발행처

신아사

인 쇄

남양인쇄

ISBN

978-89-8396-561-5

정 가

15,000원

출판등록 • 1956년 1월 5일 (제9-52호)
서울특별시 은평구 녹번동 28-36번지 2F
TEL : 02)382-6411 • FAX : 02)382-6401
홈페이지 • www.shinasa.co.kr
이메일 • shinasa@chol.net

머리말

지구촌 시대를 살아가는 우리에게 정보습득과 의사소통의 대표적 역할을 하는 것이 영어이다. 세계어로서의 영어는 그 만큼 많은 영향력을 갖고 있으며, 현대사회는 우리에게 절대적인 영어 실력을 요구하고 있다.

영어를 마스터하기 위해서는 읽기 · 쓰기 · 말하기 · 듣기의 모든 영역이 완성되어야 한다. 그러나 우리와 같이 외국어로서 영어를 배우는 사람들이 이 4가지 기능을 완벽히 배우는 것이 쉽지 않다. 그러므로 우리는 영어를 근본적으로 이해하고 탄탄한 초석을 쌓음으로써 그 정상에 갈 수 있는 것이다. 그러한 초석을 배우는 것이 바로 영어의 구조와 규칙을 배우는 것이다. 영어의 구조와 규칙을 올바로 이해한다면, 읽기와 쓰기는 물론, 말하기 · 듣기에도 올바른 이해를 도모하며 제대로 영어실력을 향상시킬 수 있다.

현재 우리사회는 영어를 배우고 가르치는 가운데, 그 방향성을 제대로 정립하지 못하고 있는 부분이 있다. 언어를 이해하는데 필요한 지식과 규칙을 이해하지 않고는 올바른 영어실력을 기대하기 어렵다. 영어시험에 필요한 실력에 꼭 필요한 것이 바로 정확하고 올바른 문법지식이다. 본서는 이러한 의미에서 TOEIC이나 TOEFL · TEPS · 공무원 시험 · 수능을 준비하는 영어학도 들에게 필수적으로 알아야 되는 문법지식과 실전문제들을 90단계로 나누어 완벽하게 정리 할 수 있게 만들었다. 또한, 이 한 권의 문법책으로 충분히 모든 시험에 대비 할 수 있도록 철저한 개념 설명과 충분한 문제를 수록하였다.

이 책의 특징은 가장 알기 쉬운 설명과 예문을 통해, 영어를 쉽게 익힐 수 있게 구성하였으며, 전체를 90단계로 나누어, 90단계를 통과하면 정상에 설 수 있도록 짜임새 있게 만들었다. 또한, 각 단계마다 정선된 실전문제와 확인문제를 실어 완벽하게 시험에 대비하도록 만들었다. 이 책은 영어를 올바르게 이해하고 탄탄하게 영어실력을 향상하고자 하는 학생들과, 토익 · 토플 · 텝스 · 공무원 시험 · 수능과 같은 영어 시험에 대비해 총정리하려는 수험생들을 위해 알차게 준비하였다.

끝으로 이 책이 여러분의 영어실력에 조금이라도 보탬이 되기를 기대하며, 오랫동안 잊혀지지 않는 좋은 문법책으로 여러분의 머리 속에 남기를 바란다. 아울러, 이 책의 출판을 위해 아낌없는 성원을 보내주신 정현걸 신아사 사장님, 한규갑 상무님 그리고 편집진에게 심심한 감사의 말씀을 전하고 싶다.

2007년 3월　　지은이

Part 01 문장구조

Part 02 품사

C·O·N·T·E·N·T·S

Part 03 동사의 활용

C·O·N·T·E·N·T·S

Part 04 구와 절

C·O·N·T·E·N·T·S

Part 05 정답 및 해설

90/단/계/기/초/영/문/법

문장구조

01 문장구조

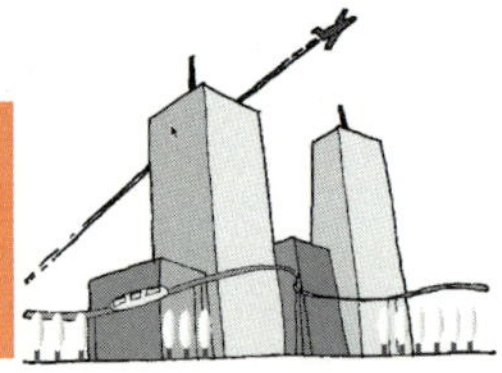

✲ 영어의 문장구조는 〈주어〉와 〈동사〉를 필수요소로 하며, 〈목적어〉와 〈보어〉로 이루어진다. 그리고 추가적으로 그 요소를 설명해 주는 〈수식어〉가 나올 수 있다.

✲ 영어의 문장형식은 주어 · 동사 · 목적어 · 보어의 구성에 따라 5개의 형식으로 되어있다.

문장의 구성요소

주어 + 동사	목적어 보어	(수식어)

Step 01 :: 문장의 종류

1. 평서문

: 사실을 그대로 진술하는 문장으로서 긍정문과 부정문이 있다.

부정문 만드는 법

(1) Be동사 (is · am · are · was · were)
조동사 (will · can · may · must · need 등)] + not

(2) 일반동사 [현재일 때: do(es) not + 원형
과거일 때: did not + 원형

(3) have (has, had) [+ not (영국식)
조동사(do, does, did) + not (미국식)

I am happy.	나는 행복하다.
→ I am not happy.	
He will succeed this time.	그는 이번에 성공할 것이다.
→ He will not succeed this time.	
She goes to church.	그녀는 교회에 간다.
→ She does not (=doesn't) go to church.	
He studied English.	그는 영어 공부를 했다.
→ He did not (=didn't) study English.	
He has a car.	그는 차를 갖고 있다.
→ He has not a car.	영국식
→ He doesn't have a car.	미국식

※ have 동사가 「가지다」뜻이 아닐 경우는 일반동사 취급한다.

We have lunch at noon.	우리는 정오에 점심을 먹는다.
→ We don't have lunch at noon	

2. 의문문

: 의문을 나타내는 문장으로서 그 종류로는 의문사 없는 의문문 · 의문사 있는 의문문 · 선택 의문문 · 부가의문문 · 간접의문문 등이 있다.

의문문 만드는 법

be 동사와 조동사는 주어 앞으로 이동하여 의문문을 만든다.

(1) **Be동사** + 주어 ~ ?
조동사 + 주어 ~ ?

(2) **일반동사**
현재일 때: Do(es)+주어+동사원형~?
과거일 때: Did+주어+동사원형~?

She is a nurse.	그녀는 간호사이다.
→ Is she a nurse?	
He can play the piano	그는 피아노를 칠 수 있다.
→ Can he play the piano?	
He comes home late.	그는 늦게 집에 온다.
→ Does he come home late?	
They studied in the library.	그들은 도서관에서 공부했다.
→ Did they study in the library?	
He has a car.	그는 차 한 대를 갖고 있다.
→ Has he a car?	영국식
→ Does he have a car?	미국식

① 의문사 없는 의문문

: Yes나 No로 대답할 수 있는 의문문

Is she O. K?	그녀는 괜찮아요?
Yes, she is. (예) (or No, she isn't) (아니요)	
Does she go to church?	그녀는 교회에 다닙니까?
Yes, she does. (예) (or No, she doesn't) (아니요)	
Did he study English?	그는 영어공부를 합니까?
Yes, he did. (예) (or No, he didn't) (아니요)	

② 의문사 있는 의문문

: 의문사로 시작하고 Yes나 No로 대답할 수 없는 의문문

Who is that lady?	저 소녀는 누굽니까?
What do you do?	당신은 무엇을 하고 지내십니까?
Who broke the window? [의문사 who가 주어]	누가 창문을 깼나요?

③ 선택의문문

: 둘 중에서 선택을 구하는 의문문으로서 Yes, No로 대답할 수 없는 의문문

Is he a teacher or poet?	그는 선생님입니까, 아니면 시인 입니까?
He is a poet.	그는 시인입니다.
Do you go to work by bus or by subway?	당신은 직장에 버스로 가십니까? 아니면 지하철로 가십니까?
I go to work by subway.	나는 지하철로 직장에 갑니다.
Which do you like better, spring or autumn?	당신은 봄과 가을 중에 어느 것을 더 좋아하십니까?
I like spring better.	나는 봄을 더 좋아 합니다.

④ 부가의문문

: 상대방에게 확인이나 동의를 구하는 의문문으로서 일반적으로 긍정문 뒤에는 부정의문문을 부정문 뒤에는 긍정의문문을 덧붙인다.

Mary is happy, isn' t she?	메리는 행복하지요? 그렇지 않아요?
You aren' t hungry, are you?	당신은 배가 고프지 않지요? 그렇지요?

※ 명령문의 부가의문문은 will you?를 사용하고 Let' s~ 부가의문문은 shall we?를 덧붙인다.

Close the door, will you?	문 좀 닫아주실래요?
Pass me the salt, will you?	소금 좀 건 내 주실래요?
Let' s go to the park, shall we?	공원에 갑시다, 어때요?

⑤ 간접의문문

: 의문문이 문장의 일부로 쓰이는 경우로서 <의문사+주어+동사> 어순이다.

Do you know **who she is**?	당신은 그녀가 누구인지 아세요?
Do you know **where he lives**?	당신은 그가 어디 사는지 아세요?

※ 단 간접의문문이 think, believe, guess, imagine, suppose 뒤에 올 때 의문사는 문장 맨 앞으로 이동한다.

Who do you think she is? — 그녀가 누구라고 생각하십니까?

Where do you think he lives? — 그가 어디 산다고 생각하십니까?

3. 명령문

: 명령 · 금지를 나타내는 의문문으로 직접명령문과 간접명령문이 있다.

(1) 직접명령문

: 상대방에게 직접 명령하는 것으로, 보통 you를 생략하고 동사원형으로 시작한다.

You open the door. | 문 열어라.

→ Open the door

You are quiet. | 조용히 해라.

→ Be quiet

You don' t close the window. | 창문 닫지 마라.

→ Don' t close the window.

※ 특히 상대방을 지적해서 명령할 때는 you를 생략하지 않는다.

You come here, John. | 존, 너 이리로 와.

(2) 간접명령문

: 1인칭과 3인칭명령문으로 let+목적어+동사원형(R)을 쓰고, 부정명령문은 not+동사원형(R)을 쓴다.

Let him go there. | 그를 거기에 가게 하세요.

Let him not go there. | 그를 거기에 가지 말게 하세요.

Let us go there. | 우리를 거기에 가게 해주세요.

cf) Let' s go there. | 거기에 갑시다.

4. 감탄문

: 강한 감정을 나타내는 문장으로 감탄부호를 붙인다.

(1) What+(a, an)+형용사+명사+주어+동사
(2) How+형용사 or 부사+주어+동사

This is a very pretty flower. ➔ What a pretty flower this is! cf. How pretty a flower this is!	이것은 매우 예쁜 꽃이다.
It is really hot today. ➔ How hot it is today!	오늘은 정말 매우 덥다.
He walks very fast. ➔ How fast he walks!	그는 매우 빨리 걷는다.

Step 01 **확인 문제**

001

다음 문장을 부정문으로 고치세요.

(1) Jane can play the violin.
(2) You are my only sunshine.
(3) He lives in Busan.
(4) They left for home last week.
(5) He has a computer in his office.
(6) Sit down, please.
(7) He works very hard until late at night.
(8) Let him read the book.
(9) He has finished the work on time.
(10) Mary and Jane will go out for a walk.

002

다음 밑줄 친 부분을 바르게 고치세요.

(1) Do your brother like to go to the movies?
(2) Does he play tennis last weekend?
(3) Did she watched TV last night?
(4) Do you know where does he live?
(5) What fast the dog runs?

003

다음 문장을 다음 지시대로 바꾸세요.

(1) The movie is really exciting. (감탄문으로)
(2) Move the box over there. (부정명령문으로)
(3) What a beautiful day it is! (평서문으로)
(4) He goes to the movies. (간접명령문으로)
(5) They have breakfast early in the morning. (의문문으로)
(6) Do you know? What time is it? (간접의문문으로)
(7) Do you think? How old is she? (간접의문문으로)

004

다음 부가의문문을 완성하세요.

(1) You are hungry, ____________?
(2) He likes to work on a computer,____________?
(3) You went there yesterday, ____________?
(4) You didn' t study last night, ____________?
(5) Help me, ____________?
(6) Have a cup of coffee, ____________?
(7) Let' s play tennis this weekend, ____________?

Step 02 :: 주어와 동사

① 주어란?

우리말의 〈~는 · 은 · 가 · 이〉에 해당하는 문장의 핵심요소이며 동사의 주체가 된다.

➔ 우리말의 예를 들어 보자.

『나는 도서관에 책을 반납하러 갔다.』에서 주어는 『**나는**』이다.

② 동사란?

우리말의 〈~하다〉에 해당하며, 문장에서 주어와 함께 문장의 중심을 이룬다.

➔ 우리말의 예를 들어보자.

『나는 도서관에 책을 반납하러 갔다』에서 동사는 『**갔다**』이다.

✲ 주어: 문장의 필수요소–동작의 주체–동사와 일치

➔ The concert begins at 7. | **콘서트가** 7시에 시작된다.

✲ 동사: 주어의 동작 설명–문장의 핵심요소–주어와 일치–시제 설명

➔ I lost my cell phone in the bus. | 나는 버스에서 나의 휴대폰을 **잃어버렸다.**

<주어>

영어 문장에서 주어는 동작의 주체로서 명사 · 대명사에 해당하는 말이 사용된다.

다음 문장에서 주어를 찾아보자.

- **I** came here. — **나는** 여기에 왔다.
- **My uncle** bought me a flower. — **나의 아저씨는** 나에게 꽃 한 송이를 사주셨다.
- **They** lived together in a large house. — **그들은** 커다란 집에 같이 살았다.

→ 위의 문장에서 I, My uncle, They가 주어가 된다.

<동사>

동사는 주어의 동작이나 상태, 그리고 시제를 설명해 준다.

다음 문장에서 동사를 찾아보자.

- I **came** here. — 나는 여기에 **왔다**.
- My uncle **bought** me a flower. — 나의 아저씨는 나에게 꽃 한 송이를 **사주셨다**.
- They **lived** together in a large house. — 그들은 커다란 집에 같이 **살았다**.

→ 위의 문장에서 came, bought, lived가 문장의 동사가 된다.

Step 02 **확인 문제**

001

주어에 동그라미 하세요.

1. He arrives at the station at ten everyday.	그는 매일 10시에 정류장에 도착한다.
2. Our school is at Moonwon-Dong in Kwacheon city.	우리 학교는 과천시에 있는 문원동에 있다.
3. Jennifer goes to church with her mother.	제니퍼는 그녀와 엄마와 교회에 다닌다.
4. Smoking is bad for your health.	흡연은 당신의 건강에 나쁘다.
5. The sun rise above the horizon.	태양이 수평선 위로 떠오른다.

002

동사에 동그라미 하세요.

1. He dances well.	그는 춤을 잘 춘다.
2. Many people die of old age.	많은 사람들이 노령으로 죽는다.
3. Jane lives in a house by the river.	제인은 강가에 있는 집에 살고 있다.
4. The examination begins on March 1.	시험은 3월 1일에 시작한다.
5. The taxi run around the hill.	택시가 언덕 근처로 달리고 있다.

Step 1~2

Actual Test

001

Yesterday, we ______ to the postoffice.

(A) going (B) went (C) to go (D) go and

002

______ bought me a new computer.

(A) Mary (B) Yesterday (C) Mary she (D) Books

003

Alex ______ to watch TV with his sister.

(A) he (B) and (C) to like (D) likes

004

Jane ______ a cell phone.

(A) from Mary (B) had (C) and Tom (D) to have

005

______ a note book from the store.

(A) I (B) I bought (C) I to bey (D) Robert I

Step 03 :: 목적어와 보어

⚜ 영어 문장은 동사의 대상이 되는 말이 필요 할 때가 있다. 그 대상이 되는 말을 목적어라고 한다. 영어의 동사는 목적어가 필요한 동사와 목적어가 필요 없는 동사가 있다.

⚜ 주어나 목적어를 보충적으로 설명해 주는 말이 필요할 때가 있는데, 그것을 보어라고 한다.

① 목적어란?

⚜ 목적어는 우리말의 『~을(를)』에 해당하는 말이다. 목적어는 동사가 나타내는 동작이나 상태의 대상이 된다.

⚜ 우리말의 예를 보자. 『그는 책을 서점에서 샀다.』라는 문장에서 『책을』이 목적어에 해당된다. 영어의 목적어는 명사나 대명사에 해당하는 말이다.

② 보어란?

⚜ 보어는 주어나 목적어를 보충설명해 주는 말로, 주어나 목적어가 (~이다), (~하다)에 해당한다. 주어를 보충설명하면 주격보어, 목적어를 보충설명하면 목적격 보어가 된다. 보어로 쓰이는 말은 명사 · 대명사 · 형용사에 해당하는 말이다.

⚜ 우리말의 예를 보자. 『그는 훌륭한 영어선생님 이다.』라는 문장에서 『 훌륭한 영어선생님』은 『그』라는 주어를 보충설명해 주는 주격보어가 된다 (그 = 훌륭한 영어선생님). 또한 우리말의 『나는 아내를 멋진 배우로 만들겠다.』라는 문장에서 『멋진 배우』는 목적어『아내』를 보충설명해 주는 목적격 보어이다 (아내 = 멋진 아내).

✲ 목적어: 동사의 동작이나 상태의 대상–명사나 대명사에 해당 되는 말

➔ He likes basketball. | 그는 **농구를** 좋아한다.

✲ 보어: 보충 설명해 주는 말,

【주격보어】 주어의 의미나 상태를 설명.

➔ Mary is sick today. | 메리는 오늘 **아프다.**

【목적격보어】 목적어의 의미나 상태를 설명.

➔ The teacher believes Jane honest. | 선생님은 제인을 **정직하다고** 믿고 있다.

〈목적어〉

♣ 목적어란 동사가 나타내는 동작이나 상태의 대상이다.

다음 문장에서 목적어를 찾아보자.

- He always invite **Jennifer** to the party. | 그는 항상 **제니퍼를** 파티에 초대한다.
- She opens **the door**. | 그녀는 **문을** 열고 있다.
- She likes **baseball**. | 그녀는 **야구를** 좋아한다.

➔ Jennifer, the door, baseball은 동사의 목적어 역할을 한다.

〈보어〉

♣ 주격보어는 주어의 의미나 상태를 설명한다.

다음 문장에서 주격보어를 찾아보자.

- Alex is **a movie star**. | 알렉스는 영화배우이다.
- John is **smart**. | 존은 영리하다.
- Mary looks **happy**. | 메리는 행복해 보인다.

➔ a movie star(**명사**), smart(**형용사**), happy(**형용사**)가 주격보어로 쓰였다.
각각 주어를 보충 설명해 주고 있다. (Alex= a movie star, John=smart, Mary=happy)

♣ 목적격보어는 목적어의 의미나 상태를 설명한다.

다음 문장에서 목적격 보어를 찾아보자.

- Don' t call me "**Pumpkin**"! | 나를 '호박' 이라고 부르지마!
- My sweater keeps me **warm**. | 나의 스웨터가 나를 따뜻하게 해 주고 있다.
- She watches him **cross** the street. | 그녀는 그가 거리를 건너는 것을 보았다.

➔ Pumpkin, warm, cross는 목적격 보어로 쓰였다. 각각 목적어를 보충 설명해 주고 있다.
(me=Pumpkin, me=warm, him=cross 의 관계를 보여준다.)

Step 03 **확인 문제**

001

목적어에 동그라미 치세요.

1. Jane loves him so much.	제인은 그를 아주 많이 좋아한다.
2. They like soccer.	그들은 축구를 좋아한다.
3. She has a cell phone.	그녀는 휴대폰을 갖고 있다.
4. The police run after her.	경찰들은 그녀를 뒤쫓고 있다.
5. I like reading a novel.	나는 소설 읽는 것을 좋아한다.

002

보어에 동그라미 치세요.

1. Tom is a lawyer.	톰은 변호사 이다.
2. I want to make her a good nurse.	나는 그녀를 훌륭한 간호사로 만들고 싶다.
3. She paints the wall white.	그녀는 벽을 흰색으로 칠하고 있다.
4. They looks happy.	그들은 행복해 보인다.
5. Mary is ill today.	메리는 오늘 아프다.

문장 형식

- 문장의 형식은 필수성분인 주어 · 동사를 중심으로, 목적어 · 보어의 의미상의 관계에 따라 나뉘어진다.
- 영어문장은 1형식부터 5형식까지로 나눈다. 이것은 문장의 길이와는 상관없다. 즉, 5형식이 1형식이나 2형식보다 무조건 길다는 뜻이 아니다. 따라서 수식어가 많이 있는 문장의 경우 1형식이 5형식 보다 길 수 도 있다.

→ 수식어는 문장의 형식에서 제외된다.
수식어란 부사나 전치사를 포함한 부사구 등이 해당된다.

→ 문장의 형식은 동사의 성격에 따라 달라진다.
– 목적어가 있는 동사를 타동사, 목적어가 없는 동사를 자동사라 한다.
– 보어가 없는 동사를 완전동사라고 한다.

〈문장의 형식〉

♣ **1형식** 주어 + 동사
Time passes. | 시간은 흘러간다.

♣ **2형식** 주어 + 동사 + 주격보어
He comes back safe. | 그는 안전하게 돌아온다.

♣ **3형식** 주어 + 동사 + 목적어
I like the new watch. | 나는 새 시계를 좋아한다.

♣ **4형식** 주어 + 동사 + 간접목적어(~에게) + 직접목적어(~을)
My teacher gives me much advice. | 나의 선생님은 나에게 많은 충고를 해 주신다.

♣ **5형식** 주어 + 동사 + 목적어 + 목적격보어
We elect him captain of our club. | 우리는 그를 우리 클럽의 대표로 선출한다.

Step 03 Actual Test

001

He likes ______ very much.

(A) Jennifer (B) she (C) in the room (D) to live

002

My answer is ______.

(A) them (B) right (C) or right (D) at right

003

The ground around the house ______.

(A) wet (B) is wet (C) to wet (D) and wet

004

Soccer is ______ for the young.

(A) the game (B) and it (C) likes (D) likes and

005

I look up ______ in the dictionary everyday.

(A) the words (B) the words that (C) the words them (D) the words and

Step 04 :: 자동사: 1형식과 2형식

✤ 1형식은 주어와 동사로만 구성 된다.
✤ 동사는 목적어나 보어가 필요 없는 동사이다. (완전자동사)

✤ 2형식 동사는 주어와 동사, 그리고 주격보어로 되어있다.
✤ 주격보어는 주어의 상태 · 모양 · 성질 · 신분 등을 나타낸다.

(1) 1형식: 주어 + 동사

다음의 문장들을 비교해 보자.

- The dog jumps. | 개가 뛰고 있다.
- The dog jumps (through the window). | 개가 창문을 뛰어넘고 있다.

➔ 이 두 문장은 똑같이 1형식 문장이다.
『through the window』라는 구조는 전치사(through)를 포함한 부사구로 수식어에 해당된다.

- A bird sing. | 새가 노래한다.
- A bird sing (on the tree). | 새가 나무위에서 노래한다.

➔ 위의 문장도 주어+ 동사로 이루어지는 1형식 문장이다.
『on the tree』는 수식어에 해당되므로 문장의 형식에 영향을 주지 않는다.

- A leaf falls. | 나뭇잎이 떨어지고 있다.
- A leaf falls (in the park). | 나뭇잎이 공원에서 떨어지고 있다.

➔ 첫 번째 문장은 주어(a leaf) + 동사(falls) 로 이루어진 1형식 문장이며,
두 번째 문장은 주어(a leaf) + 동사(falls) +수식어(in the park)로 이루어진 1형식 문장이다.

※ 1형식 문장도 수식어가 많으면 문장의 길이가 길어 질 수 있다는 것을 알 수 있다.

(2) 2형식: 주어 + 동사 + 보어(주격보어).

다음의 2형식 문장들을 보자.

- Our English teacher is tall and handsome.(상태) | 우리 영어선생님은 키가 크고 잘 생겼다.
- My wife lies asleep.(상태) | 나의 아내는 잠자는 상태로 누워있다.

[tip] be(is) 동사나 lie는 주어의 상태를 나타내는 동사이다.
주어와 주격보어의 관계를 연결해 준다.

- The food in the table is going bad.(상태의 변화)
- The football players are growing tired.(상태의 변화)

[tip] go, grow, become, turn, 등의 동사는 상태의 변화를 설명하는 동사이다.
2형식 동사는 상태의 변화를 연결해 주는 동사이다.

- She seems happy.(외견)
- My girl friend looks beautiful.(외견)

[tip] seem, look, appear 등은 보어로 형용사가 오며 주어의 외모를 설명해 준다.
[주의] 2형식 동사는 주어의 외모를 연결해 주는 동사이며, 보어는 반드시 형용사를 써야 된다.
우리말로 번역하다 보면 부사를 쓰기 쉽다.

- The grape tastes sour.(감각)
- The news sounds good.(감각)

[tip] taste, sound, smell, feel 등은 감각동사로 뒤에 보어로 형용사가 온다.
[주의] 2형식 동사는 감각동사가 될 수 있다. 이때 역시 보어는 형용사가 온다는 사실에 주목한다.
우리말 번역은 부사로 되는 함정이 있다.

<유사보어>

♣ 보어가 필요 없는 동사(완전동사)가 때때로 주어의 상태를 설명하는 말이 나올 때가 있다. 이런 보어를 유사보어라 한다.

다음의 예를 보자.

- His friend died young.
  (=His friend was young when he died.) | 그의 친구는 젊어서 죽었다.

❀ 목적어가 필요 없는 자동사 die 뒤에 보어가 나오는 특수구문이다.

☞ They returned home safe and sound.
(=They were safe and sound when they returned home.) | 그들은 무사히 집에 돌아왔다.

[주의] 자동사 return 뒤에 형용사형의 보어가 나오므로 번역상 부사로 하지 않도록 주의해야 한다.

Step 04

Actual Test

001

Like all living things, _______.

(A) dying cells (B) with cells die (C) cells die (D) the death of cells

002

Many skyscrapers _______ located in the center of New York.

(A) being (B) are (C) they are (D) which are

003

The food tasted _______.

(A) well (B) excellence (C) excellent (D) excellently

004

The pear looked _______ but he couldn' t it.

(A) sweet (B) sweetly (C) sweetness (D) sweeten

005

She finally became _______ as a violinist.

(A) fame (B) famous (C) famously (D) to fame

Step 05 :: 타동사: 3형식

- 3형식 동사는 목적어가 있으므로 타동사이고, 보어가 없으므로 완전동사이다. 그러므로 완전타동사라고 할 수 있다.
- 완전타동사는 전치사 없이 바로 목적어를 쓴다.

<3형식: 주어+동사+목적어>

다음 문장을 보자.

- I like a digital camera. | 나는 디지털카메라를 좋아한다.

➔ <I (주어) like (동사) a digital camera(목적어)>.

- He kicks a ball in the ground. | 그는 운동장에서 공을 차고 있다.

➔ <He(주어) kicks (동사) a ball (목적어) in the ground(수식어=부사구)>

- Jane sold her house to me two years ago. | 제인은 2년 전에 그녀의 집을 나에게 팔았다.

➔ <Jane(주어) sold(동사) her house(목적어) to me(수식어=부사구) two years ago(수식어=부사구.
* sold는 sell(팔다)의 과거형 동사. <sell-sold-sold>

❀ 3개의 문장의 목적어는 각각 a digital camera, a ball, her house라는 것을 쉽게 알 수 있다.

주 의

타동사는 바로 동사 뒤에 목적어를 쓰지만, 어떤 타동사는 자동사처럼 보여 전치사를 쓰는 실수를 저지르기 쉽다.

They reach the hotel. (O) They reach *at* the hotel. (X)	그들은 호텔에 도착하고 있다.
The gentleman approaches the castle. (O) The gentleman approaches *to* the castle. (X)	신사가 성으로 다가가고 있다.
My friend enters the classroom. (O) My friend enters *into* the classroom. (X)	내 친구가 교실로 들어가고 있다.

'~로, ~에게' 로 해석되는 reach, approach, enter 등은 전치사를 쓰지 않는다.

Jennifer married Tom. (O) Jennifer married *with* Tom. (X)	제니퍼는 톰과 결혼했다.

* 동사 marry(결혼하다)의 과거형은 –y를 –i로 고친 후 –ed를 붙인다.

The boy resembles his father. (O) The boy resembles *with* his father. (X)	그 소년은 아빠를 닮았다.

'~와' 로 해석되는 marry, resemble, become 등은 전치사를 쓰지 않는다.

The students discuss the matter. (O) The students discuss *about* the matter. (X)	학생들은 그 문제에 대해 토론하고 있다.
The police explain the problem clearly. (O) The police explain *about* the problem clearly. (X)	경찰들은 그 문제에 대해 분명하게 설명하고 있다.

'~에 대하여, ~에 관하여' 로 해석되는 discuss, mention, explain 등은 전치사를 쓰지 않는다.

Step 05 Actual Test

001

Alexander Graham Bell ______ the telephone.

(A) was invented (B) invented (C) invention (D) inventing

002

Mr. Kim married ______.

(A) with Miss Lee (B) to Miss Lee (C) Miss Lee (D) by Miss Lee

003

I attended ______ in England.

(A) London university (B) to London university
(C) at London university (D) from London university

004

They all ______ each other.

(A) resemble as (B) resemble with (C) resemble (D) resemble from

005

She introduced ______.

(A) me her brother (B) her brother to me (C) to me her brother (D) her brother me

Step 06 :: 타동사: 4형식

4형식 동사는 〈~에게(간접목적어) ~을(직접목적어) 주다〉 라는 의미로 쓰인다.

〈4형식: 주어+동사+간접목적어(~에게)+직접목적어(~을)〉

다음 문장에서 간접목적어와 직접목적어를 찾아보자.

- He gives her some flowers.
  (=He gives some flowers to her.) | 그는 그녀에게 꽃 몇 송이를 주고 있다.

➔ give, lend, send, tell 등은 〈to +간접목적어〉로 전환한다.
➔ her= 간접목적어(그녀에게), some flowers= 직접목적어(꽃 몇 송이를)

- Barbara buys him a cell phone.
  (= Barbara buys a cell phone for him.) | 바바라는 그에게 휴대폰을 사주고 있다.

➔ buy, make, get, find 등은 〈for + 간접목적어〉로 고쳐 쓸 수 있다.
➔ me= 간접목적어(나에게), a cell phone= 직접목적어(휴대폰을)

- He asks me several questions.
  (=He asks several questions of me.) | 그는 나에게 몇 가지 질문을 하고 있다.

➔ ask는 목적어가 question, favor일 때에 한하여 〈of + 간접목적어〉로 다시 쓸 수 있다.
➔ me= 간접목적어(나에게), several questions= 직접목적어(몇 가지 질문을)

주 의

⚜ save · cost · envy · forgive 등은 직접목적어와 간접목적어의 순서를 바꾸지 않는다. 이들은 자체가 〈~에게〉, 〈~을〉의 뜻을 갖는다.

The work cost him his life. (O)
The work cost his life to me. (X) | 그 일은 그에게 삶의 대가를 치르게 했다.

They forgive me my sin. (O)
They forgive my sin for me.(X) | 그들은 나에게서 죄를 용서해 주고 있다.

Step 06

Actual Test

001

My friend showed __________ a lot of pictures.

(A) to me (B) that (C) me (D) to

002

The teacher __________ them a story about the question.

(A) said (B) described (C) mentioned (D) told

003

My brother explained __________.

(A) me a question
(B) a question me
(C) a question to me
(D) to me a question

Step 07 :: 타동사: 5형식

⚜ 5형식 동사는 목적어가 있으므로 타동사이며, 보어가 있으므로 불완전동사이다. 그러므로 불완전타동사라고 할 수 있다.

⚜ 목적격보어는 목적어의 성질 · 상태 · 신분 등을 설명한다.

<5형식: 주어 + 동사 + 목적어 +목적격보어>

다음 문장에서 목적격보어를 찾아보자.

• He calls me Jack.

➔ me(목적어)= Jack(목적격보어)

그는 나를 잭이라 부른다.

• They find the box empty.

➔ the box(목적어)= empty(목적격보어)

그들은 그 상자가 비어있는 것을 알게 된다.

• They choose him captain of the team.

➔ him(목적어)= captain of the team(목적격보어)

그들은 그를 팀의 주장으로 뽑는다.

• I think him honest.

➔ him(목적어)= honest(목적격보어)

나는 그를 정직하다고 생각한다.

Step 07 **Actual Test**

001

Are you to leave ___________?

(A) open the door
(B) the door open
(C) the open door
(D) the door opening

002

I made a cake ___________.

(A) sweet
(B) sweetness
(C) sweetly
(D) sweeten

003

The designer tried to make the product ___________ and safe.

(A) attract
(B) attraction
(C) attractive
(D) attractively

90/단/계/기/초/영/문/법

품사

02 품사

✲ 영어는 말의 기능에 따라 명사 · 동사 · 형용사 · 대명사 · 관사 · 전치사 · 접속사 등의 품사로 나누어지는데, 각각의 품사는 문장 속에서 고유한 역할을 한다.

명 사

- 명사란 주어진 대상에 붙여주는 하나의 이름이다.
- 명사는 셀 수 있는 명사와 셀 수 없는 명사로 나눌 수 있다.
- 셀 수 있는 명사는 단수와 복수가 있고, 셀 수 없는 명사는 전체를 하나의 개념으로 취급하며 항상 단수가 된다.

Step 08 :: 셀 수 있는 명사: 보통명사/ 집합명사

⚜ 셀 수 있는 명사는 보통명사와 집합명사를 말하며, 셀 수 있는 개념이므로 단수형과 복수형을 쓸 수 있다.

- 단수에는 부정관사 a(n)를 붙일 수 있다.
- 복수에는 –s, –es를 붙인다.
- 복수는 many나 few 등 으로 수식한다.

1) **보통명사**: 같은 종류의 사람, 사물에 일반적으로 쓰는 명사
 예) computer(컴퓨터) · radio(라디오) · dog(개) · car(차) 등
2) **집합명사**: 개개의 구성원이 모여 집합체를 나타내는 명사
 예) class(학급) · family(가족) · committee(위원회) 등

1) 보통명사

(1) 일반적으로 사물에 붙여지는 이름이다.

예) dog(개), bag(가방), computer(컴퓨터), radio(라디오), book(책), telephone(전화)

(2) 셀 수 있으므로 단수, 복수의 구별이 있다.

단수는 부정관사 (a/an) 를 붙이고, 복수는 단어 끝에 /–s/ 나 /–es/ 를 붙인다.

단수	복수
a dog	dogs,
an easer	erasers
a computer	computers
a radio	radios
a match	matches
a telephone	telephones

- I borrowed a pencil from Alex. (연필 한 자루) — 나는 알렉스로부터 연필 한 자루를 빌렸다.
- I need two pencils to write with. (연필 두 자루) — 나는 가지고 쓸 연필 두 자루가 필요하다.
- I needed a match to play with. (성냥 한 개) — 나는 가지고 놀 성냥 한 개가 필요했다.
- They used five matches to light the fire. (성냥 다섯 개) — 그들은 불을 켜기 위해 다섯 개의 성냥을 사용했다.

2) 집합명사

(1) 하나의 집합으로 단수 취급하는 명사

전체를 하나로 보므로 단수로 본다.

family(가족), committee(위원회), audience(청중), class(학급) 등

- **My family is** a large one. — 나의 가족은 대가족이다.
- The **committee meets** twice in a week. — 위원회는 일주일에 두 번 만난다.
- There **was** a large **audience** at the game. — 경기에 많은 청중이 있었다.

(2) 군집명사: 집합명사 중 개개인의 구성원을 나타날 때는 복수가 된다.

사람들 한명씩을 말하므로 복수가 된다.

- My **family get** up early in the morning. — 나의 가족들은 아침 일찍 일어난다.
- The **committee are** all Asian. — 위원회 사람들은 모두 아시아인이다.
- The **audience are** all young girls. — 청중들은 모두가 어린 소녀들이다.

(3) 주의해야 할 복수명사

① the를 붙이는 집합명사

the police (경찰들), the nobility (귀족들)

② 집합명사에 관사나 복수형을 쓰지 않는 경우

Cattle(소떼), Vermin(해로운 생물/ 해충)

③ people: 사람들

a people(peoples): 국민, 민족

- **The police are** chasing after the criminal. — 경찰들은 범인을 쫓고 있다.
- **The nobility live** happily in the village. — 귀족들은 마을에서 행복하게 살고 있다.
- There are a lot of **cattle** in the area. — 그 지역에는 많은 소떼들이 있다.
- **People** say that he is honest. — 사람들은 그가 정직하다고 말한다.
- We don' t like a warlike **people**. — 우리들은 호전적인 민족을 좋아하지 않는다.

Step 09 :: 셀 수 없는 명사: 물질명사/ 고유명사

⚜ 셀 수 없는 명사:

- 원칙적으로 복수형이 없다.
- 부정관사 a(n)를 붙이지 않는다.
- 양을 나타내는 말 (much · little 등)을 붙인다.

1) **물질명사**: 일정한 형태가 없는 물질의 이름
예) sugar, sand, money 등
2) **고유명사**: 특정한 사람, 고유한 사물의 이름
예) Sarah, New York, Seoul Station 등

1) 물질 명사:

milk(우유), bread(빵), sugar(설탕), coffee(커피)

(1) 원칙적으로 셀 수가 없고, 관사나 복수 없이 단수형으로 취급한다.

- **Milk** is made into butter and cheese. | 우유는 버터와 치즈로 만들어진다.
- **Bread** is made from wheat. | 빵은 밀로 만들어진다.

(2) 양을 나타내며 much나 little 등으로 명사를 꾸며준다.

- **much** sugar (많은 설탕)
- **little** money (적은 돈)

(3) 수량을 나타내는 말을 사용하여 센다.

- **a glass of** milk (우유 한 잔)
- **a spoonful of** sugar (설탕 한 숟가락).
- **a pound of** sugar (설탕 1 파운드)
- **a cup of** coffee (한 잔의 커피)

[주의] 복수형은 단위를 나타내는 말에만 복수형을 쓴다.

- **two cups of** coffee (커피 두 잔)
- two **glasses** of milk (우유 두 잔)

(4) 물질명사에 관사나 복수형을 쓰는 경우는 그 명사의 상징적인 의미(제품, 종류, 사건)가 된다.

- paper (종이)
- fire (불)

- a paper (논문 · 신문 · 서류)
- a fire (화재사건)

- There is a sheet of **paper** on the desk. — 책상위에 종이 한 조각이 있다.
- We must look through the **papers**. — 우리는 서류들을 자세히 훑어보아야 했다.
- I must write a **paper** for graduation. — 나는 졸업을 위해 논문을 써야한다.

- **Fire** burns paper. — 불은 종이를 태운다.
- **A fire** broke out last night. — 어젯밤에 화재가 났다.

2) 고유명사

(1)원칙적으로 대문자로 시작하며, 관사(a/an)나 복수형이 없다.

- **Washington** is the capital of **America**. — 워싱턴은 미국의 수도이다.
- I love **Sandy**. — 나는 샌디를 사랑한다.

(2) 고유명사에 관사나 복수형이 되면 그 명사의 구체적인 의미(제품, 가족, 부부, ~와 같은 사람)를 나타낸다.

- I want to become **a Chomsky**. — 나는 촘스키 같은 언어학자가 되고 싶다.
- We will invite **the Clintons** to the party. — 우리는 클린턴 부부를 파티에 초대 할 것이다.

Step 10 :: 셀 수 없는 명사: 추상명사

✤ 눈에 보이지 않는 관념적인 명사이다.
예) beauty(사랑) · wealth(부) · truth(진실) · love(사랑) · peace(평화)

✤ 추상명사는 셀 수 없는 명사이므로, 일반적으로 부정관사나 복수형 접미사 /s/, /es/를 붙이지 않는다.

(1) 셀 수 없고 볼 수없는 명사이다.

원칙적으로 단수취급하고 관사나 복수형이 없다.

- This is important information. | 이것은 중요한 정보이다.
- Knowledge is power. | 아는 것이 힘이다.
- Happiness is our goal of life. | 행복은 우리 인생의 목표이다.

(2) 추상명사에 부정관사나 복수형이 붙으면 그 명사의 상징적인 의미를 나타낸다.

(사람 · 행동)

- Sarah was once a beauty. | 사라는 한 때 미인이었다.

(3) 추상명사는 much · little 등을 사용하여 많고 적음을 나타낸다.

세는 단위를 사용하여 수를 나타낸다.

- She had little experience in the field. | 그녀는 그 분야에서 경험이 거의 없다.
- Our teacher gave us a piece of information. | 우리 선생님은 우리에게 한 편의 정보를 주셨다.
- Our teacher gave us two pieces of information. | 우리 선생님은 두 편의 정보를 주셨다.

[tip] 복수형은 세는 단위에만 복수형을 쓴다.

Step 8~10

Actual Test

001

There are some __________ on the table.

(A) milks (B) sugars (C) moneys (D) roses

002

There is little __________ in the room.

(A) table (B) furniture (C) dollar (D) book

003

All our family __________ early every morning.

(A) get up (B) gets up (C) will get up (D) got up

004

He went to the library to get __________.

(A) an information (B) informations

(C) a few information (D) some information

005

I have __________ friends in the United States.

(A) a little (B) a few (C) much (D) little

Step 11 :: 명사의 복수형: 규칙변화와 불규칙변화

⚜ 명사의 복수형은 일반적으로 명사 뒤에 /s/, /es/ 를 붙이나, 불규칙적인 복수형은 일정한 원칙하에 이해하는 것이 좋다.

1) 규칙변화

(1) 대부분의 명사의 복수형은 명사 끝에 /s/를 붙인다.

• songs(노래들) • desks(책상들) • chairs(의자들)

(2) 명사가 /sh/, /ch/, /s/, /z/, /x/로 끝나면 명사에 /es/를 붙인다.

• brushes(솔들) • churches(교회들) • classes(학급들) • boxes(상자들)

(3) 자음+/y/로 끝나면 명사 끝이 /ies/가 된다.

• babies(아기들) • ladies(숙녀들)

(4) /o/로 끝나는 일부명사는 /es/를 붙인다.

• echo- echoes(메아리) • tomato- tomatoes(토마토) • hero- heroes(영웅)

[주의] /o/로 끝나도 /s/만 붙이는 경우도 있다.

➔ auto– autos (자동차), photo– photos(사진), piano– pianos(피아노)
➔ radio– radios(라디오), zoo– zoos(동물원)

(5) /f/ 나 /fe/ 로 끝나는 일부명사는 /ves/로 끝난다.

• life- lives(인생, 삶) • wolf- wolves(늑대) • knife- knives(칼) • thief- thieves(도둑)

[주의] 일부 명사는 /f/로 끝나도 /s/ 만 붙인다.

➔ cliff– cliffs (절벽), roof– roofs (지붕)

2) 불규칙 변화

(1) 불규칙 복수형

①모음이 변하는 경우

- man - men: 남성 • woman - women: 여성 • foot - feet: 발
- goose - geese: 거위 • ox - oxen: 황소 • tooth - teeth: 이

②단수, 복수형이 같은 경우

- deer: 사슴 • sheep: 양 • fish: 물고기 • shrimp: 새우
- trout: 송어 • salmon: 연어 • means: 수단 • series: 시리즈 • species: (동 · 식물의) 종

(2) 외래어 복수

① /um/으로 끝나는 낱말은 /a/로 바꾼다.

- datum (단수) - data (복수): 자료
- bactarium (단수) - bacteria (복수): 박테리아
- medium (단수) - media (복수):중간, 매개체

② /us/로 끝나는 단어는 /i/로 바꾼다.

- cactus- cacti (복수): 선인장 • nucleus- nuclei (복수): 핵
- stimulus - stimuli (복수):자극 • focus - foci (복수):촛점

③ /is/ 로 끝나는 낱말은 /es/로 바꾼다.

- oasis → oases (복수): 오아시스
- basis → bases (복수); 기초
- analysis → analyses (복수) : 분석
- crisis → crises (복수) : 위기

④ /on/으로 끝나는 낱말은 /a/로 바꾼다.

- criterion - criteria (복수): 기준
- phenomenon - phenomena (복수):현상, 사건

Step 11

Actual Test

001

The two ___________ are walking on the bridge.

(A) womans (B) womens (C) woman (D) women

002

How many ___________ do you have?

(A) sheeps (B) sheep (C) of sheeps (D) one of sheep

003

Deer ___________ the only animals with antlers.

(A) also (B) is (C) are (D) being

004

There are many ___________ in the back yard.

(A) goose (B) gooses (C) geeses (D) geese

005

The spools in a telephone receiver contain many ___________ of wire.

(A) foot (B) foots (C) feet (D) feets

Step 12 :: 명사의 소유격과 수식어

❀ 명사의 소유격은 어퍼스트로피 (')s를 붙이는 것이 원칙이다.
그러나 무생물의 경우는 [of+명사]의 형태를 쓴다.

❀ 이중소유격: 어떤 대명사는 소유격과 나란히 쓰지 않는다.
〈a(n) another no this/that some/any +명사 + of + 소유대명사〉

예) a friend of mine(나의 친구),
this hat of my father' s(나의 아버지의 모자)

1) 어퍼스트로피(')와 /s/ 를 붙인다.

(1) 단수의 소유격

- the boy - the boy' s (소년의)
- Linda - Linda' s (린다의)
- my friend - my friend' s (나의 친구의)

(2) 복수의 소유격

: /s/로 끝나는 낱말은 어퍼스트로피(') 만 붙인다.

- ladies- ladies' (숙녀들)
- wives- wives' (아내들)

[주의] /s/ 로 끝나지 않는 낱말은 어퍼스트로피(')와 /s/를 붙인다.

- men- men' s (남자들)
- children- children' s (아이들)

2) 수식어로서의 명사

(1) 복합명사에서 앞에 있는 명사는 수식어로 사용되며 단수로 쓴다.

- **shoe** store (구두 가게):

  shoe는 store를 수식하며 단수로 사용된다.
- **baby** food (아기 음식):

  baby는 food를 수식하며 단수로 사용된다.
- **airplane** seats (비행기 좌석들):

  airplane은 seats를 수식하며 단수로 사용된다.
- **flower** garden (화단):

  flower는 garden을 수식하며 단수로 사용된다.

(2) 숫자와 하이펀(-) 으로 연결된 명사가 꾸밀 때는 그 명사가 단수가 된다.

- My brother is **seven-year** old boy. | 나의 동생은 7 살 된 소년이다.

[주의] My brother is seven years old. | 나의 동생은 7살이다.

- It was a **three-hour** test. | 그것은 3시간짜리 시험이다.

[주의] The test lasted three hours. | 그 시험은 3시간 동안 계속되었다.

(3) 시간, 거리, 가격, 중량을 나타내는 명사

무생물의 명사라도 어퍼스로피(') 와 /s/를 붙인다.

- today's paper: 오늘 신문.
- ten minutes's walk: 10분 거리의 산책.
- three miles' distance: 3마일의 거리.

(4) 이중소유격: a, this, that, some, any, no, another 등은 소유격과 함께 나란히 쓸 수 없다.

[a · this · that · some · any · no · another] + 명사 + of + 소유대명사

- a my friend (X)
- a friend of mine (O) | 나의 친구

- this my father's camera (X)
- this camera of my father's (O) | 나의 아버지의 이 사진기

확인 문제

001

다음 명사들 중에서 셀 수 없는 명사를 골라 보세요.

• table	• mountain	• furniture	• lake	• coffee
• advice	• information	• chair	• paper	• milk

002

다음 문장 중 밑줄 친 명사가 올바른 것은 (O), 틀린 것은 (X)를 하시오.

1) My families are not rich any more.
2) Police are looking into the matter.
3) I bought a piece of furniture.
4) I caught a lot of fishes.
5) Cattle feed on grass.
6) A Seoul is the capital of Korea.
7) The Jennifers are coming to lunch.
8) We need much informations about it.
9) She was a great beauty in her days.
10) I went to the station with a my friend.
11) I shook hands with my new teacher.
12) We saw some sheeps in the zoo.

003

다음 명사의 복수형을 써 보세요.

1) leaf (　　)	2) deer (　　)	3) woman (　　)
4) goose (　　)	5) potato (　　)	6) box (　　)
7) baby (　　)	8) oasis (　　)	9) child (　　)
10) fish (　　)	11) foot (　　)	12) mouse (　　)
13) tooth (　　)	14) piano (　　)	15) medium (　　)
16) life (　　)	17) thief (　　)	18) beach (　　)
19) deer (　　)	20) crisis (　　)	

004

다음 문장에서 틀린 부분을 고치시오.

1) Fox is a cunning animal.

2) There is three furnitures in the room.

3) He will be Bush in near future.

4) Sarah was beauty in her day.

5) I met a friend of my mother on my way home.

6) He shook hand with a actor.

7) Fire broke out in the department store.

8) Most of the police works hard to do justice.

9) My friend wants to get some informations.

10) I needed an advice from the manager.

Step 12

Actual Test

001

Where are the __________ hats?

(A) women' s (B) women (C) womens (D) woman

002

I saw __________ at the party.

(A) my a friend (B) a my friend (C) a friend of me (D) a friend of mine

003

I have finished __________.

(A) a day work (B) a day' s work (C) day' s working (D) a-day work

004

I am going to the __________.

(A) books' store (B) book' s store (C) book' s store (D) book store

005

He is one of the most successful __________ in the country.

(A) newspaper reporter (B) newspaper' s reporters
(C) newspaper' s reporter (D) newspaper reporters

동 사

- ✲ 동사의 종류에 대해 알아본다.
- ✲ 문장의 5형식구조와 동사의 특징에 대해 알아본다.
- ✲ 자동사와 타동사의 쓰임과 주요 동사의 용법에 대해 알아본다.

동사와 문장구조

1. 1형식: 주어+동사(완전자동사)

• matter(중요하다) • count(중요하다) • pay(이익이 되다) • do(충분하다)

등의 자동사 사용법을 주의 하자.

2. 2형식: 주어+동사(불완전자동사)+주격보어

• be동사 • become • turn • remain

등의 동사가 이에 해당한다.

2형식 동사 중 유사보어에 주의 하자.

- His father died **young**.
- He returned a **millionaire**.

3. 3형식: 주어+동사(완전타동사)+목적어

타동사는 전치사 없이 목적어를 사용한다.

- discuss(~~about~~) • mention(~~about~~) • marry(~~with~~) • approach(~~to~~)
- enter(~~into~~) • await(~~for~~) • reach(~~to~~) 등에 유의 한다.

4. 4형식: 주어+동사(수여동사/타동사)+간접목적어(~에게)+직접목적어(~을)

수여동사는 [~에게 ~을 ~해주다]의 의미를 갖는다.

- explain • suggest • introduce 등의 동사에 주의 한다.

특수4형식 동사(forgive, cost, save, envy)는 반드시
간접목적어(~에게)+직접목적어(~을)의 어순을 지킨다.

- He saved me a lot of work.
- They forgave us our sin.

5. 5형식: 주어+동사(불완전타동사)+목적어+목적격보어

- elect • appoint • call • name 등의 동사가 여기에 해당된다.

목적어와 목적격보어의 관계가 무엇이냐에 따라 목적격보어가 현재분사(능동관계), 과거분사(수동관계), 원형(지각동사, 사역동사), 명사, 대명사, to부정사 등으로 결정된다.

Step 13 :: 자동사(목적어가 없는 동사)

- 동사의 의미는 문장의 형식을 결정하며, 그 뜻에 따라 문장을 1형식 · 2형식 · 3형식 · 4형식 · 5형식으로 나눈다.
- 자동사는 목적어가 없는 동사를 말하며, 1형식과 2형식 동사를 말한다.

1) 1형식 문형: 주어+동사 (완전 자동사)

1형식은 주어와 동사라는 주요 성분으로 이루어지며, 전치사를 포함한 부사구는 포함하지 않는다.

- **Robert** **goes** to church on sundays. — 로버트는 일요일마다 교회에 다닌다.
  (주어) (동사) 〈전치사구〉 〈전치사구〉
- **Three cups** **are** on the table. — 테이블에 3개의 컵이 있다.
  (주어) (동사) 〈전치사구〉

※ be가 완전자동사로 쓰이면 존재하다, 있다.

- Nowadays **farming** doesn't **pay**. — 요즈음 농업은 수지가 맞지 않는다.
  〈부사어〉 (주어) 〈조동사〉 〈동사〉

※ pay가 자동사로 쓰이면 [보답하다, 수지가 맞다]의 뜻.

주 의

- 1형식에 쓰이는 동사로 count (중요하다) · matter (문제가 되다, 중요하다) · work (작동하다, 잘 돌아가다.) do (충분하다) 등도 기억해 두자!

- What he said does not **count**. — 그가 말한 것은 중요하지 않다.
- It doesn't **matter**. — 그 것은 중요하지 않다.

- The copy machine doesn't **work** now. | 복사기가 지금 작동하지 않는다.
- The medicine will **do**. | 그 약이면 충분할 것이다.

2) 2형식 문형: 주어+동사+주격보어 (불완전 자동사)

2형식은 주어와 동사 그리고 주어를 보충 설명하는 보어로 이루어진 구조이다.
동사는 대개 be 동사를 비롯한 become · remain · 감각동사 등이 해당된다.

① 명사보어와 형용사보어.

- He **is** a soldier. (He = soldier) (명사 보어) | 그는 군인이다.

: be 동사는 주어와 보어를 연결해 주는 역할을 한다.

- He **is** gloomy. (He = gloomy) (형용사보어) | 그는 우울하다.

: be 동사(is)는 주어의 상태를 설명해 주고 있다.

② become형 동사

: become · grow · get · go · come · run · fall · turn 다음에 명사나 형용사가 오면 주격보어로 쓰여서 2형식 문장으로 "~이 되다"와 같은 불완전 자동사가 된다.

- He **became** a composer. (He = a composer) | 그는 작곡가가 되었다.

: 동사 became은 주어와 보어사이에서 신분의 변화를 설명해 주고 있다.

- The food **went** bad. (the food = bad) | 그 음식은 상했다.

: 동사 went는 주어의 상태 변화를 연결해 주고 있다.

주 의

become이 타동사로 쓰이면 "~에 어울리다"의 뜻으로 쓰인다.
: 동사 become은 주어를 설명하거나 상태변화를 나타내지 않는다.
여기서는 목적어를 필요로 하는 동사이다. (3형식)

• His new shoes **become** him well.	그의 새 구두는 그에게 잘 어울린다.

③ remain형 동사.

remain · keep · lie · hold · continue 다음에 명사나 형용사가 오면 본래의 뜻이 없어지고 계속해서 주어가 "~하다", "~한 상태가 되다" 의 뜻인 2형식 문형이 된다.
: 동사 remain은 주어의 계속적인 상태를 의미한다.

• He **remained** silent.	그는 침묵을 지켰다.
• His uncle **remained** poor all his life.	그의 삼촌은 평생을 가난한 상태로 살았다.
• The servant **remained** faithful to the last.	하인은 끝까지 충성심을 지켰다.

④ 지각동사(감각동사) + 형용사.

주 의

feel · smell · sound · taste 등의 지각동사 다음에 **형용사**가 오면 2형식 문장이 된다. 이때 주어의 상태를 나타내는 보어는 형용사가 온다는 사실에 주의해야 한다. (우리말로 번역하다 보면 부사로 혼동하기 쉽다.)

• The idea **sounds** good.(O)	그 아이디어는 좋게 들린다.
• The ideas sounds well. (X)	

• The grape tastes **sour**.	포도는 신 맛이 난다.
• Jane looks **happy**.	제인은 행복해 보인다.
• The manager seems **upset**.	매니저는 화가 나 보인다.

- feel : ~처럼 느끼다.
- smell : ~하게 냄새가나다.
- look: ~처럼 보이다.
- taste : ~하게 맛이 나다.
- sound : ~하게 들리다.
- seem/appear: ~처럼 보이다.

* 유사보어

완전자동사가 다음에 보어가 오면 모두 2형식문장이 된다.

주어 + live / die / marry / go / stand / sit / return + 보어

- Smith died a beggar. | 스미스는 거지로 죽었다.

  (Smith was a beggar when he died.)

: 보어인 a beggar는 스미스가 죽는 당시의 상태를 나타내고 있다.

- Barbara returned home a millionaire. | 바바라는 백만장자로 집에 돌아왔다.

  (Barbara was a millionaire when he returned home)

: 보어인 a millionaire는 바바라가 집에 돌아 올 당시의 상태를 나타내고 있다.

Step 13

Actual Test

001

The dress is really __________.

(A) beauty (B) beautiful (C) beautify (D) beautifully

002

Be as __________ as possible when you write your address.

(A) specify (B) specification (C) specific (D) specifically

003

I like Mozart' s music because his music sounds __________.

(A) sweet and soothingly (B) sweetly and soothing
(C) sweetly and soothingly (D) sweet and soothing

004

The milk in the bottle smelled somewhat __________.

(A) bad (B) badly (C) worse (D) worst

005

She became __________ after working for the company for 10 years.

(A) in a manager (B) a manager is (C) that manager (D) a manager

Step 14 :: 타동사(목적어가 있는 동사)

⚜ 3형식 문형은 타동사를 갖고 있다. 타동사는 3형식 · 4형식 · 5형식 문형 속에 있다.

⚜ 4형식 구조는 목적어가 간접목적어와 직접목적어로 되어있다.

1) 3형식 문형: 주어+동사+목적어 (완전타동사)

3형식 동사는 한 개의 목적어를 필요로 한다.

• I **bought** a new computer. (주어) (타동사) (목적어)	나는 새 컴퓨터를 샀다.
• We **respected** him as a teacher. (주어) (타동사) (목적어) (전치사구)	우리는 그를 선생님으로 존경했다.
• I just **finished** doing my homework. (주어) (부사) (타동사) (목적어)	나는 막 숙제를 끝냈다.

[tip]

동족목적어: 자동사가 같은 어원의 명사를 목적어로 취할 수 있으며, 같은 어원의 목적어를 동족목적어라 함.

• He **lived** a happy **life**. (3형식)	그는 행복한 삶을 살았다.
• They **fought** a hard **fight**.	그들은 격한 싸움을 했다.
• I **slept** a sound **sleep**.	나는 잠을 푹 잤다.

주 의

⚜ 타동사로 착각하기 쉬운 자동사

어떤 동사들은 목적어 앞에 반드시 전치사를 써야 한다.

- He **graduated from** Hankuk university. — 그는 한국 대학교를 졸업했다.
  ❀ ~을 졸업하다. : graduate from + 목적어
- I had nothing to **complain of** at that time. — 나는 그때 불평할 게 하나도 없었다.
  ❀ ~을 불평하다. : complain of + 목적어
- We have **waited for** him for two hours. — 우리는 2 시간 동안 그를 기다려왔다.
  ❀ ~을 기다리다. : wait for + 목적어
- The manager **objected to** my offer. — 매니저는 나의 제안에 반대했다.
  ❀ ~을 반대하다. : object to + 목적어
- He had to **apologizes to** them for doing it. — 그는 그 일을 했기 때문에 그들에게 사과해야만 했다.
  ❀ ~에게 사과하다. : apologize to + 목적어

~을 실험하다. : experiment with + 목적어
~을 동정하다. : sympathize with + 목적어
~을 방해하다. : interfere with + 목적어
~을 승낙하다. : consent to + 목적어
~을 정기 구독하다. : subscribe to + 목적어

주 의

자동사로 착각하기 쉬운 타동사

아래의 타동사들은 목적어 앞에 전치사를 쓰지 않는다.
동사 자체에 전치사의의미가 있는 것으로 해석하면 좋다.

- We **attended** the conference,

  : attend to + 목적어 (X)

  우리는 그 회의에 참석했다.

- The pink dress **becomes** me.

  ❀ ~에 어울리다

  : become with + 목적어 (X)

  그 핑크 드레스는 나에게 어울린다.

- They **discussed** the matter in detail.

  ❀ ~에 관하여 토의하다

  : discuss about+ 목적어 (X)

  그들은 그 문제를 자세하게 토의했다.

- He **resembles** his father.

  ❀ ~과 닮다

  : resemble with+ 목적어 (X)

  그는 그의 아버지를 닮았다.

- I want to **marry** a millionaire.

  ❀ ~과 결혼하다

  : marry with + 목적어 (X)

  나는 백만장자와 결혼하고 싶다.

- The soldiers **approached** the castle.

  ❀ 에 다가서다

  : approach to + 목적어 (X)

  군인들이 성에 접근했다.

⚜ 주요 타동사

~에 들어가다: enter (~~into~~) + 목적어
~에 대하여 언급하다 : mention (~~about~~) + 목적어
~에게 말하다 : address (~~to~~) +목적어
~에게 복종하다: obey (~~to~~) +목적어
~ 뒤에 살아남다: survive (~~after~~) +목적어
~을 설명하다: explain (~~about~~) + 목

2) 4형식 문형: 주어+동사+간접목적어+직접목적어(수여동사)

(1) 4형식 동사는 목적어가 2개가 필요한 동사로, 의미상 [주다]라는 뜻을 함축하고 있다. 그러므로 [~에게][무엇을] 이라는 구조를 갖는다. [~에게]에 해당되는 목적어를 간접목적어, [무엇을]에 해당되는 것을 직접목적어라고 한다.

- I gave **her the book**. (4형식)
- = I gave **the book to her**. (3형식)

나는 그녀에게 그 책을 주었다.

(2) 4형식 구조를 3형식 구조로 쓸 때, 동사의 의미에 따라 전치사를 달리 쓴다.

to + 사람 ➔ bring · sell · send · lend · give……
for + 사람 ➔ buy · make · get · order……
of + 사람 ➔ ask
on + 사람 ➔ play

- I paid him the money.

➔ I paid the money **to** him. — 나는 그에게 돈을 지불했다.

- I will buy you a watch.

➔ I will buy a watch **for** you. — 나는 너에게 시계를 사 줄 것이다.

- I asked him a question.

➔ I asked a question **of** him. — 나는 그에게 질문을 했다.

- He played me a trick.

➔ He played a trick **on** me. — 그는 나를 골탕 먹였다.

⚜ 항상 <주어+동사+사람+사물>의 구조를 쓰는 4형식 동사

(3) envy · save · forgive · cost 등 동사는 간접목적어<~에게>를 먼저 쓴 후 직접목적어 <~을>를 쓴다.

- I **envy him his patience**. (O)

➔ I envy his patience to him. (X)

나는 그의 인내심이 부럽다.

- The computer **saved him lots of work**. (O)

➔ The computer saved lots of work for him. (X)

컴퓨터는 그에게 많은 일을 덜어 주었다.

주 의

⚜ **주의해야 할 4형식 동사**

explain(설명하다), introduce(소개하다), announce(발표하다), suggest(제안하다) : 4형식 동사로는 쓸 수 없으며 우리말의 간접목적어에 해당되는 부분은 'to + 사람'의 형태로 부사구와 같이 사용.

- I will explain **to you** what this means.

➔ I will explain you what this means. (X)

나는 이것이 의미하는 것을 너에게 설명하겠다.

3) 5형식 문형: 주어+동사+목적어+목적격보어 (불완전 타동사)

5형식 동사는 목적어와 그 것을 보충 설명하는 목적격 보어가 있다.
이때 뜻은 '[~을] [~라고] 하다' 라는 뜻이 된다.

① 목적격보어가 명사인 경우

- I believe him a great scholar.
  (주어) (타동사) (목적어) (목적격보어)

나는 그를 위대한 학자라고 믿고 있다.

- We elected John captain of the club.
  (주어) (타동사) (목적어) (목적격보어)

우리는 존을 클럽의 팀장으로 선출했다.

② 목적격 보어가 형용사인 경우

- I believe him diligent. (주어) (타동사) (목적어) (목적격보어)

나는 그를 부지런하다고 믿고 있다.

- We think her honest. (주어) (타동사) (목적어) (목적격보어)

우리는 그녀를 정직하다고 생각한다.

Step 14

Actual Test

001

John belonged ___________ our team.

(A) for (B) to (C) in (D) with

002

The couple ___________ each other.

(A) resemble as (B) resemble with (C) resemble (D) resemble from

003

My friend showed ___________ a lot of beautiful pictures.

(A) to me (B) that (C) me (D) to

004

She made coffee ___________ all of us.

(A) to (B) for (C) of (D) at

005

My mother made a cake ___________.

(A) sweetness (B) sweeten (C) sweet (D) sweetly

Step 14 **확인 문제**

001

다음 문장 구조는 몇 형식인지 말해 보세요.

1) The leaves fall in autumn.
2) She came back safe.
3) We discussed the matter in detail.
4) They found the room empty.
5) My friend made me an apple pie.
6) Don' t leave your homework unfinished.
7) This grape tastes sour.
8) They showed me how the machine worked.
9) They raised the price of sweater.
10) He returned home a millionaire.

002

다음 문장 중 틀린 부분을 고쳐 보세요.

1) He married with Jane last year.
2) Listening to music makes me feel happily.
3) He entered into the store through a window.
4) He explained me his plan.
5) Jane bought expensive cell phone to him
6) The computer saved much work for us.
7) He resembles after his father.

8) I mentioned about the problem.

9) He never answered to my letter.

10) My girl friend looks beautifully.

003

다음 문장을 동사에 주의하여 해석해 보세요.

1) Honesty does **pay**.

2) The copy machine doesn' t **work** today.

3) Her mother **died** young.

4) We **approached** a station.

5) The meeting **lasted** four hours.

6) He **suggested** a good idea to me.

7) I **had** my watch stolen.

8) They **believes** me honest.

9) The manager **made** his son a lawyer.

10. They **elected** me captain of the team.

형용사와 부사

✲ 형용사는 명사를 수식해 주는 역할과 주어나 목적어를 설명해 주는 용법이 있다.
✲ 모양이 비슷해도 뜻이 다른 형용사가 있다.
✲ 부사는 일반적으로 〈형용사+ly〉의 모양을 갖지만 형용사와 부사의 모양이 같은 것도 있고, /ly/를 붙였을 때 뜻이 달라지는 부사도 있다.

형용사

- 명사 수식 (a **blue** sweater) (This is **wooden** desk)
- 주어와 목적어 보충설명 (The sweater is **blue**) (The fish is **alive**)
- 순서: 관사(지시사) + 수사 + 성질, 상태(기타) + 재료 + 명사

부 사

- 동사, 형용사, 부사 및 문장 전체 수식.
- 순서: 장소(작은 장소 +큰 장소) +방법+ 이유+시간 (작은 시간 + 큰 시간)
- 부사= 형용사+ly
- 주의해야 할 부사
  - hard(열심히, 단단한)
  - hardly(~거의 않다)
  - high(높은)
  - highly(몹시),
  - near(가까운)
  - nearly(거의)
  - late(늦은)
  - lately(최근에)
- 용법비교
  - ago (과거시제에 사용.)
  - before(완료시제에 사용)
  - already (긍정문에 사용)
  - yet (부정문, 의문문에 사용)
  - very (원급, 현재분사 수식)
  - much (비교급, 과거분사 수식)
  - enough (형용사 뒤에 위치)
  - too (형용사 앞에서 수식)
  - too (긍정문에 사용)
  - either (부정문에 사용)

Step 15 :: 형용사의 용법

- 형용사는 사물이나 사람의 성질이나 모습을 설명해 주는 품사이며, 명사를 수식하는 경우와 주어나 보어를 설명해 주는 용법이 있다.
- 형용사는 보통 명사 앞에서 수식하나 때로는 명사 뒤에서 수식하는 경우도 있다.
- 형용사가 주어나 목적어를 보충 설명하는 경우에는 서술적 기능을 하게 된다. 보통 사람이나 사물의 성질 · 형태 · 모습 등을 나타낸다.

1) 명사를 꾸미는 경우

- 형용사가 직접 명사 앞 또는 뒤에서 꾸며준다.

beautiful garden | 아름다운 정원

: 형용사 beautiful은 명사 garden을 수식하고 있다.

a **blue** sweater | 파란 스웨터

: 형용사 blue 는 명사 sweater 를 수식 한다.

former president | 전 사장

: 형용사 former 는 명사 president 를 수식하고 있다.

주 의

1) 일부 단어는 명사 앞에서 수식하는 역할을 하는 경우가 많다.

only (the **only** hope: 유일한 희망), very (the **very** friend: 바로 그 친구)

2) 〈재료〉를 뜻하는 단어는 명사를 보통 앞에서 꾸며준다.

golden key (금으로 된 열쇠), **wooden** box (나무로 된 상자)

- He has a **wooden** box. | 그는 나무로 된 상자를 갖고 있다.

2) 주어나 목적어를 설명하는 경우

사물이나 사람을 설명해 주는 경우를 나타내며, 동사 뒤에서 주격보어나 목적격보어로 쓰인다.

- Linda is **young.** (주격보어) — 린다는 어리다.
- I think him **honest.** (목적격 보어) — 나는 그가 정직하다고 생각한다.

주 의

주어나 보어를 설명해 주는 역할을 하는 형용사: [/a/ 로 시작하는 단어가 많이 포함된다.

- afraid (두려운)
- asleep (잠들어 있는)
- alive (살아있는)
- aware (알고 있는)
- awake (깨어있는)
- alone (외로운)

- He is **afraid** of the cat. — 그는 고양이를 두려워한다.
- I fell **asleep** after the hard work. — 나는 힘든 일을 하고나서 잠들었다.
- Many people are still **alive.** — 많은 사람들이 아직 살아있다.
- He is **aware** of the fact — 그는 사실을 알고 있다.
- I was **awake** when she came in the room. — 그녀가 방으로 들어왔을 때, 나는 깨어있었다.
- I sometimes feel **alone.** — 나는 때때로 외로움을 느낀다.

3) 명사를 수식 할 때와 서술 할 때 뜻이 다른 형용사

단어	명사를 수식 할 때	보어를 설명 할 때
certain	어떤	확실한
late	죽은, 이전의	늦은
present	현재의	참석한

- A **certain boy** came to see me. — **어떤 소년**이 나를 만나러 왔다.
- It is **certain** that he is rich — 그가 부자라는 것은 **확실하다.**

- We remember the **late** Barbara. — 우리는 **죽은** 바바라를 기억한다.
- Barbara was always **late** for the class. — 바바라는 항상 수업에 **늦게** 온다.

- People do not support the **present** mayor. — 사람들은 **현재의** 시장을 지지 하지 않는다.
- We should **present** the regular meeting. — 우리는 정기적인 모임에 **참석해야** 한다.

4) 형용사는 명사 뒤에서 수식 할 수 도 있다

something/ anything/ nothing을 꾸며주는 형용사

- I caught a cold. Please give me **something hot**. — 내가 감기에 걸렸어요. 나에게 뜨거운 것을 주세요.
- I think he has brought **something important** to the manager. — 나는 그가 중요한 것을 매니저에게 가져다 주었다고 생각하고 있다.

일부 수식어(all · every · 최상급) 에 의해 한정되는 명사를 꾸며주는 형용사

every means possible	가능한 모든 수단
the best way possible	가능한 최고의 방법
all solutions imaginable	상상 할 수 있는 모든 해결책

- I was lost in the forest, so I tried **every means possible** to find out the right way. — 나는 숲속에서 길을 잃었다. 그래서 올바른 길을 찾기 위해 **가능한 모든 수단**을 시도 했다.
- This is **the best way possible**. — 이것은 **가능한 최고의 방법**이다.
- We found out **all solutions imaginable**. — 우리들은 **상상 할 수 있는 모든 해결책**을 찾았다.

Step 15

Actual Test

001

I want to buy something colorful and __________.

(A) decoration (B) decorate (C) decorative (D) decoratively

002

Sounds can be measured to find out how __________ they are.

(A) loudness (B) loud (C) loudly (D) aloud

003

Everybody kept __________ in the hall of the museum.

(A) to be silent (B) silently (C) silent (D) silence

004

It is dangerous to catch such fierce animals __________.

(A) fresh (B) life (C) lively (D) alive

005

I made this cart __________ enough to hold five adults.

(A) strength (B) strong (C) strongly (D) strengthen

Step 16 :: 수량형용사

- many는 셀 수 있는 명사의 복수형을 꾸며주며, much는 셀 수 없는 명사의 복수형을 꾸며준다.
- few는 셀 수 있는 명사를 꾸며주며 "거의 없는"이란 의미의 부정적인 뜻을 갖는다. little은 셀 수 없는 명사를 꾸미며, "거의 없는"이란 의미의 부정적인 뜻을 갖는다.
- a few 는 셀 수 있는 명사를 꾸미며, "조금 있는"이란 의미의 긍정적인 뜻을 갖는다. a little은 셀 수 없는 명사를 꾸미며, "조금 있는"이란 의미의 긍정적인 뜻을 갖는다.
- hundred/ thousand 와 million은 명사를 수식하게 되면 단수형을 쓴다.

1) many/ much

- many: 셀 수 있는 명사를 수식하며 복수 취급한다.
- much: 셀 수없는 명사를 수식하며 단수 취급한다.
  - a good many of: 복수명사를 꾸며준다.
  - a lot of (lots of): 단수와 복수명사를 꾸며준다.(수나 양에 함께 쓸 수 있다.)

• **Many people were** invited at the party.	많은 사람들이 파티에 초대되었다.
• **Much coffee was** sold at the supermarket.	많은 커피가 수퍼마켓에서 팔렸다
• I have **a good many things** to do today.	나는 오늘 할 일이 매우 많다.
• **Lots of dolphins live** in the sea.	수많은 돌고래들이 바다에 살고 있다.
• They lost a **lot of money** recently.	그들은 최근에 많은 돈을 잃어버렸다.
• **Lots of people were** pleased with the news.	많은 사람들이 그 소식에 기뻐했다.

2) Few/ Little

⚜ few(a few)는 셀 수 있는 명사에 사용되며 복수형 명사를 꾸며 준다.
- few : [거의 없는] 부정의 의미
- a few: [조금 있는] 긍정의 의미.

⚜ little(a little) 은 셀 수 없는 명사에 사용되며 단수형 명사를 꾸며 준다.
- little : [별로 없는] 부정의 의미
- a little: [약간 있는] 긍정의 의미.

⚜ not a few = many = 상당히 많은

⚜ only a few = 약간

⚜ not a little = much = 꽤 많은.

- **Few people** came here. | 사람들이 거의 여기에 오지 않았다.
- **A few people** came here. | 몇몇 사람들이 여기에 왔다.

- I have **a little** money with me. | 나에게는 돈이 약간 있다.
- I have **little** money with me. | 나에게는 돈이 거의 없다.

- There are **not a few** nice men in our club. | 우리 클럽에는 좋은 사람들이 많이 있다.
- He has **only a few** friends. | 그는 약간의 친구가 있다.
- It caused me **not a little** trouble. | 그 것은 나에게 상당히 많은 불편을 끼쳤다.

3) 형용사 역할을 하는 수사 : hundred/ thousand/million

(1) hundred, thousand가 명사를 수식 할 때 단수를 쓴다.

- five **hundred** (오백)
- five **thousand** (오천)

[주의] 막연하게 많은 경우는 hundreds of, thousands of 를 쓴다.

- hundreds of people | 수많은 사람들
- thousands of dogs | 수천마리의 개들

PART 2 품사

(2) million 뒤에 명사가 오면 형용사로 쓰여 단수 형태로만 쓴다.

- five million people — 오백만 명의 사람들
- two million roses — 이백만 송이 장미들

(3) 수사 읽기

(연도) 두 개씩 나누어 읽는 것이 보통이다.

- 1981 = nineteen eighty-one

2000 년도 이상 일 때는 전체 숫자를 읽는다.

- 2006= two thousand six

(분수): 분자는 기수로 분모는 서수로 읽는다.
(분모가 복수이면 끝에/s/를 붙인다.)

- 3/4= three fourths
- 5/7= five sevenths
- 1/2= a half (or one half)

Step 16

Actual Test

001

"How many friends does she have?"
"She has __________ friends."

(A) little (B) much (C) a little (D) lots of

002

She went out to buy __________ furniture.

(A) many (B) a few (C) a little (D) a number of

003

"Have you traveled much?"
"No, I have done __________ traveling."

(A) few (B) little (C) small (D) less

004

There were __________ people in front of the building.

(A) five thousands (B) thousands (C) five thousands of (D) thousands of

005

He won a __________ race.

(A) ten-mile (B) ten-miles (C) ten-mile' s (D) ten-miles'

Step 17 :: 혼동하기 쉬운 형용사

형태가 비슷하지만 쓰임이 다른 형용사가 많다. 다음 예를 통해 그 차이를 알아본다.

successful: 성공적인
successive: 연속적인

- I was **successful** in the exam. — 나는 시험에 합격했다.
- It rained for five **successive** days. — 비가 5일 연속 왔다.

considerable: 많은 · 상당한
considerate : 동정심 많은 · 사려 깊은

- I spent **considerable** money on it. — 나는 그것에 상당히 많은 돈을 썼다.
- He is **considerate** of old people. — 그는 노인들에게 사려 깊다.

economic : 경제학의 · 경제적인 · 경제의
economical : 절약하는 · 낭비하지 않는

- an **economic** policy — 경제 정책
- an **economical** housewife — 알뜰한 주부

healthy : 건강한 · 건장한
healthful : 건강에 좋은

- a **healthy** appearance — 건강한 모습
- a **healthful** diet — 건강에 좋은 식사

historic : 역사적으로 유명한 · 역사적인
historical : 역사에 관한

- a **historic** building | 역사상으로 유명한 건물
- the **historic** scenes | 사적, 유적
- a **historical** novel | 역사 소설
- **historical** evidence | 역사에 근거한 증거

industrious : 근면한
industrial : 산업의 · 공업의

- an **industrious** worker | 산업근로자
- an **industrial** nation | 산업국

imaginative : 상상력이 풍부한
imaginary : 가상적인 · 비현실적인
imaginable : 상상할 수 있는

- an **imaginative** writer | 상상력이 풍부한 작가
- an **imaginary** enemy | 가상의 적
- every means **imaginable** | 상상 할 수 있는 온갖 수단

literal : 문자의 · 글자의 · 원문에 충실한
literary : 문학의 · 작가의
literate : 학식이 있는 · 박식한

- the **literal** meaning of a word | 말의 문자 그대로의 의미
- **literary** works[writings] | 문학 작품, 저작물
- **literate** in computer usage | 컴퓨터 사용 기술을 가진

sensible : 분별 있는 · 현명한 · 깨닫고 있는

sensitive : 민감한 · 섬세한 · 상하기 쉬운

- a **sensible** man | 지각 있는 사람
- **sensitive** ear | 예민한 귀

respectable : 존경할만한 · 훌륭한

respectful : 경의를 표하는 · 공손한

- a **respectable** citizen | 훌륭한 시민
- a **respectful** reply | 정중한 답변

Step 17

Actual Test

001

They went to the sea during __________ holiday.

(A) success (B) succeed (C) successful (D) successive

002

It was very __________ of you to help the poor girl.

(A) considered (B) considerable (C) considerate (D) considering

003

A person who is rich in imagination is an __________.

(A) imaginary (B) imaginable (C) imaginative (D) imagined

004

He comes of a __________ family.

(A) irrespective (B) respective (C) respectful (D) respectable

005

My mother is an __________ housewife.

(A) economy (B) economical (C) economic (D) economics

Step 18 :: 부사의 형태 · 기능 · 위치

- 부사는 동사나 형용사, 그리고 부사를 꾸며주는 역할을 한다.
- 부사는 접속사 역할과 보어 역할을 한다.

1) 부사의 형태

(1) 부사는 보통 형용사에 /ly/ 를 붙여 만든다.

- real(형용사) - really(부사)
- loud(형용사) - loudly(부사)

[주의] /y/로 끝나면 /ily/로 된다.

heavy(형용사) - heavily(부사)
happy(형용사) - happily(부사)

(2) 형용사와 같은 형태의 부사.

• early • hard • high • enough • late • fast

- I wake up **early** in the morning. (부사) 나는 아침에 일찍 깨어난다.
- It is too **early** to hold the meeting. (형용사) 시간이 너무 일러 회의를 열수 없다.

- The apple is too **hard** to eat. (형용사) 사과는 너무 단단해서 먹을 수 없다.
- He worked **hard** to support his family. (부사) 그는 가족을 부양하기 위해 열심히 일했다.

- The church is very **high**. (형용사) — 교회는 매우 높다.
- We raised our hands **high**. (부사) — 우리는 손을 높이 올렸다.

2) 형용사에 +ly= 다른 뜻의 부사

⚜ 일부 부사는 형용사에 –ly를 붙일 경우 다른 의미의 부사로 된다.

- hard(부사; 열심히)
- near(부사: 가까이)
- late(부사: 늦게)
- short(부사: 간단히)
- high(부사: 높이)
- hardly(부사: 거의 ~ 않다)
- nearly(부사: 거의),
- lately(부사: 최근에)
- shortly(부사: 곧)
- highly(부사: 매우)

- He studies Chinese very **hard** for the exam. — 그는 시험에 대비하여 중국어를 매우 **열심히** 공부한다.
- I can **hardly** listen to the music. — 나는 **거의** 음악을 듣지 **않는다**.

- He come to the class **late** every day. — 그는 매일 수업에 **늦게** 온다.
- We haven' t met each other **lately**. — 우리는 **최근에** 서로 만나지 못했다.

3) 부사의 기능

원칙적으로 동사 · 형용사 · 다른 부사 (구 · 절) 등을 수식하며, 명사 · 대명사 · 문장 전체를 수식한다.

- Don' t speak **loudly**. — 크게 말하지 마시오.
  (부사 loudly는 동사 speak 수식)

- He is **very** lucky
  (부사 very는 형용사 lucky를 수식)

  그는 매우 운이 좋다.
- Our teacher will come here very **soon**.
  (부사 very 는 부사 soon을 수식)

  우리 선생님은 곧 여기로 올 것이다.
- **Happily**, Alex won the first prize in the contest.
  (부사 happily 는 문장전체를 수식)

  행복하게도 알렉스는 콘테스트에서 일등상을 받았다.

4) 부사의 위치

⚜ 일반적으로 부사는 다음과 같은 어순을 지킨다.

장소+ 방법/상태 + 이유 + 시간

시간 부사어구 : 작은 단위 + 큰 단위
장소 부사어구 : 작은 단위 + 큰 단위

⚜ 빈도나 정도를 나타내는 부사로 원칙적으로 조동사나 be 동사 다음에 오고 일반 동사 앞에 온다.

- We met //in the park// yesterday.
  (장소) (시간)

  우리는 어제 공원에서 만났다.
- He came //home// safely// last night.
  (장소) (상태) (시간)

  그는 어제 밤 안전하게 집에 왔다.
- Jane was born// at 4:30// on Sunday// December 7th //in 1981.
  (작은 시간 단위부터 써 간다.)

  제인은 1981년 12월 7일 일요일 4시 30분에 태어났다.
- I' ll call on you <u>at seven o' clock next Sunday.</u>

  나는 다음 일요일 7시에 너를 방문 할 것이다.
- We spent the holidays <u>in a cottage in the morning.</u>

  우리는 아침에 오두막집에서 휴일을 보냈다.

② 빈도부사

• always(항상)	• often(종종)	• never(결코~아닌)
• sometimes(때때로)	• seldom(거의~않는)	• hardly(거의~ 않는)

- He will// never// accept your offer.
  (조동사) (빈도부사) (일반 동사)

  그는 너의 제안을 결코 받아들이지 않을 것이다.

- She is // always // reading a novel.
  (be 동사) (빈도부사)

  그녀는 항상 소설을 읽기만 한다.

- I can // hardly // hear you.
  (조동사) (빈도부사) (일반 동사)

  나는 거의 너의 말을 들을 수 없다.

- I always// take // a walk along the river.
  (빈도부사) (일반 동사)

  나는 항상 강을 따라 산책한다.

Step 18

Actual Test

001

All living things are born, grow, and __________ die.

(A) final (B) are final (C) fine (D) finally

002

Our teacher always explains the lesson very __________.

(A) clear (B) clearness (C) clearly (D) to clear

003

Soybeans are an important human food because they are ________ rich in proteins.

(A) unusually (B) unusual (C) an unusually (D) as unusually

004

Water vapor __________ in the air.

(A) always present is (B) present always is
(C) present is always (D) is always present

005

The number of students who come __________ has __________ increased.

(A) late - lately (B) lately - late (C) latter - lately (D) latter - late

Step 19 :: 부사의 주요 용법

1) ago/ before

ago: (현재를 기준으로) 지금부터 ~전의 뜻이고 과거시제와 함께 쓰인다.
before: (과거기준으로) 그 때보다 그 이전 · 과거완료와 함께 쓰인다.

- He **passed** away three years **ago**. | 그는 3년 전에 죽었다.
- He said that he **had died** three years **before**. | 그는 그녀가 3년 전에 죽었다고 말했다.

- I **have seen** this picture **before**. | 나는 이 그림을 전에 보았다.
- I **have seen** her a few days **ago**. (X)

2) very/ much

(1) very: 원급이나 형용사, 부사를 수식한다.

- He breaks his words **very** often. | 그는 아주 종종 약속을 어긴다.

  : 부사 often을 수식

[tip]

사람의 감정을 나타내는 과거분사형은 형용사처럼 쓰이므로 very로 수식한다.

- tired(피곤한)
- pleased(즐거운)
- delighted(기쁜)
- surprised(놀란)
- satisfied(만족한)

- She had a **very** surprised look on her face. | 그녀는 얼굴에 매우 놀란 표정을 지었다.
- He was **very** tired with a long walk. | 그는 오랜 산책 때문에 매우 피곤했다.

(2) much: 비교급이나 최상급을 수식하며, 동사를 꾸민다.

- I don't like beef **much**.
  : 동사 like를 수식

나는 소고기를 많이 좋아하지 않는다.

[tip] 서술형용사인 afraid, alike등은 much로 수식.

- He is **much** afraid of it.

그는 그것을 몹시 무서워했다.

3) already/ yet/ still

(1) already : (긍정문) 벌써, 이미, (의문문) 놀라움의 표현

- I've **already** finished my homework.
- Were our products sold **already**?

나는 벌써 나의 숙제를 끝냈다.
우리 제품이 벌써 팔렸니?

(2) yet : (부정문) 아직, (의문문) 벌써, 이제

- We haven't started **yet**.(부정문)
- Were our products sold **yet**?(의문문)

우리는 아직 출발하지 않았다.
우리 제품이 벌써 팔렸니?

(3) still : (긍정문) 아직도

- I am **still** waiting to get the ticket.

나는 아직도 표를 받기 위해 기다리고 있다.

4) enough/ too

(1) enough : (형용사 · 부사 뒤에서 수식) ~할 만큼 충분한

- He is not cruel **enough** to do so. (형용사 cruel 수식)
- They are kind **enough** to help him. (형용사 kind 수식)

그는 그렇게 할 만큼 충분히 잔인하지 않다.
그들은 그를 도와 줄 만큼 충분히 친절하다.

(2) too : (형용사, 부사 앞에서 수식) 너무나 ~한

- This book is **too** difficult to read.

  (형용사 difficult 수식)

  이 책은 너무 어려워서 읽을 수가 없다.

- The question is **too** easy for beginners.

  (형용사 easy를 수식)

  그 질문은 초보자들에게 너무 쉽다.

Actual Test

001

After fifteen years in this department, he is __________ doing the same work.

(A) already (B) once (C) yet (D) still

002

Mary works very hard, but her pay is not __________.

(A) good enough (B) good as enough
(C) as good enough (D) enough good

003

This violin is __________ older than that one.

(A) many (B) much (C) very (D) too

004

The dress in the window was __________ expensive that we cannot buy it.

(A) too much (B) so (C) very (D) too

005

The book is __________ difficult to read.

(A) very (B) so (C) too (D) much

Step 19 **확인 문제**

001

다음 중 올바른 것을 고르세요.

1) My brother and I are (alike, like) in many ways.
2) There were one (hundreds, hundred) people in the park.
3) They live in (fourth, the fourth) apartment in the area.
4) Three (fifths, the fifths) of them are boys.
5) There is (few, little) hope for his success.
6) I haven' t seen her (late, lately).
7) I studied (hardly, hard) for the exam.
8) I met a friend of mine three days (before, ago).
9) They haven' t started (already, yet).
10) I was (yet, still) in bed when he arrived home.
11) She is (very, much) taller than me.
12) He was old (enough, too) to get the licence.
13) If you don' t read the novel, I' ll not read (too, either).
14) Hurry up! We' ve got (little, a little) time for now.

002

다음 중 어법상 잘못된 부분을 찾아 고치세요.

1) The flower smells well.
2) I could hard get up in the morning.
3) The building is enough large for us to store the bikes.

4) We heard some much interesting news.

5) We were disappointing with the film.

6) The football match was very excited.

7) Is your life really so bored?

8) I always feel happily when the sun is shinning.

9) This tea tastes a little strangely.

10) The driver of the car had seriously injuries.

11) We had so a good time.

12) I had to sit on the floor because there weren' t chairs enough.

003

다음에 주어진 단어를 가지고 올바르게 고쳐 보세요. (올바른 형태일 땐 그대로 두세요.)

1) Our holiday was too short. The time passed very (quick).

2) Everything was very quiet. There was (perfect) silence.

3) Do you usually feel (nervous) before examinations?

4) Amy works (continuous). She never seems to stop.

5) I thought the restaurant would be expensive, but it was (reasonable) cheap.

Step 20 :: 인칭 · 소유 · 재귀 대명사

대명사

1) 인칭 대명사

사람을 주격 · 소유격 · 목적격으로 나누며, 단수와 복수 그리고 1인칭 · 2인칭 · 3인칭에 따라 그 용법이 다르다.

수 · 인칭 · 격 · 대명사			인칭대명사			소유대명사	재귀대명사
			주격	소유격	목적격		
단수	1인칭		I	my	me	mine	myself
	2인칭		you	your	you	yours	yourself
	3인칭	남	he	his	him	his	himself
		여	she	her	her	hers	herself
		중	it	its	it	·	itself
복수	1인칭		we	our	us	ours	ourselves
	2인칭		you	your	you	yours	yourselves
	3인칭		they	their	them	theirs	themselve

- **I** like **his** sister. 나는 그의 누이동생을 좋아한다.
- **You** should follow **their** policy. 너는 그들의 정책을 따라야 한다.
- **He** sent a letter to **her** mother. 그는 편지 한 통을 그녀의 어머니에게 보냈다.
- The company has **its** flag. 그 회사는 회사의 깃발이 있다.
- **They** should obey **their** parents. 그들은 그들의 부모에 복종해야 한다.

2) 소유 대명사

- 인칭 대명사의 소유격 뒤에 반복되는 말을 생략하고 소유격을 다른 형태의 말로 바꾸어 써야 한다. 「~의 것」이라고 해석한다.
- 소유대명사 = 소유격 + 명사

- The books on the desk are **mine**. (=my books). — 책상 위에 있는 책들은 나의 것이다.
- This computer is **yours**. (= your computer) — 이 컴퓨터는 너의 컴퓨터이다.
- My watch is more expensive than **theirs**. (= their watches) — 나의 시계는 그들의 시계들 보다 더 비싸다.

3) 재귀 대명사

- 한 문장 안에서 주어로 사용된 말이 또 목적어로 나올 때 쓰는 대명사를 말한다.
- 주어나 목적어 자신을 가리키는 경우와 강조하는 의미로 쓰인다.

(1) 종류

(재귀대명사가 목적어로 쓰인다).

단수	복수
myself	ourselves
yourself	yourselves
herself · himself · itself · oneself	themselves

- He hid **himself** behind the curtain. — 그는 자신을 커튼 뒤로 숨겼다.
- She killed **herself**. — 그녀는 자살했다.
- I saw **myself** in the mirror. — 나는 거울에서 나 자신을 보았다.

(2) 재귀 대명사의 강조적 용법

▶ 재귀 대명사가 주어나 목적어 바로 뒤에 오거나 문장 끝에 와서 주어나 목적어의 뜻을 강조하며, 「~자신, ~ 도 또한」이라는 뜻을 갖는다.
▶ 생략해도 문장의 기본적인 뜻에는 변함이 없다.

- I **myself** sent the report to him.

= I sent the report to him **myself**. | 나는 나 자신이 리포트를 그에게 보냈다.

- You must tell her **yourself**.

= You **yourself** must tell her. | 당신 자신이 그녀에게 말해야 한다.

- He **himself** made up the story.

= He made up the story **himself**. | 그는 자신이 그 이야기를 꾸며댔다.

(3) 재귀 대명사를 이용한 표현

by oneself	「혼자서」
of itself	「저절로」
for oneself	「혼자 힘으로」
in itself	「본래」
beside oneself	「제 정신이 아닌」
between ourselves	「우리끼리 이야긴데」

- Alex lives by **himself**. | 알렉스는 혼자 산다.
- The door closed **of itself**. | 문이 저절로 닫혔다.
- She did her homework **for herself** . | 그녀는 혼자의 힘으로 숙제를 했다.
- Nature in **itself** provides much energy with us. | 자연은 본래 우리에게 많은 에너지를 제공한다.
- Andrew was **beside himself** with excitement. | 앤드류는 흥분해서 제정신이 아니었다.
- **Between ourselves**, he lives with his grandmother. | 우리끼리 이야긴데, 그는 할머니와 살고 있다.

Actual Test

001

When Jane was very young, __________ wanted to be an artist.

(A) she (B) her (C) hers (D) herself

002

The farmer was not content with __________ own crops.

(A) he (B) his (C) him (D) himself

003

You will meet her when you visit __________ next month.

(A) I (B) my (C) me (D) mine

004

Tom wears a helmet to protect __________ from danger.

(A) he (B) his (C) him (D) himself

Step 21 :: 지시 대명사

사람이나 사물을 가리키는 대명사로 this(that) · these(those) · such(so) · the same 등이 있다.

1) this (that): 이것(사람), 저것(사람)/ these (those): 이것들(사람들), 저것들(사람들)

가까운 개념은 this · these, 먼 개념은 that · those로 표현한다.

- **This is** my wife. | 이 사람이 내 아내이다.
- **These are** his books. | 이것들은 그의 책들이다.
- **In these days**, most of us have cell phones. | 요즈음에 우리들의 대부분은 휴대폰을 갖고 있다.
- There was no car **in those days**. | 그 당시에는 차가 없었다.

2)

전자에는 that을 후자에는 this를 사용한다.

- Health is above wealth, for **this**(wealth) can' t buy **that**(health). | 건강은 재산보다 우위에 있다. 재산으로 건강을 살 수 없기 때문이다.

3)

This / That이 앞 문장 또는 뒷문장의 내용을 가리킨다.

- He kept silent, and **this (that)** made her angry.
- He refused my offer, and **this** made me angry.

그는 계속 침묵했고, 그것은 그녀를 화나게 했다.
그는 나의 제안을 거부했다. 그리고 이런 사실이 나를 화나게 만들었다.

4)

▶ 앞의 명사의 반복을 피해서 that / those를 사용한다.
▶ 반복되는 명사가 단수이면 that / 복수이면 those를 쓴다.

- The climate here is like **that** of Italy. (that=the climate)

여기 날씨는 이태리의 날씨 같다.

- The population of India is much larger **that** of korea. (○)
- cf) The population of India is much larger than korea. (×)

인도의 인구는 한국의 인구보다 훨씬 많다.

- The apples here are like **those** of America. (those=the apples)

여기 사과들은 미국의 사과들과 같다.

5)

지시 부사로 this와 that이 모두 쓰인다.

- We have walked **this far**.

우리는 이만큼 멀리 갔다.

6)

▶ those who: 「~ 하는 사람들」
▶ those + 형용사[형용사구]: 「~ 하는 사람들」

- **Those who** want to succeed must work hard.

성공하고 싶은 사람들은 열심히 일해야 한다.

- **Those (who were) present** were all surprised.
= Those present were all surprised. | 참석한 사람들은 모두 놀랐다.
- We must be kind to **those around** us. | 우리는 우리 주변에 있는 사람들에게 친절해야 한다.

7)

so : say, think, suppose, hope, do 등의 뒤에 와서 「그렇게」라는 뜻으로,
앞에서 언급된 문장 전체나 문장의 일부를 받는 대명사의 역할을 한다.

- Is she honest? I think **so**. (so=that she is honest) | 그녀는 정직합니까? 그렇다고 생각합니다.
- He was nervous, but he wouldn' t be **so** no longer. | 그는 초조했다. 그러나 더 이상 초조하지 않을 것이다.
(보어로 앞의 단어를 받기도 한다.) (so=nervous)

8)

▶ such는 단독으로 주어 역할을 한다.
▶ as such의 형태로 앞에 나온 어구나 문장을 받음.
▶ such ~ as …: …과 같은 ~
▶ such as(=like): 가령 ~과 같은.

- Such was my reward. | 내가 받은 보답은 이런 것이었다.
- Such are the test results. | 시험의 결과는 그런 것이었다.
- He is a student and must be treated as such.(= a student) | 그는 학생이므로 그렇게 취급되어야 한다.
- Send a letter to such as will contribute to our team. | 우리 팀에 기여 할 그런 사람에게 편지를 보내라.
- Such men as Mary and Linda are common. | 메리와 린다 같은 그런 사람들은 흔하다.

PART 2 품사

9)

▶ Such + 명사 + that-
▶ So + 형용사/부사 + that-
▶ 너무 ~ 하므로 그 결과 -하다.

- She is **such** a kind lady **that** they likes her.
= She is **so** kind a lady **that** they likes her.

그녀는 매우 사랑스런 여자라 누구나 그녀를 사랑한다.

10)

▶ the same
same은 항상 정관사 the를 동반하여 「~ 같은 것」이라는 뜻으로 사용되며, 뒤에 흔히 as가 나온다.

- It is **the same** with many other foods. — 그것은 다른 여러 음식물의 경우에는 똑같다.
- Most people have **the same** breakfast. — 대부분의 사람들은 똑같은 아침 식사를 한다.
- This is **the same** cell phone as I gave her. — 이것은 내가 그녀에게 준 것과 같은 종류의 휴대폰이다.

Step 21

Actual Test

001

Many predators kill __________ prey only when it is moving.

(A) it (B) its (C) his (D) their

002

The air pollution of the city is more serious than __________ of the country.

(A) it (B) this (C) that (D) those

003

__________ is hard to persuade my parents.

(A) This (B) That (C) It (D) One

004

I found __________ hard to persuade my parents.

(A) this (B) that (C) it (D) one

005

__________ who want to succeed must work hard.

(A) It (B) This (C) That (D) Those

Step 22 :: 부정 대명사 (I)

1) some · any

✤ 긍정문에서는 some
✤ 의문문 · 조건문 · 부정문에서는 any

- I have a lot of pencils; if you want **any**, I will give you **some**. | 나는 많은 연필이 있다. 네가 원한다면 나는 너에게 몇 자루를 주겠다.

권유, 의뢰의 의문문과 긍정의 대답을 기대하는 의문문: some.

- Will you have **some** coffee? | 커피 좀 마시겠니?

긍정문의 any: 어떤 ~ 일지라도.

- **Any** student can do it. | 어떤 학생이라도 그 것을 할 수 있다.

some = about: 대략

- We waited **some** twenty minutes. (= about) | 우리는 약 20분을 기다렸다.

2) one · other · another

⚜ one : 사람(일반인)을 받을 때나 물건을 받을 때 사용한다.
⚜ one은 one 이나 he로 받는다.

- **One** should keep **one's** word. | 사람들은 약속을 지켜야 한다.
- **One** should do **his** duty. | 사람은 자신의 의무를 해야만 한다.

[주의] one과 it의 차이

A + 단수보통명사 ➔ one. (같은 종류이나 다른 물건)〉
the(this, that) + 단수보통명사 ➔ it (똑같은 그 물건)

- Do you have **a computer**? | 당신은 컴퓨터를 갖고 있나요?
— Yes, I have **one**.(a computer) | — 네, 있어요.
- If you need **a chair**, I will give you **one**. (a chair) | 당신이 의자가 필요하다면, 내가 의자 하나를 주겠다.
- I bought **a book**, but I lost **it**. (the book) | 나는 책을 한 권 샀다. 그러나 그 것을 잃었다.

❀ 참 고

other

- one~the other 「(둘 중) 하나는, 또 하나는」
- some~others 「일부는, 나머지는(막연한 경우」
- some~the others 「일부는, 나머지는(제한된 경우)」
- the one~the other는 「전자, 후자」

- I have two pens ; **one** is green and **the other** is red. | 나는 펜이 두 자루 있는데, 하나는 초록색이고 또 하나는 빨간 색이다.
- I have many books ; **some** are novels, **others** comic books …, **the others** textbooks. | 나는 많은 책들을 가지고 있는데, 약간은 소설이고, 약간은 만화책이고, 다른 것들은 교과서들이다.

- Do to others as you would have others do to you. — 다른 사람들에게 하는 대로 다른 이들도 너에게 대할 것이다.
- Jane has a white and a black car; **the one** is more expensive than **the other**. — 제인은 흰 차와 검은 차가 있다: 전자(흰 차)가 후자(검은 차)보다 더 비싸다.
- **Some** like apples; and **others** like tomatoes. — 일부는 사과를 좋아하고 나머지는 토마토를 좋아한다.
- Eight students are in the ground; some play soccer, and **the others** play basketball. — 8명의 학생들이 운동장에 있다. 몇몇은 축구를 하고 나머지는 농구를 한다.

another

1) 하나 더(the more)의 뜻.
2) 다른(different)의 뜻.
3) 역시 같은 사람(a similar one)의 뜻.
4) A is one thing and B is another: A와 B는 별개의 것이다.
5) one another는 셋 이상에서 '서로서로'

1) Will you have **another** cup of tea? — 차 한 잔 더 드시겠습니까?
2) I don't like this shoe; show me **another**. — 나는 이 신을 좋아하지 않는다. 다른 것을 보여 주세요.
3) If I am a millionaire, You are **another**. — 내가 백만장자라면 너도 마찬 가지야.
4) To say is **one thing** and to do is **another**. — 말하는 것과 행동하는 것은 별개이다.
5) They were helping **one another** in their homework. — 그들은 숙제를 할 때 서로 서로 돕는다.

Step 22 **Actual Test**

001

A: Do you have a cat?
B: Yes, I have __________.

(A) it (B) her (C) him (D) one

002

A: Do you have my camera?
B: Yes, I have __________ right here.

(A) one (B) it (C) this (D) that

003

I don't have __________ books.

(A) any (B) some (C) much (D) a little

004

I have two dogs. One is white, __________ is black.

(A) other (B) another (C) the other (D) any other

005

I don't like this color, please show me __________.

(A) ones (B) another (C) other (D) others

Step 23 :: 부정대명사 II

1) all · both

all : 사람을 뜻하면 보통 복수로, 사물을 뜻하면 단수로 쓰인다.

- **All was** silent. — 모두가 조용했다.
- **All** men **are** mortal. — 모든 사람들은 다 죽는다.
- My family are **all** early risers. — 우리 가족은 모두 일찍 일어난다.

both : **「둘 다」**라는 뜻으로 복수로 사용된다.

- **Both** of us **were** very tired. — 우리는 둘 다 매우 지쳤었다.
- **Both** books **are** dull. — 책 두 권 모두 재미없다.

2) each · every : 단수 취급

each : **「각각」** (둘 이상일 때 하나 하나 제각각), 단수취급

- **Each** of us **has** his own ideas — 우리는 각각 자기 자신의 생각을 가지고 있다.
- **Each** student **was** given a rose. — 각각의 학생들은 장미를 받았다.

every : 「**모두**」 (셋 이상일 때 개별적으로 합하여 전부), 단수취급

- **Every** boy speaks well of him. | 모든 소년들이 그를 좋게 말한다.
- You mean **every**thing to me. | 당신은 나의 전부예요.
- She visited us **every** four days. | 그녀는 매 4일마다 우리를 방문한다.

3) either · neither

⚜ either : 「**둘 중 하나**」로 단수 취급
[부정문에서 '역시' 나 '또한' 의 뜻이다.]
⚜ neither: 「**둘 다 아닌**」 not +either, 단수취급

- **Either** of them is correct. | 둘 중 한 명은 옳다.
- **Either** of the two brothers came here. (둘 중의 하나) | 두 형제 중에 한 사람이 왔다.
- He doesn't like bananas, I do not, **either**. | 그는 바나나를 좋아하지 않는다. 나 역시 좋아하지 않는다.
- **Neither** of them is rich. | 그들 둘 다 부자가 아니다.
- **Neither** answer is correct. | 두 대답 다 옳지 않다.

4) no · none

no : 명사에 붙여 형용사로 쓰며 가산 · 불가산 명사에 모두 쓰인다.

- Don't go there if you have **no** gun. | 만약 당신이 총을 가지고 있지 않다면 거기에 가지 마세요.
- I have **no** books on the subject. | 나는 그 주제에 대한 책이 없다.

[참고] not과 never는 부사이다. 따라서 동사나 형용사를 수식한다.

- **Not** all clouds produce rain or snow. — 모든 구름이 다 비나 눈을 만드는 것은 아니다.

  〈not은 형용사 all을 수식〉
- We will **never** discover it. — 우리는 결코 그 것을 발견 하지 않을 것이다.

  〈never는 동사 discover를 수식〉

none : 단독으로 쓰이는 부정 대명사로 가산 · 불가산 명사에 모두 쓴다.

- **None** of us are rich. — 우리 중에 아무도 부자는 없다.

  (사람을 의미하면 보통 복수 취급)
- **None** of the water is polluted. — 오염되지 않은 물이 없다.

  (사물을 의미하면 단수 취급)
- He needed rest but found **none**. (no rest) — 그는 휴식이 필요했으나 조금도 찾지 못했다.

5) most · almost

most: 대부분, 가장 ~ 한 (최상급)

- **Most** of the people like money. — 대부분의 사람들은 돈을 좋아한다.
- The game they like **most** is tennis. — 그들이 가장 좋아하는 게임은 테니스이다.

almost: 거의 ~ 한 : all 이나 every 와 같이 쓸 때가 많다.

- **Almost** all the people have ambition. — 거의 모든 사람들이 야망을 가지고 있다.
- Today storms hit **almost** every part of Korea. — 오늘 폭풍우가 한국의 거의 모든 지역을 강타했다.

Step 23

Actual Test

001

Every girl was expected to prove __________ ability to cook.

(A) its (B) themselves (C) her (D) their

002

There isn't __________ food left in the refrigerator.

(A) none (B) no (C) some (D) any

003

__________ but fools would believe such nonsense.

(A) All (B) Anybody (C) Everybody (D) None

004

__________ but peace can save the world.

(A) Something (B) Nothing (C) Anything (D) Much

005

"I don't like Bill."
"She doesn't like him, __________."

(A) too (B) also (C) either (D) neither

Step 24 :: 부분 부정과 전체부정

⚜ 부분부정은 전체를 의미하는 each · every · all · both 와 부정어가 함께 쓰인다.
: 모두 다 그런 것은 아니다. (일부만 그렇다)

⚜ 전체부정은 부정어와 either · any 등이 함께 쓰인다.

1)

not + both: 둘 다 ~ 한 것은 아니다. (부분부정)

- I do **not** know **both** of the questions. | 나는 그 문제 둘 다 아는 것은 아니다.(그 중 한개만 안다.)

2)

not+ either: 둘 중에 어느 하나도 모른다. (전체부정)

- I do **not** know **either** of the questions
= I know **neither** of the questions. | 나는 그 문제들 중에 아무도 모른다.

3)

not + all: 모두가(셋 이상일 때) ~ 한 것은 아니다. (부분부정)

- I do **not** like **all** of them.

나는 그들 모두를 좋아하는 것은 아니다.
그들 중에 몇몇만 좋아한다.

4)

not+ any: 어떤 것도 ~ 하지 않는다. (전체부정)

- I do **not** like **any** of them.
= I like **none** of them.

나는 그들 아무도 좋아하지 않는다.

5)

not + every: 누구나(어느 것이나) ~ 한 것은 아니다.

- **Everybody** does **not** like her. (부분부정)
- **Nobody** likes her. (전체부정)

모든 사람이 다 그녀를 좋아하는 것은 아니다.
일부 사람만 좋아한다.
아무도 그녀를 좋아하지 않는다.

6)

not + always: 항상 ~ 한 것은 아니다.

- The poor **are not always** unhappy. (부분부정) — 가난한 사람들이 항상 불행한 것은 아니다.
- The poor are **never** unhappy. (전체부정) — 가난한 사람들은 전혀 불행하지 않다.

Step 25 :: 주요 대명사의 용법

1) everything: 매우 중요한 것

• Money is **everything** to her.	돈은 그녀에게 매우 중요한 것이다.
• You mean **everything** to me.	당신은 나의 전부다.

2) something: 상당한 것/ 어느 정도의 (of)

• He thinks **something** of himself.	그는 자신을 상당한 존재로 생각한다.
• He is **something** of a musician.	그는 조금은 알려진 음악가이다.

3) anybody: 대단한 존재

• If you want to be **anybody**, you must make efforts.	네가 대단한 존재가 되고 싶으면, 노력을 해야 한다.
• If you wish to be **anybody**, try your best.	어디의 아무개라고 할 만한 사람이 되려거든 최선을 다해라.

4) nothing: 하찮은 것

• She was a humble **nobody** a few years ago.	그녀는 몇 년 전만 해도 하찮고 보잘 것 없는 존재였다.
• He is a mere **nobody**.	그는 보잘것없는 사람일 뿐이다.

5) not ~ at all: 조금도 ~이 아니다.

• We are **not** interested in the soccer game **at all**.	그들은 조금도 그 축구 경기에 관심이 없다.
• I **don't** know him **at all**.	그는 전혀 모르는 사람이다.

Step 26 :: 간접의문문/ 수사의문문/ 부가의문문

〈의문사의 용법〉:

의문문을 나타내는 who · whom · what · which · when 등을 의문사라고 하며 크게 의문대명사와 의문부사로 나눈다.

의문대명사: who · whom · whose.
의문부사 : why · where · when · how.

1) 간접의문문

① 직접 의문문과 간접 의문문.

⚜ 직접의문문: 의문사+**동사+주어**

Who **is he**?(직접의문문)

⚜ 간접의문문: 동사의 목적절로 직접의문문이 연결 될 때를 말한다.

~동사 +[목적절: 의문사+**주어+동사**]

I don't know [who **he is**].

: 목적절의 주어+동사의 순서에 주의.

✤ 직접의문문:

- Where **can I** find Linda? | 내가 린다를 어디에서 찾을 수 있니?

✤ 간접의문문:

- Can you tell me where **I can** find Linda? | 내가 린다를 어디에서 찾을 수 있는지 나에게 말해 줄 수 있니?

✤ 직접의문문:

- What **do you** mean? | 무슨 뜻이니?

✤ 간접의문문:

- Please explain what **you mean**. | 무슨 뜻인지 설명해 주세요.

✤ 직접의문문:

- What time **did they** leave? | 그들은 몇시에 떠났니?

✤ 간접의문문:

- Do you know what time **they left**? | 그들이 몇시에 떠났는지 너는 알고 있니?

② 의문사를 앞에 쓰는 간접의문문

의문사가 있는 의문문이 think · suppose · believe · imagine · guess 등 동사의 목적어일 때 의문사를 문장 앞으로 도치한다.

- **When** do you think he arrives? (○) | 너는 그가 언제 도착한다고 생각하니?
  Do you think when he arrives? (×)

2) 수사의문문

반어적으로 자기 말을 강하게 표현.(반대로 해석)

- Who knows? (수사의문문)

= Nobody knows. (평서문)

- Who does not know it? (수사의문문)

= Everybody knows it. (평서문)

- Who can do so? (수사의문문)

= Nobody can do so. (평서문)

누가 알겠는가?

아무도 모른다.

누가 그것을 알지 못하겠니?

누구나 그 것을 안다.

누가 그렇게 할 수 있겠는가?

아무도 그렇게 할 수 없다.

3) 부가의문문

⚜ 앞 문장이 긍정이면 부정의 부가의문문,

⚜ 앞 문장이 부정이면 긍정의 부가의문문

➔ be 동사나 조동사는 부정의 be 동사나 조동사
일반 동사는 do 동사의 부정어를 쓴다.

- They **are** telling me the truth, **aren't they**?
- He **is** taking a walk along the river, **isn't he**?

- She **can not** speak Chinese, **can she**?
- He **can** speak Korean, **can't he**?

- Jane **likes** the story, **doesn't he**?
- You **bought** a new book, **didn't you**?

그들은 진실을 말하고 있다. 그렇지 않니?

그는 강을 따라 산책을 하고 있다. 그렇지 않니?

그녀는 중국어를 말할 수 없다. 그렇지?

그는 한국어를 말할 수 있다. 그렇지 않니?

제인은 그 이야기를 좋아한다. 그렇지 않니?

너는 새 책을 샀다. 그렇지 않니?

[주의] 명령문의 부가의문문

▶ 명령문의 부가의문문은 주절이 긍정이든 부정이든 언제나 will you? 를 쓴다.

▶ 권유의 뜻으로 쓰인 명령문은 won't you? 를 사용한다.

- Call me right now, **will you**?
- Have a glass of beer, **won't you**?

즉시 연락해라. 알았니?

맥주 한 잔 먹어. 알았니?

Step 26

Actual Test

001

I wonder what __________.

(A) is time (B) it is time (C) time is it (D) time it is

002

Do you know how __________?

(A) warm is it today
(B) is it warm today
(C) warm it is today
(D) today it is warm

003

__________ do you think is the best doctor?

(A) who (B) why (C) what (D) whom

004

She likes playing the piano, __________ she?

(A) does (B) doesn' t (C) is (D) isn' t

005

Close the window, __________?

(A) don' t you (B) will you (C) aren' t you (D) do you

Step 26 확인 문제

001

다음 중 올바른 것을 골라 보세요.

1) I cannot find my notebook? Do you know where (one/it) is?
2) I' m looking for a cellular phone. I want a red (it/one).
3) I have two cars; one is white and (others/the other) is black.
4) The price of TV in Japan is higher than (this/that) of Korea.
5) It is no fault of (yours/you).
6) Every student (attend/attends) English class.
7) None of our money (was/were) wasted.
8) Each player (want/wants) to join the team.
9) Some boys like oranges and (others/another) like bananas.
10) I don' t like this model; show me (the other/another)
11) Is there any wine in the glass. Yes, there is (any/some).
12) Please lend me (some/any) money if you have (some/any).
13) He will get the first prize in the contest. Do you think (it/so)?
14) The movie star is a very important person, so he must be treated as (such/so).
15) It is (her/she) that is to blame.
16) I have a pet. (Its/It' s) name is Peru.
17) (This/These) process takes six months.
18) I got three letters. One was from my friend. Another one was from my father. (Others/The other) letter was from my mother.
19) (Most/Almost) of the students in our class speaks Chinese well.
20) All of the (students/students') names were on the list.

002

다음 중 잘못된 부분을 찾아 고치세요.

1) Only difference in appearance is that ours is green and their is red.
2) Jane has her book and Tom has him.
3) Alex won the prize. He is proud of herself.
4) Everyone seek the happiness in their life.
5) Each states in the country have a different language.
6) Thousand of player take part in the Olympics.
7) It was a public holiday, so there were none shops open.
8) We had to walk home because there weren' t some taxis.
9) He couldn' t tell nobody about his plans.
10) 'Where is Alex?' Is he at work or at home?' 'Either' He is away on holiday.

003

다음 문장 중 빈칸에 맞는 재귀대명사를 쓰세요.

1) Kate introduced ( ) to the other guests at the party.
2) Sarah had a good time. She enjoyed ( ).
3) Let' s paint the house ( ).
4) The film ( ) wasn' t very good.
5) Tom and Sandy stood in front of the mirror and looked at ( ).

004

다음 문장을 none · either · any · neither · both를 사용하여 빈 칸을 채워 보세요.

1) I took seven books with me on holidays, but I didn' t read (　　) of them.

2) Alex and I could not enter the shop because (　　) of us had a key.

3) We tried many hotels, but (　　) of them had any rooms.

4) There are two good hotels here. You could stay at (　　) of them.

5) (　　) my parents are from Seoul.

Step 27 :: 부정관사(a/an)

관사

문법설명

* 관사는 부정관사 a(n)와 정관사 the로 나누어진다.
* 명사 앞에서 각각 그 역할을 한다.

1. 부정관사의 종류

부정관사는 **a, an** 두 가지가 있는데, **a**는 발음이 자음으로 시작되는 단어 앞에 붙고, **an**은 모음으로 시작되는 단어 앞에 붙는다.

- There is **a** mountain behind his village. | 그가 사는 마을 뒤에는 산이 하나 있다.
- Take **an** umbrella with you. | 우산을 가지고 가세요.

a 와 an 은 철자가 아니라 발음에 의해 구별한다.

- a **E**uropean(유럽인) • a **u**niversity(대학교) • a **u**niform(유니폼)

※ [발음이 /ju/로 시작하기 때문에 모음이 아니다. 관사가 an 이 아닌 것에 주의 한다.]

- an **h**onor(명예): h는 묵음이므로 발음이 /a/로 시작한다.

2. 부정관사 a, an의 용법

1) one(하나)을 뜻할 때.

- I wrote this book **a year ago** . | 나는 1 년 전에 이 책을 썼다.

2) 일반적인 것을 의미 할 때

- He bought **a cell phone** yesterday. | (그는 어제 휴대폰을 하나 샀다.)

3) 어떤 (A certain)의 뜻.

- **A Barbara** called me in the morning. | 어떤 바바라라는 사람이 아침에 나에게 전화를 했다.

4) ~마다(per)의 뜻.

- Apples are sold at 1000 won **a kilogram.** | 사과는 1 킬로그램에 1000 원에 팔린다.

5) 어느 정도, 약간(some)의 뜻.

- I waited for her for **a time.** | 나는 한 동안 그녀를 기다렸다.

Step 27

Actual Test

001

Mary looks good in __________ of that color.

(A) the dress (B) dress (C) that dress (D) a dress

[2~3] 밑줄 친 부분 중 잘못된 부분을 고르세요.

002

The ozone layer acts as a umbrella against the sun's dangerous rays.

(A) The ozone (B) acts (C) a (D) dangerous

003

He was late at the airport and waited for her for at least half a hour.

(A) late (B) at (C) for (D) a

Step 28 :: 정관사(the)

1) 앞에 나온 명사가 반복될 때

- I bought a book, and **the book** was very interesting. | 나는 책 한권을 샀다. 그런데 그 책은 매우 재미있었다.

2) 수식어구(형용사구 · 형용사절)에 의해 한정이 될 때

- **The water** in this pond is not good to drink. | 이 우물의 물은 마시기에 좋지 않다.

3) 문맥상 전후관계를 누구나 알 수 있는 경우

- Pass me **the book**, please. | 그 책 좀 나에게 건네 주시겠습니까?

4) 시간, 수량의 단위를 나타낼 때

- We are paid by **the month**. | 우리는 한 달 단위로 급여를 받는다.
  Tomatoes are sold **by the gram**. | 토마토는 그램당으로 팔린다.

5) 동물전체를 나타낼 때

- **The dolphin** is smarter than **the bear**. | 돌고래는 곰보다 영리한 동물이다.

6) 신체 일부를 표시할 때

- He caught her by **the hand**. | 그는 그녀의 손을 붙잡았다.

- I hit him on **the head**. | 나는 그의 머리를 때렸다.
- The manager looked me in **the face**. | 매니저는 나의 얼굴을 보았다.

7) 최상급, 서수(first, second …), 앞에서 사용

- Seoul station is **the nearest station from here**. | 서울역은 여기에서 가장 가까운 역이다.
  (최상급 앞)
- April is **the fourth month** of the year. | 4월은 1년 중 4번째 달이다.
  (서수 앞)

8) 악기 이름

- Does the lady play **the violin** well? | 그 아가씨는 바이올린을 잘 치니?

9) 관용어 구에서

- in the distance (멀리서).
- in the sun (햇볕에서).
- in the evening (저녁에).
- in the dark (어두운 곳에서).

신체일부를 표시하는 방법

1) catch(잡다)형의 동사

주어 + 동사 + 사람 + by the 신체일부분.

catch · seize · take · hold · grasp 등의 동사는 전치사 by를 사용한다.

- He **caught** me **by** the hand. | 그는 나의 손을 붙잡았다.

cf) He caught my hand.

2) strike(때리다)형의 동사

주어 + 동사 + 사람 + on the + 신체일부.

strike · hit · pat · tap · touch · kiss 등의 동사.

- He **struck** me **on** the head. | 그는 나의 머리를 때렸다.

cf) He struck my head.

3) look(보다)형의 동사

주어+ 동사 + 사람 + in the + 신체일부.

look · gaze 등의 동사.

- I **looked** him **in** the eye. | 나는 그의 눈을 보았다.

cf) I looked his eye.

- I **gazed** him **in** the face. | 나는 그의 얼굴을 쳐다보았다.

cf) I gazes his face.

Step 29 :: 정관사와 고유명사

① 강, 바다, 사막 등의 이름.

- The Han River → 한강
- the Arctic Ocean → 북극해
- the Sahara → 사하라 사막

② 반도, 산맥의 이름

- The Korean peninsula → 한반도
- the Rocky Mountains → 록키산맥

③ 일부 국가 이름 (여러 개의 주나 섬으로 이루어진 경우)

- The United States of America → 미합중국
- The Netherlands → 네덜란드

④ 관공서, 공공건물의 이름.

- The State Department → 미국무성
- the Blue House → 청와대
- the British Museum → 대영 박물관

주 의

역 · 항구 · 호수 · 다리 · 공항 · 공원에는 일반적으로 the를 붙이지 않는다.

- Seoul Station(서울역)
- Pagoda Park(파고다공원)
- Pusan Harbor(부산항)
- Kimpo airport(김포공항)

철도 · 열차 · 항공기 · 배 · 신문 · 잡지 · 학회의 이름 .

- the Gyongin Line → 경인선
- the Korea Herald → 코리아 헤럴드 신문
- the Newsweek → 뉴스위크지
- the English Linguistics of Korea → 한국 영어학학회

Step 28~29

Actual Test

001

Sugar is sold there ___________.

(A) by pound (B) by a pound (C) by pounds (D) by the pound

002

He caught me by ___________.

(A) a hand (B) my hand (C) the hand (D) hand

003

Astronomy is ___________ of stars and planets.

(A) a science (B) science (C) the science (D) scientific

004

She held me by ___________.

(A) my arm (B) arm (C) the arm (D) an arm

005

I have been to ___________ House many times.

(A) Blue (B) the Blue (C) a Blue (D) Blues

Step 30 :: 관사의 위치

so · as · too · how · however + 형용사 + 부정관사 + 명사.

- My homework cannot be done in **so short a time**. 나의 숙제는 그렇게 짧은 시간에 끝낼 수 없다.
- He is **as kind a boy** as you are. 그는 너처럼 친절한 소년이다.
- It is **too difficult a problem** to solve. 그 것은 풀기에 아주 어려운 문제이다.
- **How beautiful a flower** it is! 그 것은 얼마나 아름다운 꽃인가!

such · half · rather · what · whatever + 부정관사 + 형용사 + 명사.

- **Such a work** cannot be done in a month. 그런 일은 일주일 안에 끝낼 수 없다.
- He is **rather an old man**. 그는 차라리 노인이다.
- **What a beautiful flower** it is! 그 것은 매우 아름다운 꽃이다.

all · double · both + 정관사 + 명사.

- **All the boys** were present. 모든 아이들이 참석했다.
- I paid **double the price** for it. 나는 그것의 2배의 가격을 지불했다.

Step 31 :: 관사의 생략

1) 부르는 말이나 가족관계를 나타낼 때

- **Waiter**, two cups of coffee. | 웨이터! 커피 두 잔만 주세요.
- **Father**, may I go out? | 아빠! 제가 나가도 될까요?

2) 식사이름

- I was having **breakfast** when he arrived. | 나는 그가 도착 했을 때 아침을 먹고 있었다.

[주의] 식사 이름 앞에 형용사가 오면 관사가 올 수 있다.

- Because I have **a heavy breakfast**. I have no appetite. | 나는 아침을 많이 먹었기 때문에 식욕이 없다.
- Many people suffer from **diabetes**. | 많은 사람들이 당뇨병으로 고생하고 있다.

3) 운동이름

- They are playing **tennis**. | 그들은 테니스를 치고 있다.
- I usually play **soccer** every weekends. | 나는 주말 마다 대개 축구를 한다.

4) 관직 · 신분을 나타내는 말이 주격보어 · 목적격보어로 쓰일 때

- Mr. Kim was appointed **principal** of our school. | 미스터 김은 우리 학교 교장 선생님으로 임명되었다.
  (주격보어)
- They elected me **captain** of the club. | 그들은 나를 우리 클럽의 팀장으로 선출했다.
  (목적격 보어)

5) a kind of ~ , a sort of ~ 다음에 오는 명사 앞에는 일반적으로 관사를 붙이지 않는다

- He is a kind of **gentleman**. | 그는 일종의 신사이다.
- It is a kind of **desk**. | 그 것은 일종의 책상이다.

6) 짝을 이루는 두개의 명사가 전치사 혹은 접속사로 밀접하게 연결될 때

- They are walking **side by side**. | 그들은 나란히 걷고 있었다.
- The couples came here **arm in arm**. | 커플들이 팔짱을 끼고 여기에 왔다.
- **Rich and poor** celebrate New year' s day. | 부자나 가난한 사람들 모두 신년 새해를 축하하고 있다.

7) 공공건물이 본래의 목적으로 쓰일 때

- I usually go to **bed** at nine. | 나는 대개 9시에 잠자리에 든다.
- We go to **church** on sundays. | 우리는 일요일 마다 교회에 예배 보러 간다.
- I go to **school** at 8 O' clock. | 나는 8시에 학교에 공부하러 간다.

[주의]

- I am going to **the school** to see him. | 나는 그를 만나러 학교에 갈 것이다.

❀ 본래의 목적 이외로 가는 경우는 정관사 the를 붙인다.

8) 교통, 통신수단을 나타낼 때

- I came here **by subway**. | 나는 지하철을 타고 여기에 왔다.
- I came here **by train**. (= in a train) | (기차를 타고)
- I came here **by car**. (= in a car) | (차를 타고)

- I informed him **by e-mail**. | 나는 그에게 이메일로 알려주었다.

9) 관사 없이 쓰이는 주요표현

at noon: 정오에
at night: 밤에
at table: 식사 중
in town: 시내에서

- We usually have lunch at noon. — 우리는 대개 정오에 점심을 먹는다.
- He runs a motel in town. — 그는 시내에서 모텔을 경영한다.

10) 관사의 생략과 반복

- A novelist and businessman came here. — 소설가이자 사업가 한 명이 여기에 왔다.

※ 관사가 1개 쓰이면 한 사람을 나타낸다.

- A novelist and a businessman came here. — 한 명의 소설가와 한 명의 사업가가 여기에 왔다.

※ 관사가 2개 쓰이면 두 사람을 나타낸다.

Step 30~31 **Actual Test**

001

It was too __________ for me.

(A) good a plan (B) a good plan (C) good plan (D) plan a good

002

I think that Miss Smith is __________.

(A) so a good teacher (B) such good teacher

(C) such good a teacher (D) such a good teacher

003

I think he likes playing __________.

(A) football (B) a football (C) the football (D) football game

004

"What is your nationality?"

"I am __________."

(A) a Korean (B) Korean (C) Koreans (D) the Korean

005

My father usually goes to work by __________.

(A) a bus (B) the bus (C) buses (D) bus

Step 31 **확인 문제**

001

다음 문장에서 빈 칸에 알맞은 관사(a(n), the)를 써보세요.

1) I had _______ sandwich and _______ apple for breakfast.
2) Could you open _______ door?
3) I' m just going to _______ bank. I' ll be back soon.
4) Have you finished _______ book I lent you?
5) I bought _______ newspaper and _______ radio. _______ newspaper is on the desk, but I can' t remember where I put _______ radio.
6) I had lunch in _______ best restaurant in the city.
7) Did you get _______ job you applied for?
8) How often do you go away on holiday? About once _______ week.
9) When they were on holiday, they stayed at _______ hotel. Sometimes they ate at _______ hotel.
10) We looked up at all the stars in _______ sky.

002

다음 문장에서 틀린 부분을 찾아 고치세요.

1) What did you have for the lunch?
2) I have not been to theater for ages.
3) Would you like to live in country?
4) When was telephone invented?
5) We elected him the captain of the team.

6) I came here by the subway.

7) What kind of the book is this?

8) He is good player of the golf.

9) The waiter, give me something to drink, please.

10) I took her by hand.

11) It' s too a difficult problem to solve.

12) I' ve never seen so a beautiful mountain.

003

다음 중 올바른 것을 고르세요.

1) I' m afraid of (wolves/ the wolves)

2) Look at (bananas/ the bananas) on that tree!

3) (All pens/ All the pens) on the table are mine.

4) (Women/ The women) live longer than (men/ the men).

5) Next month we' re going skiing in (Swiss Alps/ the Swiss Alps).

6) The most powerful person in (United States/ the United States) is president.

7) France and Britain are separated by (Channel/ the Channel).

8) Do you know (Johnsons/ the Johnsons)? They are very nice couple.

9) (The rich/ Rich) should pay higher taxes.

10) (The piano/ Piano) is my favorite musical instrument.

Step 32 :: 전치사의 형태와 기능

전치사

* 전치사는 명사, 대명사나 동명사 앞에서 의미를 연결해 주는 기능을 한다.
* 형용사구나 부사구가 되며, 전치사 뒤에 오는 말은 목적격이 된다. 전치사의 목적어에는 명사, 대명사, 명사 상당 어구 (동명사 · 부정사)가 된다.
* 전치사는 1개의 단어로 이루어진 단순전치사(on · by · to · at 등)와 2개 이상의 단어로 된 구전치사가 있다(along with · because of · in addition to 등).

① **단순전치사**: at · by · till · after · on 등
② **전치사구** : because of · on account of · in spite of 등

1) 전치사는 그 목적어 바로 앞에 놓이는 것이 원칙이다.

- I was interested in collecting stamps. | 나는 우표 모으는 데에 흥미가 있다.
  〈동명사가 목적어〉
- The cause of disease is lack of vitamins. | 질병의 원인은 비타민의 부족이다.
  〈명사가 목적어〉
- It characterizes much of Asia in the twentieth century. | 그것은 20세기 아시아의 많은 부분을 특징짓고 있다.
  〈명사구가 목적어〉
- It depends on how people solve the problem. | 그 것은 사람들이 어떻게 문제를 푸느냐에 달려 있다.
  〈명사절이 목적어〉
- I want to the park with her. | 나는 그녀와 공원에 가고 싶다.
  〈대명사가 목적어〉

2) 전치사의 생략

시간 · 거리 · 방법 · 정도 표시를 표시하는 전치사는 생략 할 수 있다.

- I stayed here (for) four hours. (시간) — 나는 4시간 동안 이곳에 머물렀다.
- He did it (in) this way. (방법) — 그는 그것을 이렇게 했다.
- Alex has to work (on) Sundays. (시간) — 알렉스는 일요일 마다 일 해야 한다.

현재분사 앞에서 전치사는 생략되기도 한다.

- He spent time (in) studying English. — 그는 영어 공부를 하면서 시간을 보냈다.
- I had a difficulty (in) doing it. — 나는 그것을 하는데 어려움이 있었다.

Step 32

Actual Test

001

He is thinking of buying a pair of shoes __________.

(A) exercise (B) for exercise (C) for he excercise (D) exercise for

002

He is having dinner __________.

(A) the restaurant (B) the restaurant at
(C) at the restaurant (D) at he the restaurant

003

She is afraid of __________ in the river.

(A) swim (B) to swim (C) she swims (D) swimming

004

I discussed the question with my friend and __________.

(A) he (B) him (C) him (D) himself

005

Between you and __________. There is no secret.

(A) I (B) my (C) me (D) myself

Step 33 :: 전치사의 용법

✤ 전치사는 명사 앞에서 시간 · 장소 · 속도 · 가치 · 원인 · 방향 들을 나타낸다.

1. at: 좁은 장소<~에> 시간이나 장소의 한 점을 가리킨다.

1) **시간** : 시간의 한 점 「…에」
2) **장소** : 비교적 좁은 장소 「…에서」
3) **속도** : 「…의 속도로」
4) **가격** : 「…의 값으로」
5) **원인** : 「…을 보고, 듣고」
6) **방향** : 「…을 향해서」

- The result will be given out **at** noon.(시간) — 결과는 정오에 발표될 것이다.
- He arrived at the station **at** ten.(시간) — 그는 10시에 정거장에 도착했다.
- I was staying **at a hotel** in New York.(장소) — 나는 뉴욕에 있는 어느 호텔에서 머물고 있다.
- I bought this shoes **at double the price.**(가격) — 나는 두 배의 가격으로 이 신발을 샀다.
- I was surprised **at the news.**(원인) — 나는 그 소식에 놀랐다.

[tip]

❀ 어느 특정한 날은 in 대신에 on을 씀.

❀ 요일 앞에는 on 을 쓴다.

- on the tenth of April — 4월 10일에
- on Sunday — 일요일에

♣ at을 이용한 주요표현

- at ease: 쉽게(상태), at work:종사하다 (종사, 활동)
- at the cost of: ~을 희생하여 · ~의 대가로(조건, 대상)

2. in: 넓은 장소 <~에>

1) **시간** : 달, 계절, 연도 등 비교적 긴 기간에「…에, …사이에」
2) **장소** : 도시, 나라 등 비교적 넓은 장소에「…곳에」
3) **시간의 경과** :「…지나서」
4) **상태 · 상황** :「…착용하고 있는」,「…상황에 있는」

- Our school is at Myoung-dong **in** Seoul.(장소) — 우리 학교는 서울 명동에 있다.
- Flowers bloom **in** spring.(시간) — 봄에는 꽃들이 핀다.
- I will be back **in a month.**(시간의 경과) — 나는 한 달 뒤에 돌아 올 것이다.
- The princess is dressed **in white gown.**(상태/착용) — 공주는 흰 까운을 입고 있다.

3. on: <~위에> 천정이나 벽면에 부착된 것

1) **장소** : 접촉된「…위에」
2) **시간** : 날짜, 요일, 특정한 날「…에」
3) **목적** : 특히 여행의 목적「…하러」
4) **관련** : 연구?논문의 주제에 사용되어「…에 관하여」

- I saw some flies **on** the ceiling. (장소) — 몇 마리의 파리가 천장 위에 있는 것을 보았다.

- The examination begins **on** February 9. (시간) — 시험은 2월 9일에 시작된다.
- I went to the Paris **on business.** (목적) — 나는 사업 목적으로 파리로 갔다.
- This is a paper **on Korean history.** (~에 관하여) — 이것은 한국 역사에 관한 논문이다.

♣ on 을 이용한 주요표현

- depend on: ~에 의존하다
- live on: ~을 먹고 살다 <의존적 관계>

4. between: 2개 사이에/ among: <3개 이상 사이>

- There is a big river **between** the two cities. — 그 두 도시 사이에 큰 강이 있다.
- Let' s divide this money **between** you and me. — 이 돈을 너와 나 둘로 나누자.
- Birds are singing **among** the trees. — 새들이 나무 사이에서 지저귀고 있다.

5. across/ through/ along/ around

1) across : 「…을 가로질러서」
2) through : 「…을 통과해서」, 「…을 통해서」
3) along : 「…을 따라서」
4) around : 「…의 둘레에」, 「…을 돌아서」

- He ran **across** the railroad. — 그는 철도를 가로질러 뛰어갔다.
- The train ran **through** the tunnel. — 그 기차는 터널을 통과해서 달렸다.
- The bus is running **along** the railroad. — 그 버스는 철도를 따라서 달리고 있다.
- The taxi ran **around** the hill. — 그 택시는 언덕을 돌아서 달렸다.

6. to : ~까지 (도착지점)/ from: ~로 부터 (출발지점)

- It is ten minutes **to eight**. | 10분전 8시(7시 50분) 이다.
- I will be there **from Monday** to Saturday. | 나는 월요일부터 토요일까지 그곳에 있을 것이다.

7. in: 어느 범위 안의 정지된 상태에서 "~의 안에"

- He arrived **in Seoul** on Monday. | 그는 월요일에 서울에 도착했다.
- He was standing **in** the corner of the room. | 그는 방구석에 서 있었다.

8. into: 밖에서 안으로 들어오는 운동의 뜻으로 〈~의 안으로〉

- I walked **into the room**. | 나는 걸어서 방안으로 들어갔다.
- He dived **into** the river. | 그는 강 속으로 다이빙 하였다.

9. out of: 안에서 밖으로 나가는 운동의 뜻으로 〈~의 밖으로〉, 〈~없이〉

- He jumped **out of** chair. | 그는 의자에서 뛰어 나갔다.
- She took a wallet **out of** her pocket. | 그녀는 호주머니에서 지갑을 꺼냈다.
- We cannot live **out of** the air. | 우리는 공기 없이는 살 수 없다.

10. across: 처음과 끝의 한계가 명확하며 〈~을 가로질러〉, 〈횡단하여〉

- He ran **across** the railroad. | 그는 철도를 가로질러 뛰어갔다.

11. along: 처음과 끝의 한계가 명확하지 않은 상황

(~강 또는 거리 등을 따라서 갈 때)

- We walked **along** the river. | 우리는 강을 따라 걸어갔다.

12. through: 어느 곳을 관통하여 지나가는 것, 운동방향이 있음

- The road goes **through** the forest. | 길은 숲을 통해 지나가고 있다.
- The train ran **through** the tunnel. | 그 기차는 터널을 통과해서 달렸다.

13. for: 방향이나 행선지 표시, <~을 향하여>

- The train is bound **for** Seoul. | 기차는 서울을 향해 가고 있다.
- We left Incheon **for** Kwacheon in the afternoon. | 우리는 오후에 인천을 떠나 과천으로 떠났다.

14. toward: 막연한 목표를 향하는 것. <~로 향하여>

- He leant across the table **towards** her. | 그는 그녀 쪽을 향하여 테이블을 가로질러 몸을 기대었다.

15. in/ within/ after

1) in : <~이 지나면> (시제는 미래가 중심)
2) within : ~이내에 (일정한 기한 내에)
3) after : ~후에 (동작의 완료 기준, 과거시제)

- I will be there **in** a few days. | 나는 며칠 후면 그곳에 있을 것이다.
- She will arrive here **within** a few months. | 그녀는 몇 달 안에 여기에 도착 할 것이다.
- The work was done **after** a month. | 그 일은 한 달 후에 끝났다.

16. by/ till

1) by : ~까지 (어느 때 까지 동작 완료: 1회성)
2) till : ~까지 (어느 때 까지 동작의 계속성)

- I will be here **by** six. | 나는 여섯시까지 여기에 오겠다.
- I will wait for her **till** six. | 나는 여섯시까지 그녀를 기다리겠다.

17. since/ from

1) since : ~이래 줄 곧 (과거로부터 현재까지 계속)
2) from : ~로 부터 (출발점만 표시)

- I have lived here **since** my birth. | 나는 태어난 이래 줄곧 여기서 살고 있다.
- He works hard **from** morning till night. | 그는 아침부터 저녁까지 열심히 공부한다.

18. for/ during/ through

1) for : ~동안 (일반적으로 숫자 앞)
2) during : ~중에 (동작이나 상태의 계속, 특정의 사건, 기간 앞에)
3) through : ~동안 줄곧 (처음부터 끝까지 계속)

- The war lasted **for** seven years. | 그 전쟁은 7년 동안 계속되었다.
- He slept **during** the meeting. | 그는 회의 도중에 잠을 잤다.
- He slept **through** the meeting. | 그는 회의가 시작해서 끝날 때까지 줄곧 잤다.

19. 원인 · 이유의 전치사

1) from : 직접적 원인.(~로부터 원인이 되어)
2) through : 간접적 원인(~의 원인/이유로). (태만, 과오, 결점, 매개의 수단)
3) at : 감정의 원인 (~을 보고서 (듣고서) 기쁘다 (슬프다).)
4) over : 감정의 원인 (~에 대하여 울다 (웃다)).
5) for : 행위의 이유 (~때문에)
6) with : 행위의 원인 (~때문에; 추위, 두려움, 무서움, 흥분)

- He was taken ill **from fatigue**. — 그는 피로 때문에 병에 걸렸다.

cf) He died **of cholera**. — 그는 콜레라(질병) 때문에 죽었다.

- We were lost **through** not knowing the way. — 우리는 길을 알지 못해 길을 잃었다.
- I was surprised **at** the news of his death. — 나는 그가 죽었다는 소식을 듣고 놀랐다.
- We rejoiced **over** the victory. — 우리는 승리에 대하여 기뻐했다.
- She couldn' t speak **for** laughing. — 그녀는 웃음이 나서 말을 할 수 없었다.
- He was trembling **with** fea. — 그는 두려움 때문에 떨고 있었다.

20. 재료 · 원료의 전치사

1) of : 물리적 변화 (형태나 질은 변하지 않음)
2) from : 화학적 변화 (형태나 질이 변함)
3) into : 새로운 제품이 될 때 (A is made into B)
4) in : 표현방법 (speak), 수단 (write), 재료 (paint), 착용.

- The desk was made **of** wood. — 그 책상은 나무로 만들어졌다.
- We can make wine **from** grape. — 우리는 포도로 와인을 만들 수 있다.
- The old houses can be made **into** new ones. — 옛 집들은 새 집으로 만들어질 수 있다.
- I was dressed **in** white trousers. — 나는 흰 바지를 입고 있었다.

- Please speak **in** English. | 영어로 말해 주세요.

21. 수단 · 도구의 전치사

1) with : 도구 (~을 가지고, ~으로)
2) by : 행위자 (수동태) · 수단 (능동태)
3) through : 중개 · 경로 (~을 통하여) · 매개 · 수단.

- He was killed **with** a pistol. | 그는 권총으로 죽었다.
- We eat soup **with** a spoon. | 우리는 숟가락을 가지고 스프를 먹었다.
- He spoke **through** an interpreter. | 그는 통역관을 통하여 말을 했다.
- We went **by** bus and returned **by** train. | 우리는 버스를 타고 가서 기차를 타고 돌아 왔다.

Step 33

Actual Test

001

Mr. Kim was born ______ Seoul ______ August 20 ______ 3:00 in the morning.

(A) at - by - on　(B) in - in - in　(C) at - at - at　(D) in - on - at

002

I met her __________ a rainy night.

(A) in　(B) at　(C) on　(D) into

003

He has lived in New York __________ the last three years.

(A) since　(B) during　(C) for　(D) until

004

Write your name and address __________?

(A) on　(B) in　(C) with　(D) by

005

"How are you going?"
"We are going __________ boat."

(A) in　(B) with　(C) on　(D) by

Step 34 :: 주요 전치사구의 용법

1) at the mercy of ~ = ~에 좌우되어, ~의 처분대로
2) at the risk of one's life : 목숨을 걸고, 죽을 각오를 하고
3) by means of ~ = ~에 의하여
4) by way of ~ : ① ~을 경유하여
   ② ~하기 위하여, ~하는 셈으로
5) for the purpose of = ~할 목적으로
6) for the sake of ~ = ~을 위하여, ~의 이익을 위해
7) in accordance with ~ : ~에 따라서, ~와 일치하여
8) in comparison with ~ = : ~과 비교하면
9) in consequence of = ~의 결과로서
10) according to + 명사 = ~ 에 따르면
11) according as + 주어 + 동사 = ~에 의하면, ~에 따라서
12) in case (that) + 주어 + 동사 : ~할 경우에는, ~에 대비하여
13) in case of + 명사 = ~할 경우에는
14) on account of ~ =~때문에
15) in spite of ~ = ~에도 불구하고

- The ship was **at the mercy of** the wind and the waves. — 배는 바람과 파도에 좌우되고 있었다.
- He saved the child **at the risk of** his own life. — 그는 자기 목숨을 걸고 아이를 구했다.
- Thoughts are expressed **by means of** words. — 사고는 말에 의하여 표현된다.
- I went to London **by way of** Paris. — 나는 파리를 경유하여 런던으로 갔다.
- He entered college **for the purpose of** studying law. — 그는 법을 공부할 목적으로 대학에 들어갔다.
- He argues **for the sake of** arguing. — 그는 논쟁을 위한 논쟁을 하고 있다.
- He acted **in accordance with** his words. — 그는 말에 따라 행동 했다.

• There is an oversupply **in comparison with** the demand.	수요에 비하면 공급이 많다.
• **In consequence of** the inflation of the currency, the prices of things have greatly risen.	화폐의 통화팽창의 결과 물가가 많이 올라다.
• **According to** the rule, the captain in this club must speak English fluently.	규칙에 따르면 이 클럽의 팀장은 영어를 유창하게 말해야 한다.
• You will take **according as** you give.	당신은 준 것에 따라 받게 될 것이다.
• Take a sweater **in case** (that) the weather should turn cold.	날씨가 추워지면 스웨터를 입어라.
• **In case of** fire, ring the alarm bell.	불이 날 경우에 경보 벨이 울릴 것이다.
• I cannot accept your invitation **on account of** my illness.	나는 병 때문에 너의 초대를 수락 할 수 없다.
• They went out **in spite of** the heavy rain.	그들은 폭우 때문에 밖으로 나갔다.

⚜ 기타 알아야 할 주요 전치사구

1) in company with ~ = ~과 함께

2) in common with ~ = ~과 함께 · ~처럼
in the course of ~ = ~하는 동안에
in favor of ~ = ~에 찬성하여 · ~에 이익이 되도록
in the light of ~ = ~에 비추어서 · ~의 관점에서
in addition to ~ = ~이외에도 · ~뿐만 아니라
in place of ~ = ~대신에

3) in terms of ~ : ~의 면에서 · ~의 견지에서
~의 말투로 · ~의 표현으로
4) in honor of ~ : ~에 경의를 표하여 · ~을 축하하여
5) on behalf of~=~을 위하여 · ~을 대신하여
6) as for ~ =~에 관해 말하자면 · ~에 관하여

7) as to ~ = : ~에 관하여
8) apart from ~ : ~은 별문제로 하고 · ~은 그만두고
9) at the cost of ~ : ~을 희생하여
10) in pursuit of ~ = ~을 찾아서 · ~을 추구하여
11) without regard to ~ = ~에 관계없이 · ~에 상관없이

Step 34

Actual Test

001

He told me he is interested __________ American history.

(A) at (B) by (C) in (D) for

002

My son was blamed __________ being idle.

(A) with (B) for (C) by (D) of

003

He listens __________ music everyday.

(A) at (B) on (C) with (D) on

004

His music and songs were full __________ sadness.

(A) of (B) with (C) in (D) off

005

"Strawberries are __________ of season now."
"He is __________ of work."

(A) in (B) out (C) some (D) question

Step 34 확인 문제

001

다음 중 괄호 안에 올바른 것을 고르세요.

1) We communicated with each other (by, with) email.
2) She took a seat (between, among) the two people.
3) I have left my bag (before, behind).
4) I got my job (with, through) the Internet.
5) She always takes notes (on, about) the lecture.

002

다음 문장을 아래 주어진 전치사를 사용하여 빈 칸을 채우세요.

on, along, at, into, through, in, for, till, across, by

1) The price of oil is going up ( ) March.
2) There are usually a lot of parties ( ) Christmas day.
3) I don' t like driving ( ) night.
4) I was born in Seoul ( ) 1962.
5) The course begins ( ) September 10 and ends ( ) October.
6) He' s gong away ( ) the end of the month.
7) He lives ( ) a small village ( ) the east-west of England.
8) There were a lot of people ( ) the bus stop.
9) There is somebody ( ) the door.
10) Have you seen the notice ( ) the door.

11) Our room is ( ) the third floor of the building.

12) It was a lovely day. There wasn' t a cloud ( ) the sky.

13) In Japan we drive ( ) the left-hand side.

14. Write your name ( ) the top of the page,

15. His mother is ( ) hospital.

16. She is studying law ( ) university.

17. I saw him ( ) a football match on Sunday.

18. Water boils ( ) 100 degrees Celsius.

19. Did you come here ( ) car or ( ) foot?

20. My salary has increased ( ) 200,000 Won a month.

21. The train ran ( ) the tunnel.

22. We sailed sown ( ) the river to see the beautiful scenery.

23. I walked ( ) the room.

24. The train is bound ( ) Seoul.

25. I will be here ( ) six.

26. He ran ( ) the railroad.

003

다음 문장을 주어진 전치사 구를 사용하여 번역하세요.

1) He jumped out of chair.

2) The war lasted for seven years.

3) He slept during the meeting.

4) I was surprised at the news of his death.

5) She couldn' t speak for laughing.

6) The house was made of stone.

7) The ship was at the mercy of the wind and the waves.

8) Thoughts are expressed by means of words.

9) I went to London by way of Paris.

10) He argues for the sake of arguing.

11) He acted in accordance with his words.

12) According to the rule, the captain in this club must speak English fluently.

13) I cannot accept your invitation on account of my illness.

14) They went out in spite of the heavy rain.

접속사

접속사

✻ 접속사는 문장의 요소를 연결해 주는 역할을 하는데, 접속사의 다양한 의미파악과 기능을 이해하여 문장을 정확히 파악하는 것이 중요하다.

✻ 접속사는 종류에 따라 문법적 특성이 비슷한 단어, 구, 절을 연결해 주는 등위접속사와 종속절를 주절에 연결해 주는 종속 접속사, 분리돼있는 한 쌍의 어구가 접속사 역할을 하는 상관접속사 등이 있다.

1) 의미상 종류

등위 접속사 : and · but · or · for 등

종속 접속사 : if · whether · that · because 등

2) 형태상 종류

단순 접속사 : and · when · as · for 등

상관 접속사 : either ~ or · both ~ and · not only ~ but also

접속사구 : as soon as · as well as · as long as 등

Step 35 :: 등위접속사와 상관접속사

1.등위접속사

<and>

단어 · 구 · 절을 대등하게 연결해 주며 앞 뒤 말은 같은 문장 구조를 이룬다 (병렬구조).

- She is pretty **and** smart.(형용사와 형용사 연결) — 그녀는 예쁘고 영리하다.
- I went to Seoul **and** Incheon.(명사와 명사) — 나는 서울과 인천에 갔다.
- He play the piano to enjoy himself **and** to make money.(구와 구) — 그는 스스로 즐기고 돈을 벌기 위해 피아노를 친다.

<But>

단어 · 구 · 절을 역접 관계로 연결 해 주며, 앞 뒤 말은 같은 문장 구조를 이룬다.

- They walked slowly **but** safely.(부사와 부사의 연결) — 그들은 천천히 그렇지만 안전하게 걸었다.
- Our English teacher speaks fast, **but** I understand it very well. (절과 절의 연결) — 우리 영어 선생님은 빠르게 말씀하신다. 그러나 나는 그것을 아주 잘 이해한다.

<Or>

▶ 여러 개 중의 선택의 의미(~또는)를 가지며 앞 뒤 말은 같은 문장 구조를 갖는다.
▶ 동격의 의미: '다시 말해서'

- You may dance **or** sing here.
  (동사와 동사의 연결) | 너는 여기에서 춤을 추거나 노래를 해도 좋다.
- Which one do you like better, coffee **or** tea?
  (명사와 명사의 연결) | 너는 커피와 차중에서 어느 것을 더 좋아하니?
- He majored in linguistics, **or** the study of language. | 그는 언어학, 다시 말해 언어를 연구하는 것을 전공했다.

2. 상관 접속사

⚜ 앞 뒤 말을 연결해 주는 말이 하나의 패턴을 이루며, 같은 문장 구조를 이룬다. (병렬구조)

⚜ 상관접속사는 같은 품사나 시제를 상관적으로 연결해야 한다.

1) both A and B: A 와 B 둘 다: 주어는 복수 취급을 한다.

- **Both** Sandy **and** I attend the meeting.
  (Sandy 와 I 의 연결) | 샌디와 나는 회의에 참석했다.
- He is famous **both** for his skill **and** for his honesty.
  (for his skill과 for his honesty 를 연결) | 그는 기술과 정직함으로 유명하다.

2) either A or B: A이거나 B이다.
neither A nor B: A도 B도 ~이 아니다.

either A or B, neither A or B에서 동사는 동사에서 가까운 곳에 있는 주어인 B에 일치시킨다.

- Either he or **I** am right. 그 아니면 나 둘 중에 한 사람이 옳다.
- Neither I nor **they** are right. 나와 그들중 아무도 옳지 않다.

3) not only A but also B

= B as well as A

= A뿐만 아니라 B도 ~이다. (동사는 B에 일치)

- He **not only** teaches English **but also** writes many novels. 그는 영어를 가르칠 뿐 만 아니라 많은 소설을 쓴다.
  (동사와 동사의 연결)

- He gave me **not only** food **but also** money.
  (명사와 명사의 연결)

= He gave me money **as well as** food. 그는 나에게 음식과 돈을 주었다.

Step 35

Actual Test

001

John is young, __________ and tall.

(A) beauty (B) beautiful (C) beautifully (D) beautify

002

She likes reading, hiking and __________ to the music.

(A) listens (B) to listen (C) listening (D) to listening

003

He wants to get a good job __________ marry a pretty woman.

(A) when (B) from (C) and (D) or

004

Not only air __________ also water is polluted in Mexico city.

(A) and (B) but (C) for (D) so

005

You can choose __________ Korean food or Japanese food.

(A) either (B) both (C) neither (D) not only

Step 36 :: 접속사+주어+동사(명사절)

1) **[접속사+주어+동사]**: 주어 · 목적어 · 보어의 의미로 쓰인다.
하나의 단위가 되어 [~하는 것], [~을], [~이다] 등의 뜻을 갖는다.
that-절, whether-절, 등이 여기에 해당된다.

2) **[의문사 + 주어 + 동사]**: 주어, 목적어, 보어의 의미로 쓰인다.
간접의문문을 나타 낼 때, 동사의 목적어 역할을 한다.
이때, 문장 내의 <주어+ 동사> 어순에 주의 한다.

1) 접속사+주어+동사

(1) [that + 주어 + 동사]

- **That he will get the prize** is certain (주어 역할) — 그가 상을 받을 것은 확실하다.
  = It is certain that he will get the prize.
- The fact is **that he was a soccer player.** (보어 역할) — 사실은 그가 축구선수였다는 것이다.
- I hope **that Korea will win the World Cup Soccer Game.** (목적어 역할) — 나는 한국이 월드컵 축구경기에서 이기기를 바란다.

[참고]

- I refused to accept **the fact that he was novelist.** (동격 역할) — 나는 그가 소설가였다는 사실을 받아드리기를 거부했다.

(2) [whether + 주어 + 동사]

- **Whether it will rain or not** is not important. (주어 역할) — 비가 올지 안 올 지는 중요하지 않다.
- I don't know **whether(if) he is movie star.** (목적어 역할) — 나는 그가 영화배우인지 아닌지 모른다.

[비교]

whether 뒤에 or (not) 이 나오면 if는 쓸 수 없다.

- I don't know **whether ~~(if)~~** he is politician **or not**.

2) 의문사 + 주어 + 동사

- **When he will do it** is not decided. (주어 역할) — 그가 그것을 언제 하느냐 하는 것은 결정되지 않았다.
- The point is **why he did it**. (보어 역할) — 중요한 것은 그가 왜 그것을 했느냐이다.
- I don't know **how he solved the problem**. (목적어 역할) — 나는 그가 어떻게 문제를 풀었는지 모른다.

Step 36

Actual Test

001

__________ his busy schedule, Mr. Kim will not visit you this month.

(A) Because (B) Because of (C) Since (D) When

002

He is very fat __________ he doesn't eat large meals.

(A) in spite of (B) despite (C) because of (D) although

003

I know __________ Tom bought at the department store.

(A) that (B) when (C) what (D) if

004

Many students think __________ English is difficult to learn.

(A) that (B) what (C) but (D) if

005

__________ Bob will move to Hawaii or not is not certain.

(A) That (B) If (C) Whether (D) Where

Step 37 :: 접속사의 용법

1. 시간을 나타낼 때

1) when: ~ 할 때

2) while: ~하는 동안(내내)

3) as: ~하고 있을 때(동시성이 강함)

4) till (until): ~ ~할 때 까지(계속)

5) by the time: ~ 할 때 쯤 되면(일반적으로 미래 완료 시점을 나타낸다)

2. 이유를 나타낼 때

1) because: ~이므로, 왜냐하면

2) as: ~이므로 – 대개 주절 앞에 온다(약한 이유 표시)

3) since: ~ 이므로 – 대개 주절 앞에 온다.

4) now that: ~ 이니까

3. 결과를 나타 낼 때

1) so + 형용사/부사 + that –: 너무나 ~해서 –하다

2) such + a(n) + (형용사)+ 명사 that – : 너무나 ~해서 –하다.

4. 양보를 나타낼 때

: 비록 ~일 지라도

though · although · even if · even though · if 등의 접속사가 있다.

1. 시간을 나타낼 때

1) when: ~ 할 때

- **When** he was young, he met a famous movie star. | 그가 젊었을 때, 그는 유명한 영화배우를 만났다.

2) while: ~하는 동안(내내)

- **While** I was setting table, my girl friend came my home. | 내가 식탁을 차리는 동안 내 여자 친구가 나의 집에 왔다.

3) as: ~하고 있을 때(동시성이 강함)

- She began to cry **as** she heard the news. | 그녀는 그 소식을 듣고 울기 시작했다.

4) till (until): ~ ~할 때 까지(계속)

- I did not know the result of the game **till** I arrived the stadium. | 나는 운동장에 도착 할 때 까지는 경기의 결과를 알지 못했다.

5) by the time: ~ 할 때 쯤 되면(일반적으로 미래 완료 시점을 나타낸다)

- I' ll have finished the work **by the time** you get back. | 네가 돌아 올 때 쯤 되면 나는 그 일을 끝낼 것이다.

2. 이유를 나타낼 때

1) because: ~이므로, 왜냐하면

- I did not go **because** I was busy. | 내가 바빴기 때문에 가지 못했다.
- **Because** he was sleepy, he went to bed. | 그는 졸렸기 때문에 그는 잠자리로 갔다.

2) as: ~이므로 - 대개 주절 앞에 온다(약한 이유 표시)

- **As** it rained, we must cancel the game. | 비가 왔으므로, 우리는 경기를 취소해야만 했다.
- **As** I don' t have class tomorrow, I' ll go to the theater with Nancy. | 나는 내일 수업이 없으므로 낸시와 극장에 갈 것이다.

3) since: ~ 이므로 - 대개 주절 앞에 온다.

- **Since** I have much time for now, I can play soccer with friends. | 나는 지금 많은 시간이 있으므로, 친구와 축구를 할 수 있다.
- **Since** Tuesday is a holiday, we don' t have to go to work. | 화요일은 휴일이므로 우리는 지장에 갈 필요가 없다.

4) now that: ~ 이니까

- **Now that** the ground was wet, we had to delay the game. | 운동장이 젖었기 때문에, 우리는 경기를 연기해야만 했다.
- **Now that** the semester is over, I am going to rest a few days. | 학기가 끝났으므로 나는 며칠 쉬겠다.

3. 결과를 나타 낼 때

1) so + 형용사/부사 + that -: 너무나 ~해서 -하다

- He is **so** poor **that** he cannot buy the house. | 그는 너무나 가난해서 집을 살 수가 없다.
- She is **so** smart **that** she can solve the problem. | 그녀는 너무 현명해서 그 문제를 풀 수 있다.

2) such + a(n) + (형용사)+ 명사 that - : 너무나 ~해서 -하다.

- Beckham was **such** a nice man **that** many girls wanted to meet him. | 베컴은 너무 멋진 친구이기 때문에, 많은 소녀들이 그를 만나고 싶어 했다.

4. 양보를 나타낼 때

- **Though** he is poor, he is happy.
- **Even though** the weather was cold, I went playing soccer.
- **Though** I was not tired, I went to bed.

비록 그는 가난하더라도 행복하다.

날씨는 비록 추웠지만 나는 축구하러 나갔다.

비록 피곤하진 않았지만 나는 잠자리로 갔다.

Step 38 :: 양보 부사절

〈명령형을 이용한 양보절〉

1) 원형동사 + 의문사+ 주어+ may 〈아무리 ~한다 해도〉
2) 원형동사 + as+ 주어+ may 〈아무리 ~한다 해도〉
3) be+ 주어 + ever + so + 형용사: 〈 ~아무리 ~해도 〉

〈as 를 이용한 양보 부사절〉
: 〈형용사/ 부사/ 명사〉 + as + 주어 + 동사

1) 형용사 + as + 주어 + 동사: 비록 ~일 지라도
2) 부사 + as + 주어 + 동사: 비록 ~일 지라도
3) 명사 + as + 주어+ 동사: 비록 ~일 지라도

〈명령형을 이용한 양보절〉

① 원형동사 + 의문사+ 주어+ may 〈아무리 ~한다 해도〉

- **Go where he may**, I don't care.
- **Wherever he may go**, I don't care.
- **No matter where he may go**, I don't care. | 그가 어디에 가더라도, 나는 상관하지 않겠다.

② 원형동사 + as+ 주어+ may 〈아무리 ~한다 해도〉

- **Try as you may**, you can never do it in a weak.
- **However hard you may try**, you can never do it in a weak.

- **No matter how hard you may try**, you can never do it in a weak. | 네가 아무리 열심히 해볼지라도, 너는 그것을 1주일 안으로 해낼 수는 없다.

③ be + 주어 + ever + so + 형용사: < ~아무리 ~해도 >

- **Be it ever so humble**. there is no place like home.
- **However humble it may be**, there is no place like home.
- **No matter how humble it may be**, there is no place like home.

| 아무리 초라하더라도 내 집 같은 곳은 없다.

<as 를 이용한 양보 부사절>

① 형용사 + as + 주어 + 동사: 비록 ~일지라도

- **Rich as he is**, he is not happy.

= Though he is rich, he is not happy. | 그는 부자이긴 하지만 행복하지 않다.

- **Beautiful as she is**, he doesn' t love her. | 그녀는 아름답기는 하지만 그녀를 사랑하지는 않는다.

② 부사 + as + 주어 + 동사: 비록 ~일지라도

- **Hard as he studied hard**, he failed in the exam.

= Though he studied hard, he failed in the exam. | 비록 그가 열심히 공부는 했었지만, 시험에 실패했다.

③ 명사 + as + 주어+ 동사: 비록 ~일지라도

- **Beggar as he was**, he was honest. | 비록 그는 거지였지만, 그는 정직했다.

[비교] 명사가 문장 앞으로 오면 반드시 부정관사 a를 생략한다.

- ~~(A)~~ Beggar as he was, he was honest.

Actual Test

001

She is loved by everybody __________ she is kind.

(A) so (B) because (C) if (D) unless

002

__________ a fever is present, the body produce move heat than it gives off.

(A) When (B) There is (C) It is (D) When it is

003

__________, Alexander Graham Bell was still young.

(A) He invented the telephone (B) The telephone was invented
(C) His invention of the telephone (D) When he invented the telephone

004

The ship changed its course __________ there was a storm.

(A) on account of (B) due to (C) because (D) because of

005

Lazy __________ I am, I must work hard.

(A) because (B) as (C) if (D) when

Step 39 :: 조건부사절/ 목적부사절

<조건 부사절>

if: 만약 ~ 한 다면
unless: 만약 ~하지 않는다면
suppose: ~을 가정 한 다면
in case: ~ 할 경우에

<목적 부사절>

so that 주어+ may: ~하기 위하여
lest+주어+should: ~하지 않기 위하여

<조건절>

- **If** I **have** enough time, I **write** my parents a letter every week.
- **If** you **ask** him, he **will** help you.

만약 내가 충분한 시간이 있다면 나는 매주 편지를 부모님께 쓰겠다.
만약 네가 그에게 물어 본다면 그는 너를 도와 줄 것이다.

- I will see you tomorrow **unless** I have to work late.
- **Unless** you have a car, it is difficult to get there.

만약 늦게 일해야 하지 않는다면 나는 내일 너를 만나게 될 것이다.
네가 차를 갖고 있지 않는다면, 그 곳에 가기가 어려울 것이다.

- **Suppose** the room is clean, I don't mind where I stay. 방이 깨끗하다면 나는 어디에 머물던지 상관하지 않는다.
- **Suppose** the whether is fine, we are going to play soccer. 날씨가 좋다면 우리는 축구를 할 것이다.

- **In case** you find out my wallet, please let me know. 만약 당신이 내 지갑을 찾는다면 나에게 알려 주세요.
- **In case** a fire broke out, we should ring the alarm bell. 불이 날 경우에 우리는 경보 벨을 울려야 한다.

〈목적절〉

- I saved money **that** I **may** support my family. 나는 가족을 부양하기 위해 돈을 저축했다.
- He works hard **that** he **may** pass the examination. 그는 시험에 합격하기 위해 열심히 공부한다.

- He works hard **lest** he **should** fail in the exam.

= He works hard **for fear that** he **should** fail in the exam.

= He works hard **so as not to** fail in the exam. 그는 시험에 떨어지지 않기 위해 열심히 공부한다.

[주의] lest ~ should 구문은 의미가 부정적인 것이므로 문장에서 not을 쓰지 않는다.

- He works hard **lest** he **should not** fail in the exam. (X)

Step 39

Actual Test

001

You will fail ___________ you work harder.

(A) unless (B) if (C) as (D) although

002

Take an umbrella with you ___________ it rains.

(A) because (B) for (C) in case of (D) in case

003

"May I have the loan?"
" ___________ you offer good security."

(A) But (B) Unless (C) Provided (D) Because

004

She overslept and ___________ late that she missed the bus.

(A) so (B) too (C) much (D) very

005

Take care lest you ___________ make a mistake again.

(A) might (B) should (C) can' t (D) would not

Step 39

확인 문제

001

다음 문장의 괄호 안 접속사 중 올바른 것을 고르세요.

1) Do you know (that, if) he will come here soon.
2) I have been working here (before, since) I finished university.
3) (In that, Now that) she has gone, he will miss her very much.
4) Either he (nor, or) I can win the prize.
5) Hurry up, (and, or) you' ll be there in time.
6) I not only played piano (and, but) also sang a song in the house.
7) I like Alex not because he is rich (or, but) because he is kind.
8) (Because, When) I trust him, I have lent him some money.
9) (What, That) he is honest is doubtful.
10) (Whether, If) he likes the plan or not, I will reject it.
11) It was (so, such) cold that we could not play soccer.
12) Rich (for, as) he is, he is not satisfied with his life.

002

다음 문장이 올바르게 되도록 밑줄 친 부분을 고쳐보세요.

1) Our home offers us a feeling of security, warm, and love.
2) When I refused to help him, he became very angry and shout at me.
3) He is looking at his hands and tell me about it.

4) My husband spoke angrily and <u>bitter</u> about the war.
5) I enjoy reading novels or <u>watch</u> TV.
6) Neither the nurse nor the teachers <u>is</u> here.
7) Not only the teacher but also the students <u>is</u> in the classroom.
8) I want to listen to music or <u>watching</u> TV.
9) He is looking forward to going to Korea and <u>eat</u> Kimchi.
10) I tried to speak more clearly and <u>loud.</u>

003

다음 문장을 접속사에 주의하여 해석해 보세요.

1) **Now that** the semester is over, I' m going to take a trip.
2) **Since** Friday is a holiday, I don' t have to go to school.
3) **Even though** I was tired, I went outside to play soccer.
4) Jane is poor, **while** I am rich.
5) I' m going to go skiing on Sunday **whether** or not it is cold.
6) I' ll be my brother' s house **in case** you should need to contact me.
7) It was **such** a nice day **that** we could take a walk.
8) I' ll take my umbrella **so that I won' t** get wet.
9) I went swimming **despite** the cold weather.
10) He can' t visit the museum tomorrow **because** it is not open.
11) **Try as you may (will),** you can never to it in a weak.
12) He works hard **lest** he **should** fail in the exam.

90/단/계/기/초/영/문/법

동사의 활용

03 동사의 활용

✲ 영어의 동사는 **본동사와 조동사**로 나누어지며, 조동사는 본동사의 의미와 기능을 보충해 주는 역할을 하게 된다. 여기서는 조동사의 의미와 그 사용법에 대해 알아 보고, 문장에서 어떻게 활용되는지 공부하기로 한다.

✲ **동사의 12 시제의 개념과 용법**을 자세히 공부한다.

✲ 문장의 **능동태와 수동태의 개념**을 동사의 활용을 중심으로 설명하며, 특히 수동태는 어떻게 쓰이는지 알아본다.

✲ 영어의 **가정법**은 어떤 형식과 의미를 갖게 되는지, 조동사와 본동사의 개념을 중심으로 자세히 설명하기로 한다.

조동사

1. 조동사 기본용법

may/might: ~ 해도 좋다(허락)

can= be able to: ~을 할 수 있다(능력)

must=have to: ~ 해야 한다(의무)

will/would: ~하게 되다, ~하려고하다.(미래의지, 소망)

should/ ought to: ~해야 한다(의무)

dare: 감히 ~ 하려하다

need: ~ 할 필요 있다

2. 조동사 추측의 의미

조동사+ be: ~임에 분명하다(현재 추측)

– may be · must be

조동사+ have+p.p: ~임에 분명했다(과거 추측)

– may have p.p · must have p.p

3. 조동사 역할 표현

had better+원형: ~하는 편이 더 낫다

ought to+원형: ~해야 한다

be able to+원형: ~ 할 수 있다

be supposed to+원형: ~ 할 예정이다

be going to+원형: ~ 할 것이다

have to+원형: ~ 해야 한다

used to+ 원형: ~ 하곤 했다

may well+원형: ~은 당연하다

4. 조동사+have+p.p 의 의미

may have p.p: ~했었는지 모른다(과거의 약한 추측)

must have p.p: ~했었음에 분명하다(과거의 강한 추측)

should have p.p: ~했어야 했을텐데(하지 못했다) (과거의 이루지 못한 사실)

need have p.p: ~ 할 필요가 있었는데(하지 않았다) (과거의 반대 사실)

Step 40 :: 조동사 May / Might

1) 공손한 요청
2) 확신 정도 (약한 추측)
may + be: ~일 지도 모른다: (현재의 추측)
may/might +have + P.P : ~이었을지도 모른다. (과거의 추측)
may well +동사 원형: ~은 당연하다.
may as well + 동사원형: ~ 하는 게 더 좋다.

1) 공손한 요청

• **May** I enter here?	제가 여기 들어가도 좋습니까?
• **May** I see your driver' s license?	제가 운전 면허증을 볼 수 있습니까?
• **May** I borrow your pencil?	
➔ Yes, of course.(허락)	예, 좋습니다.
➔ No, you may (must) not.(금지)	아니요, 안 됩니다.

2) 확신 정도 (약한 추측)

(1) 현재의 추측: 50% 이하의 확신

may + be: ~일 지도 모른다

• He **may be** sick.	그는 아마 아플 것이다.
• Sandy **may not be** hungry.	샌디는 아마 배가 고프지 않을 것이다.

(2) 과거의 추측: 50% 이하의 확신

may/might +have + P.P : ~이었을지도 모른다

- She **may have been** asleep. | 그녀는 아마 자고 있었을 것이다.
- She **may not have known** about it.
- She **might not have known** about it. | 그녀는 아마 그것에 대해 몰랐을 것이다.

3) may를 이용한 조동사 표현들

may well +동사 원형: ~은 당연하다.

- He **may well stop** it right now. | 그가 지금 그것을 그만두는 것은 당연하다.

may as well + 동사원형: ~ 하는 게 더 좋다.
may as well A as B: B보다는 A하는 게 더 낫다.

- You **may as well leave** now. | 너는 지금 떠나는 게 더 좋다.
- You **may as well get** a taxi. | 너는 택시를 타는 편이 더 낫다.
- You **may as well** stop it now as delay it later. | 너는 그것을 나중으로 미루는 것 보다 지금 멈추는 것이 더 낫다.

Step 41 :: 조동사 Can/ Could

1) 능력 (~ 할 수 있다= be able to.)
2) 확신정도 (약한 정도): 50%이하의 확신

1) 능력 (~ 할 수 있다.)

- I can **see** the beautiful scenery from here. | 나는 여기서 아름다운 경치를 볼 수 있다.
- He **can** lift the heavy chair. | 그는 무거운 의자를 들 수 있다.

<be able to>
can 과 유사한 의미의 구동사로 과거시제와 미래시제를 나타낼 때 사용한다.

- I **am able to** help him. (현재)
- I **was able to** help him (과거)
- I **will be able to** help him (미래)

2) 확신정도 (약한 정도): 50%이하의 확신

- He **could be** sick. | 그는 아마 아플 것이다.

< 부정의 추측>
(1) 현재 추측: <can not + be>: ~ 일리가 없다.
(강한 추측: 99% 확신)

- You **cannot be** hungry. | 너는 배고플 리가 없다.
- He **cannot be** satisfied with it. | 그가 그것에 만족 할 리가 없다.

(2) 과거 추측: <can not/could not have P.P> : ~일 리가 없다.
(강한 추측: 99%의 확신)

- He **cannot have been** hungry.
- He **could not have been** hungry. 그는 배고팠을 리가 없다.
- He **can't have got** my message. 그는 나의 메시지를 받았을 리가 없다.

Step 39~41

Actual Test

001

All of them should ___________ the regulations.

(A) to follow (B) follow (C) following (D) followed

002

He can't ___________ to the party with his girl friend because he has to study.

(A) go (B) goes (C) to go (D) gone

003

The sign on the lawn says that people ___________ not go on the grass.

(A) will (B) might (C) have (D) may

004

He ___________ get angry if you insult him.

(A) may well (B) may as well (C) can't (D) had better

005

You ___________ as well stay at home than leave now.

(A) would (B) should (C) could (D) might

Step 42 :: 조동사 Must

1) 필요 · 의무 : ~해야 한다
2) 확신정도 (강한추측)

1) 필요 · 의무 : ~해야 한다

- You **must** keep it a secret. | 너는 그것을 비밀로 해야 한다.
- We **must** leave early. | 우리는 일찍 떠나야만 한다.

< must not= 금지>
< don't have to= 필요성이 부족 할 때>

- You **must not** tell anyone. | 너는 아무에게도 말해서는 안 된다.
- You **don't have to** tell him | 너는 그에게 말할 필요가 없다.

< have to: ~ 해야 한다>
must와 비슷한 의미의 군동사로 과거시제와 미래시제를 나타낼 때 사용한다.

- I **have to** go to hospital. (현재시제) | 나는 병원에 가야만 한다.
- I **had to** go to hospital. (과거시제) | 나는 병원에 가야만 했다.
- I **will have to** go to the hospital. (미래시제) | 나는 병원에 가야만 할 것이다.

2) 확신정도 (강한추측)

(1) 현재추측: must + be: ~임에 분명하다(95%의 확신)

- He **must be** rich. — 그는 부자임에 틀림없다.
- You **must be** hungry. — 너는 배가 고픔이 분명하다.

(2) 과거추측: must have P.P: ~임에 분명하다(95%의 확신)

- He **must have been hungry**. — 그는 배가 고팠음에 분명하다.
- They **must not have gone out**. — 그들은 밖에 외출했었음에 분명하다.

Step 43 :: 조동사 Will/ Would

1) 미래의 예측:~할 것이다
2) 의지: ~하려고 하다
3) would: 불규칙한 습관 (~ 하곤 했다)
4) will: 경향 (~하는 경향이 있다)
5) would: 공손한 부탁(~ 해 주시겠습니까?)
6) would rather + 동사원형+ than + 동사원형
:차라리 ~ 하고 싶다

1) 미래의 예측:~할 것이다

- According to the weather report, it **will** be fine tomorrow. | 일기예보에 따르면, 내일 날씨는 좋을 것이다.
- He **will** hurt himself. | 그는 다칠 것이다.

2) 의지: ~하려고 하다

- I can't solve this problem. My teacher **will** help me. | 나는 이 문제를 풀 수 없다. 나의 선생님이 나를 도와 주실 것이다.
- I **will** get it when the phone rings. | 전화 벨이 울리면 내가 받을 것이다.
- He who **would** get the prize must work hard. | 상을 타려는 사람은 열심히 공부해야 한다.

3) would: 불규칙한 습관 (~ 하곤 했다)

- When I was a child, my mother **would** read | 내가 아이였을 때, 나의 어머니는 밤에 이야기를 나에

me a story at night. | 게 읽어 주시곤 했다.

- I **would** get out to meet Sandy. | 나는 샌디를 만나러 밖에 나가곤 했다

4) will: 경향 (~하는 경향이 있다)

- Babies **will** cry when they are alone. | 아기들은 혼자 있을 때 우는 경향이 있다.

5) would: 공손한 부탁(~ 해 주시겠습니까?)

- **Would** you like to come to the party tomorrow? | 내일 파티에 와 주시겠습니까?
- **Would** you like some coffee? | 커피 좀 드시겠습니까?

6) would rather + 동사원형+ than + 동사원형(차라리 ~ 하고 싶다.)

- I **would rather** study English **than** study French. | 나는 불어를 공부하느니, 차라리 영어를 공부하고 싶다.
- I **would rather** play golf **than** study Japanese. | 나는 일어를 공부하느니 차라리 골프를 치겠다.

Step 42~43

Actual Test

001

They ___________ to hurry if they are going to catch their train.

(A) must (B) have (C) will (D) should

002

He has grey hair. He ___________ be over sixty.

(A) must (B) have not to (C) ought to (D) need to

003

"Where do you think they are?"
"I think they ___________ out"

(A) can have gone (B) need have gone
(C) should have gone (D) must have gone

004

Turn off the radio, ___________.

(A) do you? (B) don' t you? (C) will you? (D) shall you?

005

___________ some tea now?

(A) Do you like (B) Would you like (C) Will you like (D) Are you like

Step 44 :: 조동사 Should

should

1) 충고: ~해야 한다.

2) 기대나 소망:~ 하면 좋겠는데

3) should + have + p.p.; ~했어야했는데:

과거의 비난, 유감, 후회를 나타낸다.(과거의 반대 사실을 표현한다.)

4) < 주장, 소망, 요구, 제안, 명령> 등의 동사는 종속절에서 should를 취한다.

<should 생략 가능>

- 주장: insist · persist
- 소망: desire
- 요구: require · ask
- 제안: propose · move · suggest
- 명령: order
- 추천: recommend

5) 다음 형용사 (판단을 나타냄)는 종속절에 should가 온다.

<should는 생략 가능하며 원형으로 표시 할 수 있다>

necessary / essential / important / natural 등

it is necessary / essential / important / natural +that+주어+(should)+동사 원형

: ~하는 것은 ~ 하다

6) 일부 형용사 (감정을 나타냄)가 오면 종속절에 should를 쓰거나 생략하여 원형을 쓴다

: strange / surprising /funny/ interesting 등의 형용사

it is strange / surprising /funny/ interesting +that+주어+(should) + 동사 원형

1) 충고: ~해야 한다

- You **should** study harder. — 너는 좀 더 열심히 공부해야 한다.
- You **should** not leave your key in the car. — 너는 열쇠를 차안에 놓아서는 안 된다.

2) 기대나 소망:~ 하면 좋겠는데

- You **should be** wearing a helmet. — 너희들은 헬멧을 써야 한다.
- Tony **should be** here by now. — 토니는 지금쯤 여기에 있어야 하는데.

3) should + have + p.p.; ~했어야했는데

과거의 비난, 유감, 후회 를 나타낸다.(과거의 반대 사실을 표현한다.)

- **I should have studied** last night. — 나는 어제 밤에 공부를 했어야 했을텐데. (하지 않았다.)
- We **should not have gone** to the movie. — 우리는 영화관에 가지 말아야 했을텐데. (갔다)
- I **should have arrived** long ago. — 나는 오래전에 도착해야 했다.(그런데 도착하지 못했다.)
- You **should not have eaten** so much. — 너는 그렇게 많이 먹지 말아야 했다.

4) <주장, 소망, 요구, 제안, 명령> 등의 동사는 종속절에서 should를 취한다

<should 생략 가능>

- 주장: insist · persist
- 요구: require · ask
- 명령: order
- 소망: desire
- 제안: propose · move · suggest
- 추천: recommend

- Alex **suggested** that I **(should) buy** a computer. — 알렉스는 내가 컴퓨터를 사야 한다고 제안했다.
- I **insist** that we **(should) do** something about the problem. — 나는 우리가 그 문제에 대해 무엇인가를 해야 한다고 주장한다.
- I **demanded** that he **(should) apologize**. — 나는 그가 사과하기를 바란다.

5) 다음 형용사 (판단을 나타냄)는 종속절에 should가 온다

<should는 생략 가능하며 원형으로 표시 할 수 있다>

it is necessary / essential / important / natural +that+주어+(should)+동사 원형

: ~하는 것은 ~ 하다

- It is **essential that** he **should** be here on time

= It is **essential that he** be here on time | 그가 정각에 여기 오는 것은 극히 필요하다.

- It is natural that parents **should** be worry about their children.

= It is natural that parents **be** worry about their children.

| 부모들이 자녀들을 걱정하는 것은 당연하다.

6) 일부 형용사 (감정을 나타냄)가 오면 종속절에 should를 쓰거나 생략하여 원형을 쓴다

it is strange / surprising /funny/ interesting +that+주어 +(should) + 동사 원형

- It is **strange** that he **(should)** be late. | 그가 늦는 것은 이상한 일이다.
- I was **surprised** that she **(should)** do such a thing. | 그녀가 그런 것을 하다니 놀라웠다.

Step 44

Actual Test

001

The doctor recommended that she ___________ smoking.

(A) stopped (B) stops (C) would stop (D) stop

002

It was necessary that he ___________ his work at once.

(A) finished (B) finishes (C) finish (D) would finish

003

He requested that we ___________ television on weekend.

(A) not watch (B) must not to watch
(C) not be watching (D) have not watched

004

It is strange that you ___________ say such a thing.

(A) would (B) should (C) will (D) shall

005

The teacher demands that every one ___________ in his seat by seven.

(A) is (B) can be (C) be (D) will be

Step 45 :: 조동사 Ought to/ Need/ Used to

<ought to: should를 대신하여 ought를 쓰기도 한다.>

1) ~해야 한다: 당연, 의무

- I **ought to** apply for this position. | 나는 이 자리에 지원해야 한다.
- He has studied hard, so he **ought to** pass. | 그는 열심히 공부했다. 그러므로 합격해야 한다.

부정; ought not to (not의 위치에 주의한다.)

- You ought **not** to say such things. | 너는 그런 것을 말하지 말아야 한다.
- You ought **not** to go to bed so late. | 너는 그렇게 늦게 잠자리에 들지 말아야 한다.

2) ought to have P.P: **~해야만 했을 텐데 (~하지 않았다.)**

: 과거의 일이 이루어지지 않음을 아쉬워함)

- It was a great party last night. You **ought to have come.** | 그것은 어젯밤 대단한 파티였다. 너는 와야만 했을텐데.
- You **ought to have told** me that matter yesterday. | 너는 어제 그 일을 나에게 말했어야 했는데.
- He **ought to have arrived** at Seoul Station by now. | 그는 지금쯤 마땅히 서울역에 도착 해 있을 거야; 당연한 추측

< Need >

본동사와 조동사 모두 사용 할 수 있다.

(조동사)

- He **needs** your help. | 그는 너의 도움을 필요로 한다.

(3인칭 단수에는 동사에 /s/를 붙인다.)

(조동사)

- He **need** not go there. | 그는 그곳에 갈 필요가 없다.

(조동사인 경우 항상 원형을 쓰며, 뒤에 본동사가 따라 나온다.)

<need have P.P>: 과거의 반대 사실을 나타낸다.
~할 필요가 있었는데 (하지 않았다.)

- Everything was O.K. You need **not have worried**. | 모든 것이 좋았다. 당신은 걱정 할 필요가 없었다.
- He **needn't have taken** an umbrella. | 그는 우산을 가져갈 필요가 없었는데 가져갔다.

[비교] didn't need to: ~ 할 필요가 없었다. (그래서 안했다.)

- He did not need to write to her again. | 그는 그녀에게 편지를 다시 쓸 필요가 없었다.(썼는지의 여부는 모름)
- I didn't need to get up early, so I didn't. | 나는 일찍 일어날 필요가 없었다. 그래서 나는 일찍 일어나지 않았다.

< Used to >

1) used to + 동사원형.> ~하곤 했다.
과거의 규칙적 습관을 나타내고 지금은 하지 않는 동작을 설명한다.

- He **used to** travel a lot. | 그는 여행을 많이 하곤 했다.
- She **used to** spend much money on clothes. | 그녀는 많은 돈을 옷에 쓰곤 했다.

2) used to + 동사원형: 과거의 사실을 기술한다. 지금은 사실이 아니다.

- This building **used to** be a furniture shop. — 이 건물은 과거에 가구 가게였다.
- There **used to** be three cinemas in the town. — 시내에는 3개의 극장이 있었다.
- They **used to** live in a small village. — 그들은 작은 마을에 살았었다.

3) used to 의 부정: didn't use to (used not to)
used to 의 의문: Did ~ use to?

- I **didn't use to** like her.
- I **used not to** like her. — 나는 그녀를 좋아하지 않았다.
- **Did** you **use to** drink coke when young? — 너는 어렸을 때 콜라를 마셨니?

[tip]

be used to + 원형: ~하기 위해 사용되다
be used to + 명사(동명사): ~에 익숙하다

- The pen **was used to write** a letter. — 펜이 편지를 쓰기 위해 사용 되었다.
- I **am used to studying** in my room. — 나는 내 방에서 공부하는데 익숙하다.

Step 45

Actual Test

001

You were wrong. You __________ to have obeyed your parents.

(A) should (B) ought (C) could (D) must

002

You ought __________ me yesterday.

(A) to come to see (B) to have come to see

(C) have come to see (D) to call on

003

"Do you smoke?"

"No, but __________."

(A) I was used (B) I was used to (C) I used (D) I used to

004

I am not used to __________ early.

(A) get up (B) be getting (C) the getting up (D) getting up

005

You __________ with me. If you don't want to.

(A) need not to go (B) do not need go (C) need not go (D) need go to

확인 문제

001

다음 각 문장의 괄호에 알맞은 조동사를 넣으세요.

1) He can not be rich. He (　　　) be poor.
2) I have a test tomorrow. I (　　　) study very hard tonight.
3) I tried as much as I (　　　).
4) I didn' t do well on the test because I didn' t study for it yesterday.
 I (　　　) have studied yesterday.
5) The forecast (　　　) be wrong. Weather forecasts are far from 100 percent accurate.
6) It is natural that he (　　　) get angry.
7) Everything was OK. You (　　　) not have worried.
8) It is strange that he (　　　) be late. He is usually on time.
9) Whatever he (　　　) do, he will not succeed.
10) The weather forecast says it (　　　) rain in the afternoon.

002

다음 각 문장을 조동사에 주의하여 해석해 보세요.

1) The baby is crying. It may be hungry.

2) I may as well give up my job as tell a lie.

3) She <u>cannot have understood</u> the question because she answered it wrong.

4) You <u>need not</u> go there because it is already over.

5) You <u>ought to</u> fix the carpet before someone gets hurt.

6) He <u>had better</u> read the manual very carefully.

7) How <u>dare</u> you say it?

8) You <u>may</u> use my pen if you need it.

9) When I was a child, I <u>used to</u> visit my grandparents in town.

10) It <u>must have rained</u> last night for the road is wet.

003

다음 대화를 읽고 괄호 안에 알맞은 조동사를 넣으세요.

1) A: Is it your pen?
B: No. It (   ) be Susan' s. She is sitting at that desk.

2) A: Let' s go to a movie this evening.
B: That is a good idea but I (   ) not.

3) A: Ken doesn' t look good. Is he upset with something?
B: He' s angry because you recommend Mary for the position.

You (　　　　) explain your reason to him.

4) A: Now I' ve finished my report. (　　　　) I go out for a movie tonight, Mom?

B: I' m sorry to say I hope that you will help me with dinner.

5) A: I need a towel to use in the hotel.

B: You (　　　　) to take it because it is supplied by the hotel.

6) A: I heard that Bill was seriously ill.

B: Really? He (　　　　) not be sick anymore. I saw him in the theater.

7) A: Do you understand how to operate the computer?

B: In fact, no. (　　　　) you explain it to me again?

8) A: Will you work late today?

B: I (　　　　) be late. Don' t wait for me.

9) A: Do you have some time in the afternoon?

B: I am sorry but I (　　　　) be very busy with my work.

10) A: How are you today, Ms. Johnson?

B: I' m fine but my knee was so sore that I (　　　　) not get up yesterday.

시 제

✲ 시제는 동사의 시점을 표시하는 것이며, 12개의 시제로 구성된다.

✲ 시제의 종류

⚜ **기본시제**: 현재 · 과거 · 미래

⚜ **진행형**: 현재진행형(am/are/is+ ~ing), 과거진행형(was/were),
미래진행형(will be+ ~ing)

⚜ **완료형**: 현재완료형(have/has+p.p), 과거완료형(had+p.p),
미래완료형(will have p.p)

⚜ **완료진행형**: 현재완료진행형(have/has+been+~ing),
과거완료진행형(had+been+~ing),
미래완료진행형(will have been+~ing)

Step 46 :: 현재시제

- 현재시제는 주로 현재의 사실을 서술하는 데 쓰이며,
- 주어가 3인칭 단수일 때는 동사원형에 –s, –es를 붙인다.
- 동사 do는 does, have는 has로 변한다.
- be동사는 주어의 인칭에 따라 am · are · is가 있다.

1) 현재의 상태 · 동작

• He **is** in good health.	그는 건강하다.
• She **remains** single.	그녀는 아직 독신으로 있다.
• He **lives** in England.	그는 영국에 산다.

2) 현재의 반복적 · 습관적 동작

• Whenever it **rains**, the roof **leaks**.	비가 내릴 때마다 지붕이 샌다.
• John usually **walks** to school if he **has** enough time.	John은 보통 시간이 충분하면 걸어서 학교에 간다.
• Ann **watches** TV everyday.	앤은 매일 텔레비전을 본다.
• Jim usually **goes** away one or two times a year.	짐은 대개 1년에 한 두 번 밖에 나가있다.
• How often do you **go** to the coffee shop?	얼마나 자주 커피숍에 가니?

3) 시간과 관계없는 불변의 진리나 일반적 사실

• Nurses **look after** patients in hospitals.	간호사들은 병원에서 환자들을 돌본다.
• Where there **is** a will, there is a way.	뜻이 있는 곳에 길이 있다.
• The earth **moves** round the sun	지구는 태양 주변을 돈다.

- Water **boils** at 100 degrees Celsius. | 물은 섭씨 100도에서 끓는다.

4) 미래시제 대용의 현재시제

일부동사 (come: 오다, go: 가다, leave: 떠나다, arrive: 도착하다, start: 출발하다, return: 돌아오다)는 미래를 나타내는 부사(구)와 같이 쓰여 미래를 나타낼 때가 많다.

- My brother **returns** from America next month. | 내 동생은 다음 달에 미국에서 돌아온다.
- Alex **starts** for Incheon tomorrow morning. | 알렉스는 내일 아침 인천으로 떠난다.

시간(when, until, before, as soon as, it will not be long before) 및 조건 부사절(if)에서의 현재시제는 미래를 의미한다. 주절은 미래시제를 쓴다는 것에 주의한다.

- After I **get** home, I will eat dinner. | 집에 도착하고 난 후, 나는 저녁을 먹겠다.
- When he **comes** back, I will tell him about it. | 나는 그가 돌아오면 그에게 그 일에 관해 말할 것이다.
- I will go on a hiking trip if the weather **is** good tomorrow. | 나는 내일 날씨가 좋으면 도보여행을 할 것이다.
- I will not start **if it rains tomorrow**. | 내일 비가 온다면 나는 출발하지 않을 것이다.

[비교]

동사의 목적절은 미래 시제를 쓴다. (간접의문문)

- I don't know [**if it will rain tomorrow**] | 나는 내일 비가 올지 안 올지 모른다.

Step 46

Actual Test

001

Tom __________ fishing with his friends every sunday.

(A) went (B) goes (C) has gone (D) will go

002

Europe __________ north of Africa.

(A) lies (B) lay (C) has lain (D) is lying

003

I will talk about it when I __________ her.

(A) will see (B) see (C) saw (D) have seen

004

She is going to buy a hat after she __________ a check.

(A) cashes (B) should cash (C) will cash (D) would cash

005

If it __________ tomorrow, I will stay at home.

(A) rains (B) is rain (C) will rain (D) will be rain

Step 47 :: 과거시제

⚜ 주로 과거의 일을 서술하는 데 쓰이며 동사의 과거형으로 표기한다.

⚜ 규칙동사는 원형에 –ed를 붙이고 be동사는 주어의 인칭에 따라 was와 were 두 가지가 있다.

1) 과거의 사실

yesterday · ago · once · last · in 1995 등과 함께 쓰인다.

- John **went** to America **last month**. | John은 지난달에 미국으로 갔다.
- It **was** unusually warm for winter **yesterday**. | 어제는 겨울치고는 이상스럽게 따뜻했다.

2) 과거의 습관 · 반복적 동작

보통 often · usually 등의 빈도부사를 동반하여 나타낸다.

- She **used to** go to the museum on Sundays. | 그녀는 일요일마다 박물관에 가곤 했다.
- He **usually got up** at six in those days. | 그는 그 당시에 보통 6시에 일어났다.
- **Whenever** he **went** abroad, he **took** his wife with him. | 그는 해외로 갈 때마다 부인을 데리고 갔다.

[주의] 접속사 after, before, as soon as 등은 시간의 구분이 명확하므로 과거시제와 과거완료시제를 같이 쓸 수 있다.

- Before he **finished** (= **had finished**) the work, he went out of the room. | 그는 일을 끝내기 전에 방 밖으로 나갔다.

Step 47

Actual Test

001

I wonder how long ago this school __________.

(A) has begun (B) begins (C) began (D) has started

002

Last night I __________ you several times.

(A) had called (B) called (C) call (D) has called

003

He __________ a letter to me yesterday.

(A) had written (B) has written (C) writes (D) wrote

004

I __________ from college in 1990.

(A) has graduated (B) graduated
(C) had graduated (D) has been graduated

005

He __________ to finish the work as soon as he could.

(A) started (B) star (C) had started (D) has started

Step 48 :: 미래시제

⚜ 미래에 일어날 동작이나 상태를 조동사 will, shall을 사용해 표기한다.

1) 미래의 예측

2) 미래시점

3) 미래표시 어구

be going to

1) 미래의 예측

- It **will** be fine tomorrow. | 내일 날씨가 좋을 것이다.
- They **will** hurt themselves. | 그들은 다치게 될 것이다.

2) 미래시점

- Sarah **will** finish her work **tomorrow**. | 사라는 내일 그녀의 일을 끝낼 것이다.
- I **will** not be here in Korea **next month**. | 나는 다음 달에 이곳 한국에 있지 않을 것이다.

3) 미래표시 어구: be going to

<결심한 내용을 하려고 할 때 사용한다.>

- I **am going to** read you some of my own poems. | 내가 지은 시 중에서 몇 편을 낭송해 드리겠습니다.
- Jack **is gong to** finish his work tomorrow. (미래의 시점) | 잭은 내일 그의 일을 끝낼 것이다.
- He **is going to** buy a computer.(이전의 계획) | 그는 컴퓨터를 한 대 살 계획이다.

<어떤 일이 막 일어나려고 할 때 사용한다.>

- It **is going to** rain. | 비가 막 오려고 한다.
- I think **I' m going to** be sick. | 나는 아플 것 같다.

[tip] be 동사의 과거형을 쓰면 과거에 이루지 못한 사실을 나타낸다.

- I **was going to** travel by plane. | 나는 비행기로 여행을 가려고 했었다. (그러나 가지 않았다)
- It **was going to** rain, but it didn' t. | 비가 오려고 했지만 오지 않았다.

[비교]

- be about to

'막 ~하려 하다' 의 의미이며 좀 더 가까운 미래를 나타낸다.

- We **were about to** start, when my car stopped. | 막 떠나려하는데 나의 차가 멈추었다.

Step 48

Actual Test

001

I __________ to study abroad next year.

(A) go (B) will go (C) went (D) I would

002

There __________ a test three months from now.

(A) is (B) was (C) will be (D) will have been

003

I __________ Europe at the end of this year.

(A) left (B) leave (C) have left (D) will leave

Step 49 :: 진행시제

1) 현재진행형 (is, are + ~ing)
2) 과거진행형 (was, were + ~ing)
3) 미래진행형 (will, shall + be + ~ing)

1) 현재진행형 (be + ~ing)

현재의 시점에서 진행 중인 동작을 나타낸다.

- I'm **trying** to work. (현재 진행 중인 동작) | 나는 일을 하려고 시도하고 있는 중이다.
- It **is not raining** any more. | 비가 더 이상 오고 있지 않다.

[tip] 미래표시 부사구와 함께 쓰이면 현재 진행형이 가까운 미래를 나타낸다.

- I **am having** dinner with him **this evening**. | 나는 오늘 저녁 그와 함께 식사를 하려고 한다
- You **are working** hard **today**. | 너는 오늘 열심히 공부 할 것이다.
- **After lunch I am meeting** a friend of mine. | 점심 먹고 나서 나는 나의 친구를 만날 것이다.
- He is **leaving** at noon **tomorrow**. | 그는 내일 정오에 떠날 것이다.

2) 과거진행형 (was, were + ~ing)

과거의 어느 시점에 진행 중인 동작을 나타낸다.

- I **was walking** home **when I met John**. | 나는 존을 만나는 동안에 집에 걸어가고 있었다.
- It **was raining** when I got up. | 내가 일어났을 때 비가 오고 있었다.

3) 미래진행형 (will, shall + be + ~ing)

(1) 미래의 시점에서 진행 중인 경우

- I **will be studying** when you come. | 나는 네가 왔을 때 공부하고 있을 것이다.
- At this same time tomorrow, he **will be sitting** in class. | 내일 같은 시간에, 그는 수업에 참여하고 있을 것이다.

(2) 예정된 가까운 미래의 동작

- An old friend of mine **will be calling on** me shortly. | 나의 옛 친구가 곧 나를 방문할 것이다.

4) 진행형을 쓰지 않는 동사

(1) 존재 (be · exist)나 상태 (seem · look · appear · resemble), 소유 (have · belong to · possess · own)를 나타내는 동사

- She **resembles** her mother. (○)

➔ She is resembling her mother. (×) | 그녀는 어머니를 닮았다.

- I **have** some money with me. ○)

➔ I am having some money with me. (×) | 나는 돈을 조금 갖고 있다.

(2) 지각 (feel · see · smell · hear · taste)을 나타내는 동사

- I **hear** a strange noise. | 나는 이상한 소음을 듣고 있다.

- I am seeing the picture on the wall.(X) | 나는 벽 위에 있는 그림을 보고 있다.

have(먹다) · see(관광하다) · listen to(청취하다) 등의 동사가 특정 목적의 동작이 되면 진행형이 가능하다.

- We **are having** our breakfast. — 우리는 아침식사를 하고 있다.
- He **is having** a bath now. — 그는 지금 목욕을 하고 있다.
- They **are seeing** the sights of New York. — 그들은 뉴욕을 관광하고 있다.
- He is **listening to** the radio. — 그는 라디오를 청취하고 있다.

Step 49

Actual Test

001

Anne ___________ night now.

(A) studying (B) is studied (C) is studying (D) studies

002

We ___________ our breakfast now.

(A) have (B) are having (C) had (D) will have

003

"When will they leave?"
"They ___________ very soon."

(A) do leave (B) are leaving (C) have left (D) leave

004

"There is a good movie tonight. ___________?"

(A) Are you go (B) Did you go (C) Are you going (D) Have you gone

005

He was ___________ when I entered the room.

(A) left (B) leave (C) will leave (D) about to leave

Step 50 :: 현재 완료 (have/ has+ P.P)

- 과거에 시작되어 현재까지 상황을 나타낸다.
- 의미에 따라 다시 완료 · 경험 · 계속 · 결과적인 뜻을 나타낸다.
- 현재의 시점에서 상황을 설명한다.

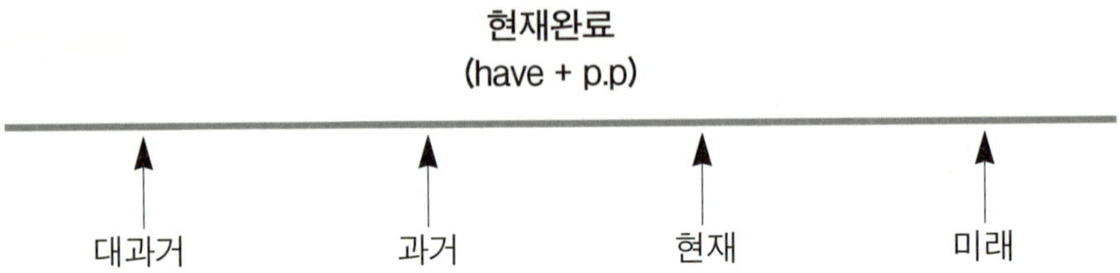

1) 완료

완료 (just · already · by this time · yet 등과 함께 쓰임)
: 현재까지의 동작 완료 표현.

- I **have just moved** into a new apartment. — 나는 새 아파트로 막 이사 왔다.
- He **has not finished** writing his homework **yet**. — 그는 아직 숙제를 끝내지 않았다.
- I have **already** sent the letter. — 나는 편지를 이미 보냈다.

2) 동작의 결과

완료 후의 상태가 아직도 그 결과로서 계속되어 있는 것을 나타낸다.

- I **have bought** a new cell phone.
  = I bought a new cell phone and have it now.

나는 새 휴대폰을 사서 지금도 가지고 있다.

3) 경험 (과거에서 현재까지)

과거에서 현재까지의 경험으로 보통 ever · never · once · before · sometimes · seldom 등을 동반한다.

- I **have never seen** a whale.
- **Have** you **ever read** an English novel?
  — No, I never have.
- I **have not read** any of Shakespeare' s plays.

나는 고래를 본 적이 없다.
영어 소설을 읽은 적이 있습니까?
— 아니오, 읽은 적이 한 번도 없습니다.
나는 세익스피어 희극 중 어떤 것도 읽은 적이 없다

4) 계속

- 상태의 계속 – 현재완료형(have + p.p)
- 동작의 계속 – 현재완료 진행형(have been + ~ing)

과거에서 시작하여 현재에도 계속되는 시점을 나타내며, for나 since를 수반하는 경우가 많다.

- I **have met** many people **since** I came here in August.
- I **have liked** horror movies **since** I was a child.
- We **have been** here **for** a week.
- I **have written** my friend a letter **for** the last three weeks.

나는 8월에 여기에 온 이래로 많은 사람들을 만났다.
나는 아이였을 때 이래로 공포 영화를 좋아했다.
우리는 1주일 동안 이곳에 있었다.
나는 지난 3주 동안 편지를 친구에게 써왔다.

Step 50

Actual Test

001

I __________ him almost for two months.

(A) didn't see (B) have not seen (C) don't see (D) hadn't seen

002

They __________ here since last year.

(A) had been (B) was (C) have been (D) are

003

Two people __________ at the meeting.

(A) are already arrived (B) already arrived
(C) are arrived already (D) have already arrived

004

__________ she left, her father has not heard from her.

(A) Because (B) After (C) When (D) Since

005

__________ Mr. Smith lately?

(A) Do you see (B) Did you see (C) Have you seen (D) Had you seen

Step 51 :: 과거완료 (had + P.P)

⚜과거의 한 시점을 기준으로 하여 과거 이전부터 과거까지의 사실을 설명한다.
⚜의미에 따라 완료 · 경험 · 계속 · 결과적인 뜻을 나타낸다.

1) 완료

과거의 일정한 시점까지의 동작의 완료

• Sam **had left** before Alex got there.	샘은 알렉스가 그곳에 도착하기 전에 떠났다.
• When I got to the station, the train **had already left** for Seoul.	내가 역에 도착했을 때 기차는 이미 서울을 향해 떠났다.

2) 결과

과거의 일정한 시점까지의 동작 · 상태의 결과

• My father **had gone** to America when I came home.	내가 집에 돌아왔을 때 아버지는 미국에 가고 안 계셨다.
• Spring **had come** by the time she was well again.	그녀가 다시 회복 되었을 때 쯤 봄은 와 있었다.

3) 경험

♣ 과거의 일정한 시점까지의 경험을 나타낸다.

♣ 현재완료와 같이 before · ever · never · seldom · once · twice · often 등의 부사를 동반하는 경우가 많다.

- I **had been** to Japan when I was ten years old. — 내가 열 살이었을 때 일본에 가 본 적이 있다.
- As I **had never seen** him before, I did not know him. — 나는 전에 그를 본 일이 없었기 때문에 그를 알지 못했다.

4) 계속

- 상태의 계속 – 과거완료형(had + p.p)
- 동작의 계속 – 과거완료진행형(had been + ~ing)

과거의 일정한 시점까지의 동작 · 상태의 계속을 나타낸다.

for, since 등 기간을 나타내는 부사구를 수반하는 경우가 많다.

- He **had lived** there for ten years since his mother died. — 그는 어머니가 돌아가 이래로 10년간 그 곳에 살고 있었다.
- She **had been waiting** for me for two hours. — 그녀는 2시간동안 나를 기다리고 있었다.

Step 52 :: 미래 완료 (will(shall) + have + P.P)

⚜ 미래를 기준으로 그때까지의 완료 · 경험 · 계속 · 결과를 나타낸다.
⚜ 미래의 어느 시점 이전에 일이 끝날 때를 말한다.

1) 완료

미래의 어떤 시점까지 어떤 일의 완료를 나타낸다.

• I **will have graduated** by the time I see you.	내가 너를 볼 때면 나는 졸업 할 것이다.
• The film **will already have started** by the time we get to the school.	우리가 학교에 도달될 때쯤에 영화는 이미 끝날 것이다.

[주의] by the time은 시간을 표시하는 부사절이므로 현재시제를 사용한다.

• I shall have completed the task by tomorrow.	나는 내일까지 그 일을 끝마치게 될 것이다.

2) 결과

미래의 어떤 시점까지의 결과나 상태를 나타낸다.

• When you wake up, all the people in the party **will have left.**	네가 깨어났을 때 파티에 있던 모든 사람들이 떠나고 없을 것이다.
• She **will have gone** to Rome when he come home next month.	다음 달에 그가 집에 올 때는 그녀는 로마에 가 있을 것이다.

3) 경험

미래의 어떤 시점까지의 경험을 나타낸다.

- I **shall have lived** here for ten years by September. — 9월이면 여기에 산 지 10년이 된다.
- I **shall have read** the magazine three times if I read it again. — 내가 그 잡지를 다시 읽으면 세 번 읽는 셈이다.

4) 계속

- 상태의 계속 – 미래완료형(will have + p.p.)
- 동작의 계속 – 미래완료진행형(will have + been + ~ing)

- I **shall have lived** here for ten years by September. — 9월이면 여기에 산 지 10년이 된다.
- By June 20th, they **will have been married** for 2 years. — 6월 20일이 되면 그들은 2년 동안 결혼생활을 한 것이 된다.
- When Professor Robert retires next month, he **will have been teaching** for 30 years. — 로버트 교수가 다음 달 은퇴하게 되면, 그는 30년간 계속 가르치게 된다.

Step 51~52

Actual Test

001

He __________ for two hours when I returned.

(A) waited (B) has waited (C) had waited (D) was waited

002

When she finally arrived, we __________ the dinner.

(A) ate (B) have been eating (C) would eat (D) had eaten

003

He said that he __________ here since last year.

(A) has lived (B) lived (C) had lived (D) was living

004

I __________ my work by next week.

(A) finished (B) will finish (C) finish (D) will have finished

005

Ann __________ English here for 10 years by the time next year.

(A) will teach (B) has taught (C) will have taught (D) teaches

Step 52 **확인 문제**

001

다음 각 문장의 괄호에 주어진 동사의 알맞은 형태를 넣으세요.

1. He said that the Korean War ____________ (break) out in 1950.
2. Shall we ____________ (take) a walk after dinner?
3. I ____________ (see) this film before.
4. I ____________ (write) my answer when the bell rang.
5. I ____________ (study) English for six years.
6. I thought that it ____________ (be) late.
7. Our teacher said that the earth ____________ (be) round.
8. Columbus ____________ (discover) America in 1492.
9. When he ____________ (come) back, I will tell him about it.
10. He told me that he ____________ (will) come again.
11. I will not start if it ____________ (rain) tomorrow.
12. John ____________ (go) to America last month.
13. When he comes back, I ____________ (leave) for the airport
14. If I read this book again, I ____________ (read) it three times.
15. While I ____________ (have) breakfast, the baby slept on the bed.

002

다음 각 문장에서 틀린 부분을 고치세요.

1. Last year Mary decides to go to the U.S.A. in order to study English.

2. By 2010, they produce at least 4,000 cars a day in the new factory.

3. When he will arrive here, the ceremony will start at once.

4. Where were you all day? I have looked for you to tell an important story.

5. I was in America for two years since I came here.

6. There had been a big fire in the marker a week ago.

7. He remembered that he met the woman before he entered the college.

8. When I had called her, she was ill in bed.

9. By this time next year, Tom will continue to study in America.

10. If it will be too cloudy, the plane will be postponed.

003

다음 글을 읽고 밑줄 친 동사의 시제 형태 중 틀린 부분을 고치시오.

I want to tell you about Ken. He was my cousin. He comes here three years ago. Before he came here, he study linguistics in Chile. When he leaves Chile to come here, he came with four friends. They were studying English in Ohio. Then he went to New York and stayed there for two years. He graduated from New York University two months later. Now he enjoys his last vacation at my home. After he graduate, he returns to Chile.

태

✲ 수동태는 목적어가 있는 3형식 문장부터 가능한 구조이며, 능동태가 수동태로 되는 기본 과정은 다음과 같다.

주어 + 동사 + 목적어 (3형식)

→ 목적어 + be+p.p + by + 주어

✲ 수동태는 반드시 be+p.p 구조를 포함하며, 동작을 받는 쪽에 중점을 두어 표현하는 문장형식이다.

Step 53 :: 수동태와 능동태

1. 태의 의미

: 동작의 관점의 차이에 의해 생기는 동사의 표현 형식을 말한다.

- 능동태: 동작을 하는 쪽에 중점을 둔다.
- 수동태: 동작을 받는 쪽에 중점을 둔다.

수동태 만드는 방법

He built the house. (능동태)
주어 동사 목적어

1) 목적어를 주어의 자리로 옮긴다.
2) 주어에 맞는 〈be+ 과거분사〉 형을 만든다.
3) 행위자를 나타낼 때는 by 뒤에 주어를 놓는다.

➔ This letter was written by him. (수동태)
주어 동사 부사어

2. 수동태로 쓸 수 없는 동사

: have(가지고 있다) · resemble(닮았다) · lack(부족하다) · become(어울리다) 등은 수동태가 안 되는 동사들이다.

3. 「By + 행위자」를 표시하지 않는 경우

: 행위자가 중요하지 않을 때, 또는 누군지 알 수 없을 때

1. 능동태와 수동태

- The company employed one hundred people. (능동태)
- One hundred people **were employed by** the company. (수동태)

그 회사는 100명을 고용했다.

- Linda cleans this room every day. (능동태)
- This room is cleaned every day by Linda. (수동태)

린다는 매일 이 방을 청소한다.

2. 수동태로 쓸 수 없는 동사

♣ 목적어가 있는 문장이라고 모두 수동태로 바뀌지는 않는다.

♣ have(가지고 있다) · resemble(닮았다) · lack(부족하다) · become(어울리다) 등은 수동태가 안 되는 동사들이다.

- He resembles his father
- His father is resembled by him.(X)

그는 아빠를 닮았다.

- This hat becomes me.
- I am become by this hat. (X)

이 모자는 나에게 잘 어울린다.

3. 「By + 행위자」를 표시하지 않는 경우

행위자가 중요하지 않을 때, 또는 누군지 알 수 없을 때

- Is this room **cleaned** every day?

이 방은 매일 청소 되고 있습니까?
〈누군가가 청소했지만, 그것은 중요하지 않다.〉

- Much money **was stolen** in the robbery.

많은 돈을 강도사건 때 도난당했다.
〈누군가가 강도짓을 했지만 누가 그랬는지 모른다.〉

Step 53

Actual Test

001

The American Red cross __________ by Clara Barton.

(A) organized (B) was organized
(C) that was organized (D) that it was organized

002

Are all telephone numbers __________ in the directory?

(A) list (B) listed (C) listing (D) to list

003

He was __________ to be clever but dishonest.

(A) thought (B) thinking (C) they thought (D) think

004

Mary __________ a raise by her employer.

(A) have (B) was gave (C) was given (D) given

005

Work __________ at once.

(A) to be done (B) it is done (C) must do (D) must be done

Step 54 :: 수동태 시제

〈현재〉

- The house **is built** by Jack. (수동태)

〈과거〉

- The house **was built** by Jack. (수동태)

〈미래〉

- The house **will be built** by Jack.(수동태)

〈현재완료〉

- The house **has been built** by Jack.(수동태)

〈과거완료〉

- The house **had been built** by Jack. (수동태)

〈미래완료〉

- The house **will have been built** by Jack. (수동태)

〈진행형〉

- The house **is being built** by Jack. (수동태)

시제별로 능동태가 수동태로 어떻게 바뀌는지 생각해 보자.

〈현재〉

- Jack **builds** the house. (능동태)

→ The house **is built** by Jack. (수동태)

〈과거〉

- Jack **built** the house. (능동태)

→ The house **was built** by Jack. (수동태)

<미래>

- Jack **will build** the house.(능동태)

➔ The house **will be built** by Jack.(수동태)

> 조동사는 그대로 두고 be + p.p를 쓴다.

<현재완료>

- Jack **has built** the house.(능동태)

➔ The house **has been built** by Jack.(수동태)

❀ have p.p 의 have 는 조동사 역할을 한다.

- The letter **has been sent** to the wrong address. | 편지가 잘못된 주소로 보내졌다.

<과거완료>

- Jack **had built** the house.(능동태)

➔ The house **had been built** by Jack. (수동태)

❀ had가 조동사 역할

- The vegetables **had been cooked** too long. | 야채들이 너무 오랫동안 요리 되었다.

<미래완료>

- Jack **will have built** the house.(능동태)

➔ The house **will have been built** by Jack. (수동태)

❀ will have p.p 의 will have 는 조동사 역할을 한다.

- The room **should have been** cleaned. | 방이 청소 되어 질 것이다.

<진행형>

- Jack **is building** the house.(능동태)

➔ The house **is being built** by Jack. (수동태)

❀ 진행형 be +~ing 의 be 동사는 조동사 역할을 한다.

- The room **is being cleaned** at the moment. | 방이 지금 청소되고 있다.

<조동사가 있는 경우>

: 조동사는 그대로 두고 <be+p.p>를 붙인다.

- Jack **can build** the house.(능동태)

➔ The house **can be built** by Jack. (수동태)

Step 54

Actual Test

001

You __________ to smoke any where in the building.

(A) are not allowing (B) are not allowed
(C) don' t allow (D) were not allowed

002

This beautiful castle __________ many years ago.

(A) has built (B) built (C) was built (D) be built

003

This machine __________ by my brother night now.

(A) been repaired (B) repaired (C) is being repaired (D) being repaired

004

The package __________ by express mail tomorrow.

(A) is sent (B) will send (C) was sent (D) will be sent

005

The gold __________ by the owner for many years.

(A) is kept (B) was kept (C) has been kept (D) has kept

Step 55 :: 수동태 (4형식과 5형식)

1. 4형식의 수동태

4형식의 문장은 목적어가 2개이다. 그러므로 대개 간접목적어(~에게)를 주어로 하든지, 직접목적어(~을)를 주어로 하여 두개의 수동태가 가능하다.

주어+동사+간접목적어+직접목적어
➔ 간접목적어+be+pp+직접목적어+by+주어
➔ 직접목적어+be+pp+간접목적어+by+주어

2. 5형식의 수동태

주어+동사+목적어+목적격보어
➔ 목적어+be+pp+목적격보어+ by+주어

1. 4형식의 수동태

- Ann gave me an award. (4형식) | 앤이 나에게 상을 주었다.

➔ **I was given** an award by Ann. (직접목적어를 주어로)
➔ An award **was given** to me by Ann. (간접목적어를 주어로)

1) 수동태 전환 시 주의해야 할 전치사

〈to 사용동사〉 : send · lend · give · offer · bring 등

- He sent me a letter.

➾ A letter **was sent (to)** me by him. | 그는 나에게 편지 한 통을 보냈다.

<for 사용동사>: buy · make · get · cook · build 등.

- He bought me a watch.

➾ A watch **was bought for** me by him. | 그는 나에게 시계를 사 주었다.

<of 사용동사>: ask · inquire · require 등

- He asked me some questions.

➾ Some questions **were asked of** me by him. | 그는 나에게 몇 가지 질문을 했다.

2) 주의해야 할 동사

write · make · get · bring · carry · send · throw · pass · hand · read · sell · sing · do 등의 동사는 직접목적어만 수동태의 주어가 될 수 있다.

- She **made** me a doll.

➾ **A doll** was made for me by her. | 그녀는 나에게 인형 1개를 만들어 주었다.

cf) I was made a doll by her (X)

- **I wrote** him a letter.

➾ **A letter** was written him by me. | 나는 그에게 편지 한 통을 써 주었다.

cf) He was written a letter by me. (X)

envy · save · forgive 등은 간접목적어만 수동태의 주어가 된다.

- They **envied** him his success.

➔ **He** was envied his success by them. | 그들은 그의 성공을 부러워했다.

cf) His success was envied him by them (X)

2. 5형식의 수동태

목적어를 찾는 것이 중요하다. 목적어가 주어로 바뀌기 때문이다.

- They elected **him** mayor. (5형식)

➔ **He** was elected mayor (by them). (2형식) | 그들은 그를 시장으로 선출했다.

지각동사 · 사역동사가 쓰이면 목적보어로 쓰이는 5형식에서 수동태가 되면 원형부정사는 to 있는 부정사가 된다.

- I saw him enter the room. | 나는 그가 방에 들어가는 것을 보았다.

➔ He was seen to enter the room by me.

- We heard him sing. | 우리는 그가 노래하는 것을 들었다.

➔ He was heard to sing.

Step 56 :: 수동태(군동사/ 목적어절)

1. 군동사의 수동태

군동사는 수동태에서 한 단위로 취급된다.

① 자동사 + 전치사

- He **looked at** me. (3형식)

➔ I **was looked at** by him. (1형식) | 그는 나를 보았다.

- We **called off** the meeting.

➔ The meeting **was called off** by us. | 우리는 회의를 취소했다.

② 타동사 + 추상명사 + 전치사

타동사구가 pay great attention to, take good advantage of, take good care of 같이 3개 이상의 단어로 구성되는 말들은 2개의 수동태 구조를 갖는다.

(1) 동사구를 하나의 단위로 보는 경우

- They [**took good care of**] the child. (3형식)

➔ **The child** was taken good care of (by them). (1형식)

| 그들은 아이를 잘 돌보았다.

- I [took great advantage of] the situation.

➔ The situation **was taken advantage of** by me. | 나는 그 상황을 잘 이용했다.

(2) 동사구내의 목적어 명사를 주어로 하는 경우

동사구의 동사 목적어의 명사는 대개 good 이나 great 로 수식된다

- They [**took good care of**] the child. (3형식)

➔ **Good care** was taken of the child (by him).

- I [took great advantage of] the situation.

➔ Great advantage **was taken of** the situation by me.

③ 동사 + 부사 + 전치사

동사구를 하나의 단위로 본다.

- We **looked up to** the professor. (3형식)

➔ The professor **was looked up to** by us. (1형식) | 우리들은 그 교수를 존경했다.

2. 목적어가 that- 절인 수동태

<일반주어(they · we · you) + say · think · believe · report 등 + that 주어 동사>

- They **say** that he works 18 hours a day. | 사람들은 그가 하루에 18시간 일한다고 말한다.

➔ **It is said** that he works 18 hours a day. (가주어 it을 주어로 할 때)

➔ **He is said to** work 18 hours a day.(that-절의 주어로 할 때)

<주절과 종속절의 시제가 다를 때>
시제가 앞선 부분을 완료부정사(to+have p.p.)로 표시한다.

- They **believe** that he **was** rich. (종속절이 앞 선 시제)

➔ It is believed that he was rich.

➔ He is said to have been rich. | 사람들은 그가 부자였다고 믿고 있다.

- It **is** reported that seven people **were** injured in the accident.

= Seven people are reported **to have been** injured in the accident.

| 7명이 사고로 부상당했다고 알려지고 있다.

Step 57 :: 수동태 (의문문/ 명령문 / 부정문)

1. 의문문의 수동태

1) 의문사가 없는 경우: be 동사 + 주어 + p.p + by +행위자

➔ Was the ball kicked (by you)? (의문문 수동태)

2) 의문사가 주격일 때: by whom + be 동사 + 주어 + p.p

➔ By whom was the accident seen? (수동태 의문문)

3) 의문사가 목적격 일 때: 의문사 + be 동사 + p.p. + by 행위자

➔ What was seen in the park by him?

2. 명령문의 수동태

「Let + 목적어 + be + 과거분사」의 형태를 사용한다.

➔ Let it be stopped at once.

3. 부정문의 수동태

부정어(no)로 시작하는 경우는 (not+any) 로 분리하여 표시한다.

: 〈by + 행위자〉 구조는 행위자가 부정어로 표시 될 수 없기 때문이다.

1. 의문문의 수동태

수동태 과정: 평서문 구조 ➔ 수동태 ➔ 의문문 수동태

1) 의문사가 없는 경우: be 동사 + 주어 + p.p + by +행위자

- Did you kick the ball?
→ You kicked the ball. (평서문)
→ The ball was kicked (by you). (수동태)
→ **Was the ball kicked (by you)?** (의문문 수동태) | 네가 공을 찼니?

2) 의문사가 주격일 때: by whom + be 동사 + 주어 + p.p

- Who saw the accident?
→ Who saw the accident. (평서문 구조)
→ The accident was seen by whom. (수동태 구조)
→ **By whom was the accident seen?** (수동태 의문문) | 누가 이 사고를 보았니?

3) 의문사가 목적격 일 때: 의문사 + be 동사 + p.p. + by 행위자

- What did he see in the park?
→ **What was seen in the park by him?** | 그는 공원에서 무엇을 보았니?

2. 명령문의 수동태

- Stop it at once.
→ **Let it be stopped** at once. | 그것을 즉시 멈추어라.

명령문의 부정문

「Don't let + 목적어 + be + 과거분사」
「Let + 목적어 + not + be + 과거분사」

- Don't break the window.
→ **Don't let** the window **be broken**.
→ **Let** the window **not be broken**. | 돌을 만지지 마라.

3. 부정문의 수동태

- **No one can solve the problem.**

➔ The problem can **not** be solved by **anyone**. | 아무도 그 문제를 풀 수 없었다.

- **No one** should break the vase.

➔ The vase should **not** broken **by anyone**. | 아무도 그 꽃병을 깨지 말아야 한다.

Step 55~57

Actual Test

001

His plan __________ at by Susan.

(A) laughed (B) was laughed (C) has laughed (D) laughs

002

The baby __________ good care of.

(A) took (B) has taken (C) was taken (D) takes

003

I will not let the papers __________.

(A) touch (B) to touch (C) be touched (D) to be touched

004

"They say that she is rich."
"Really? __________ to be rich."

(A) It is said him (B) She says (C) It is said that she is (D) she is said

005

He was seen __________ the building last night.

(A) enter (B) to enter (C) be entered (D) entered

Step 58 :: 주의해야 할 수동태

1. by 이외의 특별한 전치사가 필요한 수동태

2. get+ 과거분사

과거분사는 형용사 역할을 하며 주어를 설명한다.
be+ pp대신 사용하는 수동구조이다.
어떤 일이 일어났을 때만 사용한다.

3. have (get) + 목적어 + 과거분사; ~을 하도록 만들다. ~을 당하다
: 목적어는 사물을 말하며 과거분사와 수동관계이다.

1. by 이외의 특별한 전치사가 필요한 수동태

- The glass is **filled with** milk. | 그 잔에는 우유로 가득 차 있다.
- The street is **crowded with** a lot of people. | 거리는 많은 사람들로 붐볐다.

감정을 나타내는 동사는 사람이 주어이면 대개 수동형이 된다.

- I **am interested in** the game. | 나는 그 경기에 관심이 있다.
- I **am satisfied with** the result. | 나는 그 결과에 만족한다.
- He **was worried about** the exam. | 그는 시험에 걱정했었다.
- I **am pleased with** my students. | 나는 학생들 때문에 기쁘다.
- I **was surprised at** his action. | 나는 그의 행동에 놀랐다.

- We **are excited at** the game | 우리는 그 경기에 흥분했다.

- be pleased with: ~에 기쁘다
- be involved in:~에 관련되다
- be dressed in:~을 입다
- be made of:~으로 구성하다
- be excited about:~에 흥분하다
- be located in:~에 위치하다
- be done with:~을 끝내다
- be married to: ~와 결혼하다

2. get+ 과거분사: ~상태로 되다

능동적 의미를 갖는 수동구조이다.

- I **got worried** because she was 30 minutes late. | 나는 그녀가 30분이 늦어서 걱정했다.
- He stopped working because he **got tired**. | 그는 피곤해져서 일을 중단했다.
- I don't often **get invited** to parties. | 나는 종종 파티에 초대 받지 못한다.
- Nobody **got hurt**. | 아무도 다치지 않았다.

의미는 능동인 점에 주의한다.

- get married: ~결혼하다.
- get lost: ~길을 잃다.
- get dressed: ~옷을 입다.

3. 주의해야 할 수동 구문

1) have (get) + 목적어 + 과거분사; ~을 하도록 만들다. ~을 당하다.
목적어는 사물을 말하며 과거분사와 수동관계이다.

- Linda had the roof repaired yesterday. | 린다는 어제 지붕을 수리했다.
- My uncle had a garage built. | 나의 아저씨는 차고를 만드셨다.
- I don't like having my photograph taken. | 나는 사진 찍는 것을 좋아하지 않는다.
- He had the coat cleaned. | 그는 그 코트를 세탁했다.

- He had his passport stolen. | 그는 여권을 도난당했다.
- You should get your hair cut short. | 너는 짧게 이발해야 한다.

2) **일부동사** (sell · read · peel)는 형태는 능동이나 의미는 수동의 뜻을 나타내는 경우도 있다. **주어가 무생물이 경우를 말한다.**

- This computer **sells** well. | (이 컴퓨터는 잘 팔린다)
- This apple **peels** well. | 이 사과는 잘 벗겨진다.
- His book **reads** well. | 그의 책은 잘 읽혀진다.

3) 형식은 능동이나 뜻이 수동인 경우가 있다.

(1) want, need 의 목적어가 동명사 일 때

- This bike **needs repairing**.

= This bike **needs to be repaired**. | 이 자전거는 수리 되어 질 필요가 있다.

(2) 일부 부정사 구조

- He is **to blame**.

= He is **to be blamed**. | 그는 비난을 받아야 한다.

- He wrote many books **to read**.

= He wrote many books **to be read**. | 그는 읽을 만 한 책을 많이 썼다.

Step 58 **Actual Test**

001

She was surprised __________ his death.

(A) by (B) with (C) on (D) at

002

The mountain top is covered __________ the snow.

(A) by (B) with (C) from (D) on

003

She __________ with her work.

(A) can' t satisfy (B) isn' t satisfied (C) doesn' t satisfy (D) hasn' t satisfied

004

A man is known __________ others by his friends.

(A) for (B) to (C) by (D) as

005

I had a tooth __________ out yesterday.

(A) pulled (B) pulling (C) pull (D) have pulled

Step 58 확인 문제

001

다음 각 문장의 괄호에 주어진 동사의 알맞은 형태를 넣으시오.

1. Lincoln ____________ (deliver) this speech while he was visiting the congress.
2. She is ____________ (satisfy) with the result.
3. It has been ____________ (do) by me.
4. The boy was ____________ (praise) by the teacher.
5. They ____________ (elect) him chairman when they had a meeting.
6. I was ____________ (make) to stay indoors by him yesterday.
7. His car ____________ (run) over a dog last night.
8. Mother ____________ (be) worried about my health and she always takes great care of me.
9. The show ____________ (surprise) the audience but there were just a few people.
10. I was ____________ (interest) in the adventure story in my childhood.

002

다음 문장을 수동태로 바꾸시오.

1. Cats catch mice.

→

2. I wrote a short story yesterday.

→

3. He was eating lunch when I went to his home.

→

4. She bought Jim a new watch.

→

5. They say that he is a liar.

→

6. They made use of the chance.

→

7. The sight embarrassed the baby .

→

8. We called him Uncle Tom.

→

9. I helped him do his homework.

→

10. I will accompany the boy if he wants.

→

11. Tom has opened the door.

→

12. Jim will have built the house.

→

13. He gave Mr. Shin an award.

→

14. They believe that he was honest.

→

15. They have to tell Mary about the plans.

→

003

다음 문장에서 틀린 부분을 고치시오.

1. The girl is belonged to the club.

2. When she heard the news, she was satisfied by the result.

3. His house locates on First Avenue.

4. If you are chosen by the excellent worker, you will get a prize and some money.

5. The invention was thought by Mr. Johnson during the war.

6. The city is known its old palace in the world.

7. My car needs to fix at once.

8. The statement will make just one time and therefore you have to listen to it.

9. The scenery was so shocked that the visitors could not leave the place easily.

10. He was made stay in bed all day because of a serious cold.

가정법

✲ 가정법은 주관적인 감정을 나타내는 동사의 형식으로, 실제 사실에 반대되는 내용을 가정하게 된다. 대표적인 가정법은 가정법 과거와 가정법 과거완료이다.

✲ 가정법 과거는 현재 사실의 반대를 가정하며, 가정법 과거완료는 과거 사실의 반대를 가정 하게 된다.

✲ 가정법은 시제에 대한 형식을 정확히 아는 것이 매우 중요하다.

Step 59 :: 가정법 과거

현재 사실을 반대로 가정하며, 현재나 미래의 실현 가능성이 약한 내용을 나타낸다.

⚜ If + 주어 + 동사의 과거형 ~ (were), 주어 + would · should + 원형 / could · might

< 만약 ~한다면, > <~ 할 텐데 >

- If I **knew** her address, I **would** tell you.

= As I don't know her address, I cannot tell you.

만약 그녀의 주소를 알고 있다면, 너에게 말해 줄 수 있을 텐데.
사실은 지금 그녀의 주소를 알지 못하기 때문에, 너에게 말해 줄 수 없다.

- If we **saved** 100,000 won, we **could** buy our teacher a gift.

만약 우리가 100,000원을 모았다면, 선생님께 선물을 사 드릴 수 있을 텐데.
(100,00원을 모을 가능성이 약하는 것을 나타낸다)

- If I **knew** his number, I **would** phone him.

내가 그의 번호를 알았다면 그에게 전화 했을텐데)

- If you **were** in my position, what **would** you do?

네가 나의 입장이라면 너는 무엇을 할 것이니?
(조건절의 be 동사는 were를 쓴다)

<if가 생략되는 경우>

⚜ 가정법의 조건 절에서 if가 생략이 되면 [주어+동사]의 어순이 바뀐다.
⚜ be동사와 조동사는 바로 주어 앞으로 도치 된다
⚜ 일반 동사는 조동사 do가 문장 앞으로 도치 된다

(be 동사)

- If **I were** not ill, I could go there.

= **Were I** not ill, I could go there.

내가 아프지 않았다면 그곳에 갈수 있었을 텐데.

(일반 동사)

- If **I knew** her address, I would tell you.

= **Did I** know her address, I would tell you.

내가 그녀의 주소를 알았다면 너에게 말해 줄 것이다.

〈주요표현〉

〈but for + 명사, 주어 would/could +원형〉: ~이 없었다면, ~했을 텐데

: 주절의 시제를 보고 가정법 시제를 판단한다.

- **But for** his help, I **could not** go there.

주절의 조동사 could를 보고 가정법과거라는 것을 알 수 있다.

= **Without** his help, I **could not** go there.

= **If it were not** for his help, I **could not** go there.

그의 도움이 없었다면 나는 그곳에 갈 수 없었을 것이다.

It is (high) time (that) + 주어 + 과거동사(should + 원형)

(가정법 시제를 나타낸다)

➔ ~(바로) ~ 할 시간이다

- It is time (that) he went to school

= It is time (that) he should go to school.

그가 학교에 갈 시간이다.

아직 학교에 가고 있지 않다는 것을 나타낸다.

Step 59

Actual Test

001

If you __________ closer to the market, you could walk there.

(A) lived (B) had lived (C) live (D) would live

002

If he were in your place, __________.

(A) he would have helped her
(B) what shall we do?
(C) he would do otherwise
(D) he will not do such a thing

003

If I __________ you, I wouldn't return the call.

(A) be (B) am (C) was (D) were

004

If it __________ so late, we could have coffee.

(A) wasn't (B) isn't (C) weren't (D) not be

005

She __________ surprised if her son were caught by the police.

(A) are (B) would be (C) to be (D) was

Step 60 :: 가정법 과거완료

⚜ If + 주어 + had + p.p. , 주어 + would · should · could · might + have + p.p.

: ~ (과거에) 했었다면 ~ 했을 텐데 (사실은 하지 못했었다는 가정법)

과거 사실을 반대로 가정 할 때 쓴다.

- If I **had seen** you, I **would have said** hello.
- If I **had had** a camera with me, I **would have taken** some photographs.

만약 내가 너를 보았었다면, 나는 인사말을 했을 텐데.
만약 내가 사진기를 갖고 있었다면, 나는 사진을 좀 찍었을 텐데.

<주요표현>

<But for +명사, 주어 would have p.p>: ~이 없었다면 ~ 했었을텐데

- **But for** (Without) your help, **I would have failed.**

주절의 would have failed 를 보고 가정법과거완료 라는 것을 알 수 있다.

= **If it had not been for** your help, **I would have failed**.

= **Had it not been for** your help, **I would have failed**.

너의 도움이 없었다면 나는 실패 했을텐데

[tip]

* I wish + 가정법: ~했으면 좋을텐데(실제로 하지 않았음을 아쉬워 한다)

1) I wish + 주어 + **과거동사** : 가정법 과거 (현재사실의 반대)

wish 동사가 말하는 시점이 된다.

- I wish I **knew** your phone number.
- I wished David **were** here.

내가 너의 전화번호를 알았으면 좋았을 텐데
데비드가 여기에 있으면 좋았을 텐데.

2) I wish + 주어 + had + p.p : 가정법 과거완료 (과거에 실현하지 못한 소망)
wish 동사가 말하는 시점이 되며, 가정법 절은 시제가 하나 앞서 있다.

- I wish I **had not eaten** so much cake. | 나는 아주 많은 케이크를 먹지 않기를 바랬는데(먹었다)
- I wished it **had been** warmer. | 날씨가 더 따뜻해지기를 바랬었는데(그렇지 않았다)

* 직설법 + as if + 가정법: 마치 ~처럼 -하다

1) 가정법 과거

직설법+ as if + 주어 + **과거동사**
직설법동사가 말하는 시점이 된다.

- He **talks** as if he **knew** everything.
(직설법시제) (가정법시제)

= He doesn' t know everything. | 그는 마치 모든 것을 아는 것처럼 말하고 있다.
(현재시점에서 말하고 있다.)

- He **talked** as if he **knew** everything.
(직설법시제) (가정법시제)

= He did not know everything. | 그는 마치 모든 것을 아는 것처럼 말했다.
(과거시점에서 말하고 있다.)

2) 가정법 과거완료

직설법+ as if+ 주어 + had + p.p (**과거완료**)
직설법동사가 말하는 시점이 되며, 가정법 절의 시제가 하나 앞선다.

- He **looks** as if he **had been** ill.
(직설법시제) (가정법시제)

= He has not been ill. | 그는 마치 아팠었던 것처럼 보인다.
(현재시점에서 말하고 있다.)

- He **looked** as if he **had been** ill.
(직설법시제) (가정법시제)

= He had not been ill. | 그는 마치 아팠었던 것처럼 보였다.
(과거시점에서 말하고 있다.)

Step 60

Actual Test

001

If she ___________ him, he won not have failed.

(A) would have helped (B) helped (C) should help (D) had helped

002

If you hadn' t gone with Tom to he party last night, ___________.

(A) you would meet John (B) you won' t have missed John
(C) you will have met John (D) you would have met John

003

If Paul ___________ his exams, he would have succeeded.

(A) passed (B) had passed (C) has passed (D) would have passed

004

I wish I ___________ mistakes everyday.

(A) don' t make (B) haven' t made (C) wouldn' t have made (D) didn' t make

005

I wish that I ___________ with you last night.

(A) went (B) go (C) had gone (D) could go

Step 61 :: 가정법 현재/ 가정법 미래/ 혼합가정법

1. 가정법 현재

⚜ If + 주어 + **동사원형**, 주어 + 현재시제 또는(will · can · shall · may) + 동사원형
〈조건절(종속절)〉 〈 주절 〉

단순한 조건절의 의미로 직설법의 의미가 된다.

- If I **have** enough time, I **read** novels everyday. — 나는 충분한 시간이 있다면 매일 소설을 읽는다.
- If I **have** enough apples, I **will bake** an apple pie this evening. — 나는 충분한 사과가 있다면 오늘 저녁 사과파이를 구울 것이다.

2. 가정법 미래

미래의 실현 가능성이 약한 사실을 가정한다.

⚜ If + 주어 + should + 동사원형, 주어 + will(would) · can(could) + 동사원형
shall(should) · may(might)

- If it **should** rain tomorrow, I **shall** not go there. — 내일 혹시라도 비가 온다 해도, 나는 그곳에 가지 않겠다.
- If you **should** meet him, tell him to write to me. — 만약 네가 그를 만난다면, 그가 나에게 편지 좀 쓰라고 말해줘.

PART 3 동사의 활용

[tip]

가정법 미래에서 불가능한 사실을 가정할 경우에는 if 절에 were to를 쓴다.

⚜ If + 주어 + were to~ , 주어 + would · should + 동사원형
could · might

- If the sun **were to** rise in the west, what **would** become of our life?

만약 태양이 서쪽에서 뜬다면 우리 생활에 어떤 일이 일어날까?

3. 혼합 가정법

과거의 사실을 조건절에서 가정하고, 현재의 사실을 주절에서 가정한다.

(과거에) ~했었다면,	(지금) ~했을 텐데
⚜ If 주어+ had + p.p , (가정법 과거완료)	주어 + **과거형 동사** (가정법 과거)
(조건절은 과거사실 표시)	(주절은 현재사실 표시)

- If he **had not bought** the expensive watch **last month**, he **would** have much money **now**.
= As he bought the expensive watch last month, he doesn't have much money now.

만약 그가 지난달에 비싼 시계를 사지 않았었다면, 지금 많은 돈을 갖고 있을 텐데.

- If I **had studied** English harder **then**, I **would** speak English more fluently **now**.

만약 그 때 영어를 좀 더 열심히 공부했었다면, 지금은 좀 더 유창하게 영어를 말할 수 있을 텐데.

Step 62 :: 가정법 의미의 표현들

1. 조건 접속사 · 구

1) in case: ~할 경우에

- I' ll be at my friend' s house **in case** you (should) need to reach me.
- Take your umbrella **in case** it should rain.

네가 나에게 연락 할 필요가 생길 경우에 나는 내 친구 집에 있겠다.
비가 올 경우에 우산을 가져가라.

2) in the event that:~ 할 경우에

- **In the event that** you should need to reach me, I' ll be at my friend' s house.
- **In the event that** the two countries agree to peace treaty, we could live here peacefully.

네가 나에게 연락 할 필요가 생길 경우에 나는 내 친구 집에 있겠다.
두 나라가 평화협정에 합의 한다면 우리는 이곳에서 평화롭게 살 수 있을 것이다.

3) suppose /supposing (that) = ~한다면 (if) provided / providing (that)

- **Suppose I had** enough money, I could buy the computer.
- **Provided** they **offer** me a good paid position, I will accept the offer.

내가 충분한 돈이 있다면, 컴퓨터를 살 수 있을 텐데.
그들이 나에게 좋은 임금의 자리를 제공한다면 나는 그 제안을 받아들이겠다.

4) granted / granting that = even if 비록 ~한다 할지라도

- **Granted that** the weather is cold, I' m going to go swimming.
- **Granted that** you tell me the truth, I will not listen to it.

날씨가 비록 춥더라도, 나는 수영하러 갈 것이다.
비록 네가 나에게 사실을 말하더라도, 나는 그것을 듣지 않을 것이다.

5) unless: if ~ not 만약 ~하지 않으면

- I' ll go swimming tomorrow **unless** it' s cold.
- **Unless** you are at least sixteen years old, you can' t get a driver' s license.

만약 춥지 않으면, 나는 내일 수영하러 가겠다.
만약 네가 적어도 16살이 되지 않으면, 너는 운전면허증을 받지 못 할 것이다.

Actual Test

001

If you __________ see Ann, what would you tell her?

(A) should (B) would (C) could (D) were

002

If I __________ your advice then, I should be happier now.

(A) have followed (B) did not follow (C) had followed (D) followed

003

If I had studied harder, I __________ now.

(A) had a better grade
(B) might had a better grade
(C) night have a better grade
(D) might have had a better grade

004

"Supposing you __________ write, what would you do?"

(A) couldn' t (B) can' t (C) may not (D) are unable

005

If the sun __________ to rise in the west, I wouldn' t marry her.

(A) are (B) were (C) must (D) should

Step 62 **확인 문제**

001

다음 각 문장의 괄호에 주어진 동사의 알맞은 형태를 넣으시오.

1. If I ___________ (be) young again, I would be a lawyer.
2. If I ___________ (have) much money, I would help you.
3. If we had gone by car, we would ___________ (save) time.
4. If you took more exercise, you ___________ (feel) better.
5. I wish he ___________ (go) to the doctor at that time.
6. She acts as if she ___________ (be) a princess now.
7. ___________ (be) I you, I would act differently.
8. It is time you ___________ (finish) the work.
9. It was a stupid thing to say. I wish ___________ (not say) it.
10. If you ___________ (not help), I should have failed in it.

002

다음 각 문장에서 틀린 부분을 고치시오.

1. If I have tried it again, I could have succeeded in it.

2. If he had got up earlier, he would have be there now.

3. With your help, I could not have finished the project in time.

4. If workers insist on the raise in the payment, the price would rise.

5. If I had known you were in hospital, I have gone to see you.

6. I had to go to the meeting; therefore, I would have gone with you.

7. She greets me as if she is my good friend.

8. Be I were there, I could recognize you soon.

9. He would be angry if I have not gone to his party.

10. Unless he doesn' t take part in the conference again, he will not be regarded as a member.

003

다음 각 문장을 가정법으로 고치시오.

1. I am sorry I can' t go there with you.

2. Because I am poor, I can not buy a car.

3. You got up late so you did not catch the bus.

4. He is sick so he can not climb the mountain.

5. Because she caught a heavy cold, she could not go to a movie with us.

6. She is not rich but she behaves as she is.

7. You did not help me so I could not do the work.

8. John was not strong enough to carry the package.

9. My mother is very busy with her job so she won' t join the club.

10. I am sorry my grandmother died a long time ago.

구와 절

04 구와 절

✲ 영어의 구와 절을 구성하는 동명사 · 부정사 · 분사에 대해 공부한다.

✲ 또한 주어 · 보어 · 목적어의 의미로 활용되는 명사절과 관계사절을 중심으로 하는 형용사절의 쓰임에 대해서도 자세히 공부하기로 한다.

✲ 그리고 영어의 비교구문을 통한 다양한 사용법을 알아본다.

동명사

- 동명사는 동사의 성질을 띤 명사로서 문장에서 주어, 목적어, 보어로 사용되어 〈~하는 것〉, 〈~하기〉로 번역된다.
- 동명사의 의미상주어는 소유격을 원칙으로 한다.
- 동명사의 시제는 주절과 종속절의 시제가 같을 때, 단순시제(동사원형 + ~ing) 를 쓰며, 하나 앞선 시제를 표현 할 때는 완료시제(having + p.p) 를 쓴다.
- 전치사 뒤의 목적어는 동명사(명사)를 쓴다.

Step 63 :: 동명사의 용법

1. 동명사의 형태

<<동사 + ~ing>>

동명사는 동사에 ~ing가 붙어 명사적 기능을 한다. 즉 주어나 목적어, 보어로서 역할을 한다.

• **Playing** golf is fun.(주어)	골프 치는 것은 재미있다.
• We enjoy **playing** soccer.(목적어)	우리는 축구하는 것을 즐긴다.
• He is interested in **learning** English. (전치사의 목적어)	그는 영어 배우는 것에 관심이 있다.
• My hobby is **collecting** stamps.(보어)	나의 취미는 우표 수집이다.

2. 동명사의 역할

동명사와 현재분사는 모양은 같으나 기능이 다르다.

1) 목적이나 용도 표시(~하기 위한>

• a **sleeping** car = a car for sleeping.	침대차

2) (~ 하는 것으로) 번역

• I like **watching** TV.	나는 텔레비전 보기를 좋아한다.
• My job is **helping** others.	나의 일은 남을 돕는 것이다.

[tip] 모양이 같은 현재분사

① 상태나 동작 표시 (~하고 있는)

형용사역할

• a **sleeping** child = a child who is sleeping.	잠자고 있는 아이

② (~ 하면서, ~하는 중) 으로 번역

- I walked along the river **listening** to the music. | 나는 음악을 들으며 강을 따라 걸었다.
- I am **taking** a bath. | 나는 목욕하는 중이다.

3. 동명사의 용법

1) 명사적 성질

동명사는 주어 · 보어 · 목적어 자리에 놓여 명사가 하는 역할을 한다.

① 주어 역할

- **Traveling** broadens the mind. | 여행을 하면 식견이 넓어진다.
- **Developing** good language skills is a key for success. | 좋은 언어 기술을 기르는 것은 성공의 열쇠이다.

② 보어 역할

- My only fault is **sleeping** late in the morning. | 나의 유일한 결점은 아침에 늦게까지 자는 것이다.
- Her hobby is **reading** historical novels. | 그녀의 취미는 역사소설을 읽는 것이다.

③ 목적어 역할

동사 · 전치사 · 형용사의 목적어로 동명사가 쓰인다.

- I don' t like **going** for a walk in the rain. (동사 like 의 목적어) | 나는 비를 맞으며 산책하는 것을 좋아하지 않는다.
- We talked about **going** to America for our vacation. (전치사 about의 목적어) | 우리는 휴가를 위해 미국에 가는 것에 대해 말했다.
- Don' t put off **going** to the dentist. (전치사 off의 목적어) | 치과에 가는 것을 미루지 마라.
- The doctor insisted on **operating** as soon as possible. (전치사 on 의 목적어) | 의사는 가능하면 빠른 시일 내에 수술을 해야 한다고 주장했다
- The Bible is worth reading. (형용사 worth 의 목적어) | 성경은 읽을 가치가 있다.

2) 동명사의 동사적 성질

동명사는 원래 동사에서 파생된 준동사이므로 그 동작 · 상태의 주체를 나타내는 의미상의 주어와 시제 · 태를 가지는 등 동사적 성질을 가진다.

(1) 동명사의 의미상 주어

① 표시하지 않는 경우

의미상의 주어가 일반적인 사람을 나타내는 경우

- **Seeing** is **believing**. | 백문이 불여일견이다.
- **Knowing** is one thing, **teaching** is another. | 아는 것과 가르치는 것은 다르다.
- **Studying** English is no easy task. | 영어를 공부하는 것은 쉬운 일이 아니다.

의미상의 주어와 주절의 주어와 같은 경우

- I stayed in bed all day instead of **going** to work. | 나는 일하러 가는 대신에 하루 종일 침대에 누워있었다.
- We have considered **selling** our house. | 우리는 집을 팔 것을 고려했다.

② 표시하는 경우

대명사가 동명사의 의미상의 주어가 될 때에는 소유격으로 표시한다.

- He was proud of **her winning** first prize. | 그는 그녀가 일등상을 탄 것을 자랑스럽게 여겼다.
- On **our arriving** at the destination, he was taken ill. | 우리가 목적지에 도착했을 때 그는 병이 났다.
- **Her** coming here was surprising. | 그녀가 여기에 온 것은 놀라웠다.
- Please excuse **his** coming late. | 그가 늦게 온 것을 용서해 주세요.

부정대명사가 의미상의 주어일 때는 소유격으로 하지 않는 것이 일반적이다.

- I don’t know of any having done so. | 나는 누가 그런 일을 했는지 모른다.

무생물 명사가 의미상의 주어일 때는 목적격으로 나타낸다.

- In spite of **the sun shining**, the air was cold. | 햇빛이 비치고 있는데도 공기는 차가웠다.
- I have no evidence of **all** being true. | 나는 모든 것이 사실이라는 증거를 갖고 있지 않다.

  (all · both · this · that 등이 의미상 주어일 때)

Step 63

Actual Test

001

__________ the right decision is not always easy.

(A) Make (B) Making (C) Being made (D) When

002

I am sorry for __________ you back late without any reason.

(A) pay (B) to pay (C) paying (D) paid

003

Please excuse __________ being so late.

(A) I (B) me (C) my (D) mine

004

Mike went to the library instead of __________ television.

(A) watch (B) to watch (C) watching (D) be watched

005

I don' t like __________ talking loudly in the room.

(A) he (B) his (C) him (D) himself

Step 64 :: 동명사의 시제와 태

1) 동명사의 형태

시 제 \ 태	능 동	수 동
단순동명사	doing	being done
완료동명사	having done	having been done

2) 동명사의 시제

단순동명사
주절의 동사 시제와 같은 시제 (또는 미래시제)를 표현할 때 단순 동명사를 쓴다.

- He is proud of his son **being** a famous writer.
  = He is proud that his son **is** a famous writer.
  (술어 동사 시제와 동일)
  | 그는 그의 아들이 유명한 작가인 것을 자랑스럽게 생각하고 있다.

- I' **m sure of** her **coming** on time.
  = I' **m sure that** she **will come** on time.
  (술어 동사로부터 미래)
  | 나는 그녀가 시간에 맞춰 올 것을 확신한다.

완료동명사
주절의 동사 시제보다 앞서 일어난 상황을 나타낼 때 완료동명사를 쓴다.

- He **repents** of **having been** idle in his youth.
  = He **repents** that he **was** idle in his youth.
  | 그는 젊은 시절에 게으르게 산 것을 후회한다.

- They admitted **having stolen** the money.
  = They admitted that they **had stolen** the money.
  | 그들은 돈을 잃어버렸다는 것을 인정했다.

3) 동명사의 태

능동의 의미를 표현할 때는 동명사의 능동형을, 수동의 의미를 표현할 때는 수동형을 쓴다.

(동명사 능동태)
- I like **reading**. | 나는 독서를 좋아한다.

(동명사 수동태)
- What is the use of **being praised**? | 칭찬받는 것이 무슨 소용이 있는가?

deserve · need · require · want 등의 동사 다음에 오는 능동형 동명사는 수동의 뜻을 의미한다.

- The garden **wants weeding**.

= The garden **wants to be weeded**. | 정원에 제초를 해야겠다.
- The house **needs painting**

=The house **needs to be painted**. | 그 집은 페인트 칠을 할 필요가 있다.
- Your words **deserve praising**. | 너의 말은 칭찬 받을 만하다.

worth · worthy of 다음에 오는 능동형 동명사는 수동의 의미를 지니기도 한다.

- This book is **worth reading**.

= This book is **worthy of reading**. | 이 책은 읽을 가치가 있다.

4) 전치사의 목적어를 가질 수 있고 부사구의 수식을 받을 수 있다

- I' m looking forward to **seeing him.** (목적어) | 나는 그를 만나기를 고대하고 있다.
- He was proud of **being a winner.** (보어) | 그는 우승자가 된 것을 자랑스럽게 여겼다.
- **Walking quickly** in step is difficult. (부사의 수식) | 계단에서 빨리 걷는 것은 어렵다.

Step 64

Actual Test

001

The child admitted __________ the window.

(A) breaking (B) having broken (C) broken (to) (D) to break

002

The bird can fly without __________.

(A) teaching (B) to teach (C) being taught (D) to be taught

003

I am sorry to have forgotten about __________ you.

(A) phoning (B) phone (C) to phone (D) phoned

004

I regret not __________ harder while young.

(A) to work (B) working (C) work (D) having worked

005

The house needs __________.

(A) to be paint (B) to painting (C) painting (D) painted

Step 65 :: 동명사를 수반하는 동사

1) 동명사를 목적어로 취하는 주요 동사

- finish(끝내다)
- mind(꺼려하다)
- risk(위험을 무릅쓰다)
- admit(인정하다)
- keep(계속하다)
- appreciate(감사하다)
- consider(고려하다)
- enjoy(즐기다)
- avoid(피하다)
- deny(부인하다)
- delay(연기하다)
- excuse(변명하다)
- suggest(제안하다)

- Suddenly everybody **stopped talking**. | 갑자기 모든 사람들이 이야기를 멈췄다.
- He could not **avoid laughing**. | 그는 웃지 않을 수 없었다.
- Have you ever **considered going** to Canada to learn English? | 당신은 영어를 배우기 위해 캐나다로 갈 것을 고려해 본 적이 있습니까?
- He **denied having** been there the day before yesterday. | 그는 그저께 그곳에 있었던 것을 부인했다.

2) 전치사로 끝나는 주요 구동사는 목적어로 동명사를 쓴다

- put off(연기하다) • give up(포기하다) • go on(계속하다) 등

- I **gave up reading** novels. | 나는 소설 읽는 것을 포기했다
- He wants to **go on working**. | 그는 일을 계속하고 하기를 원한다.
- We **put off playing** tennis because of rain. | 우리는 비 때문에 테니스 치는 것을 연기했다.

3) 부정사나 동명사를 목적어로 취할 수 있지만 의미가 달라지는 동사

remember · forget · regret
remember · forget · regret 등은 과거의 일을 나타낼 때는 동명사를,
미래의 일을 나타낼 때는 부정사를 목적어로 취한다.

- I **remember meeting** him somewhere.
= I **remember** that I **met** him somewhere. | 나는 어딘가에서 그를 만났던 것을 기억한다.

- I **remember seeing** her wearing a dress just like that.
= I **remember** that I **saw** her wearing a dress just like that. | 나는 그녀가 저것과 꼭 같은 옷을 입고 있었던 것을 기억한다.
- I clearly **remember locking** the door. | 나는 분명히 문을 잠근 것을 기억하고 있다.
- I shall never **forget seeing** the Queen. | 나는 그 여왕을 뵌 것을 결코 잊지 못할 것이다.

- Please **remember to wake** me up at 5. | 5시에 잊지 말고 나를 깨워주세요.
- I **remembered to lock** the door, but I forgot to shut the windows. | 나는 문을 잠가야 한다는 것을 기억했었다(그래서 문을 잠갔다.) 그러나 창문을 닫아야 한다는 것을 잊었다.
- Don't **forget to post** the letter. | 편지 부칠 것을 잊지 마라.

try는 동명사를 목적어로 취하면 「시험 삼아 ~해보다」, 부정사를 목적어로 취하면 「~하려고 하다」의 의미를 가진다.

- They **tried to put** wire netting all round the garden. | 그들은 정원 주위에 모두 철망을 치려고 했다.
- I **tried to** keep my eyes open. | 나는 눈을 뜨려고 노력했다.

- They **tried putting** wire netting all round the garden. | 그들은 정원 주위에 모두 철망을 쳐봤다.
- I **tried moving** the table to the other side of the room. | 나는 테이블을 방 다른 쪽으로 옮기려고 시도 했었다.

Step 65

Actual Test

001

She finished __________ her homework.

(A) do (B) to do (C) doing (D) done

002

They enjoyed __________ the movie.

(A) see (B) seeing (C) to see (D) seen

003

would you mind __________ here?

(A) my smoking (B) me to smoke (C) me smoking (D) smoke

004

We are considering __________ a house.

(A) to buying (B) to buy (C) buying (D) being bought

005

He has forgotten __________ me before.

(A) to see (B) saw (C) to have seen (D) seeing

Step 66 :: 동명사를 이용한 표현

It is no use ~ing : ~해도 소용이 없다

- **It is no use crying** like a baby.
= **There is no use (in) crying** like a baby.
= **What is the use of crying** like a baby? | 어린애처럼 울어도 소용없다.

It goes without saying that ~ / It is needless to say that ~ / ~은 말할 필요도 없다

- **It goes without saying that** health is above wealth.
= **It is needless to say that** health is above wealth. | 건강이 재산보다 더 중요하다는 것은 말할 필요도 없다.

make a point of ~ing : ~하기로 하고 있다

- I **make a point of getting up** early.
= I **make it a rule to get up** early.
= I'**m in the habit of getting up** early. | 나는 일찍 일어나는 것을 규칙으로 하고 있다.

never (=cannot) + 동사 + without +~ing : ~하면 반드시 ~한다

- I never see this picture **without thinking** of her.
= **Whenever** I see this picture, I **think** of her. | 나는 이 사진을 볼 때마다 그녀가 생각난다.

be busy (in) ~ing : ~하느라 바쁘다

- He **is busy in preparing** for the examination. | 그는 시험 준비를 하느라 바쁘다.

spend + time + (in) ~ing : ~하는 데 시간을 보내다
spend + money + (in) ~ing : ~하는 데 돈을 쓰다

- He will **spend** the rest of his life **reading and writing.** | 그는 여생을 독서와 저작활동을 하며 보낼 것이다.

feel like ~ing : ~하고 싶은 마음이다

- I **felt like crying** to hear the news that he died.

= I **felt inclined to cry** to hear the news that he died. | 그가 죽었다는 소식을 듣고 울고 싶었다.

cannot help ~ing : ~하지 않을 수 없다

- We **cannot help judging** of a person by his appearance.

= We **cannot but judge** of a person by his appearance. | 우리는 사람의 용모로 사람을 판단하지 않을 수 없다.

be on the point of ~ing : 막 ~하려는 참이다

- She **is on the point of making** a decision. | 그녀는 막 결정을 내리려는 참이다.

of one's own ~ing : 누가 직접 ~한

- She gave me a picture **of her own painting**.

= She gave me a picture **(which he had) painted himself**. | 그녀는 내게 자신이 직접 그린 그림을 주었다.

on ~ing / upon ~ing : ~하자마자

- **On hearing** the news, she almost fainted.

= **As soon as** she **heard** the news, she almost fainted. | 그녀는 그 소식을 듣자마자 거의 기절할 뻔했다.

What do you say to + ~ ing? : ~하는 게 어때?

- What do you say to playing baseball after lunch. | 점심 먹고 야구 하는 게 어때?

be worth ~ing = ~할 만한 가치가 있다.
= be worth while +부정사
= be worthy of + 동명사/ 명사

- It is worth reading this book.
= It is worth while to read this book. | 이 책은 읽을 가치가 있다.

come near + ~ ing = nearly escape + ~ ing : 하마터면 ~할 뻔하다.

- I came near being run over by a car. | 나는 하마터면 차에 치일 뻔 했다.

빈출 동명사의 관용구

- be accustomed to ~ing: ~에 익숙해지다.
- object to ~ing: ~에 반대하다
- fall to ~ing~에 빠져들다
- keep on ~ing: ~을 계속하다.
- when it comes to ~ing: ~에 관해 말할 때
- be equal to + ~ ing: ~할 능력이 있다.
- What do you say to + ~ ing: ~하는 게 어때?
- take to + ~ ing: ~에 빠지다, 정이 들다.
- be used to ~ing: ~에 익숙해지다.
- look forward to ~ing: ~을 기대하다.
- have difficulty ~ing: ~에 어려움을 겪다.
- be devoted to ~ing: ~에 몰두하다
- with a view to + ~ ing : ~하기 위하여.

- I' **m accustomed to sleeping** with my mouth open.
= I' **m used to sleeping** with my mouth open. | 나는 입을 벌리고 자는데 익숙하다.
- They **object to changing** their plans. | 그들은 계획을 바꾸는데 반대했다.
- I **look forward to going** home next week. | 나는 다음 주에 집에 갈 것을 고대하고 있다.
- They **fell to discussing** the serious problem. | 그들은 심각한 문제를 토론하기 시작했다.
- I **had difficulty finding** his house. | 나는 그의 집을 찾는데 어려움이 있었다.
- I study English **with a view to** going abroad. | 나는 외국에 갈 목적으로 영어를 공부한다.
- I **am equal to** doing the task. | 나는 그 일을 감당 할 능력이 있다.
- **What do you say to playing** tennis with me? | 나와 테니스 치는 게 어때?
- He **took to writing** after he retired from the college. | 그는 대학에서 은퇴한 후로 글쓰기에 빠져 들었다.

Step 66

Actual Test

001

He felt like __________ at the miserable sight.

(A) cry (B) to cry (C) crying (D) cried

002

We had difficulty __________ the stolen purse.

(A) to find (B) finding (C) for finding (D) with finding

003

What he said is worth __________ in mind.

(A) keeping (B) to keep (C) to be kept (D) to keeping

004

A year never passed __________ his writing a vacation.

(A) with (B) without (C) but that (D) as

005

They spend most of time __________ golf during a vacation.

(A) to play (B) for play (C) playing (D) played

Step 66 **확인 문제**

001

다음 동사의 형태를 적절하게 바꾸어 보세요.

1) You are capable of (do) the homework.
2) I' m accustomed to (have) a big dinner.
3) Instead of (study), I went to a ball game with Mary.
4) I turned off the tape recorder by (push) the stop button.
5) When Barbara got tired, she stopped (work).
6) I remember (see) the Alps for the first time, The sight was impressive.
7) I avoided (tell) Alex the truth because I knew he would be angry.
8) I don' t enjoy (laugh) at by my friends.
9) I appreciated (invite) to your house.
10) I' ll consider (go) with you.

002

다음 주어진 단어들을 이용하여 문장을 완성하세요.

1) He tried to (avoid/answer) my question.
2) I' ve (give up/read) newspapers. I think it' s a waste of time.
3) They admitted (have/stolen) the money.
4) He paused for a moment and then (go on/ talk)
5) Do you think my jacket (need/ clean)?

6) He tried to be serious, but he couldn' t (help/laugh)?
7) He is used (to/drive) on the left.
8) Do you feel (like/ go) out tonight?
9) He accused me (of/ tell) lies.
10) It' s no (good/ try) to persuade me.

003

다음 문장들의 틀린 부분을 찾아 고쳐 보세요.

1) I' m looking forward to go home next week.
2) I' m accustomed to sleep with the window open.
3) He told a really funny joke. I couldn' t stop to laugh.
4) Sometimes he put off start his homework.
5) I have trouble to understand Jennifer when she speaks. She talks too fast.
6) I regret to lend him some money. He never paid me back.
7) What' s the point of have a car if you never use it?
8) I can remember to meet him when I was a child.
9) He denied to have been there the day before yesterday.
10) What do you say to play tennis with me?

부정사

✲ 수동태는 부정사는 「to + 동사원형」의 형태로 쓰여 동사의 성질을 가지면서 명사 · 형용사 · 부사가 하는 역할을 수행한다.

⚜ 명사적 역할은 주어 · 목적어 · 보어로 쓰임을 의미한다.
⚜ 형용사역할은 명사를 수식하는 역할을 말한다.
⚜ 부사적 역할은 원인 · 이유 · 목적 · 조건 등의 의미를 갖는 것을 뜻한다.

✲ 부정사시제는 주절과 to 부정사 시제가 같은 것을 의미하는 단순시제(to+원형)와 주절시제보다 한 시제 앞 선 것을 나타내는 완료시제(to+have pp.)가 있다.

✲ 부정사의수동태는 단순시제의 경우, to be p.p 와 완료시제의 경우, to have been p.p로 표현된다.

✲ 부정사의 부정어 not은 부정사 바로 앞에 온다.

Step 67 :: 부정사의 용법(명사적 용법/ 형용사적 용법)

1) 부정사의 명사적 용법

문장에서 주어 · 주격보어 · 목적격 보어 · 형용사 보어 · 목적어 등으로 쓰인다.

(1) 주어 역할

- **To learn** English is very easy.
  = It is very easy to learn English. | 영어를 배우는 것은 아주 쉽다.
- **It** is not easy **to master** a foreign language. | 외국어에 정통하는 것은 쉬운 일이 아니다.

(2) 보어 역할

- My plan is **to go** to Canada to study economics. | 나의 계획은 경제학을 공부하기 위해 캐나다에 가는 것이다.
- My hobby is **to listen** to music. | 나의 취미는 음악을 듣는 것이다.

(3) 목적어 역할

- I want **to read** this book. | 나는 이 책을 읽고 싶다.
- He refused **to accept** my suggestion. | 그는 나의 제안을 받아들이는 것을 거절했다.
- I found **it** easy **to read** this book. (진목적어) | 나는 이 책이 읽기 쉽다는 알았다.
- I make **it** a rule **to take** breakfast at seven. (진목적어) | 나는 언제나 아침 7시에 아침식사를 한다.

(4) 「의문사 + to 부정사」의 명사적 용법

- **How to do** it is the question. (주어) | 그 일을 하는 방법이 문제이다.
- The question is **which way to take.** (보어) | 문제는 어떤 길을 택하느냐 하는 것이다.
- I don't know **how to swim.** (동사의 목적어) | 나는 수영하는 방법을 모른다.

2) 부정사의 형용사적 용법

1) 명사 뒤에서 수식.
2) 동사 뒤에서 주어나 목적어설명.

(1) 명사 뒤에서 수식

- I have no family **to support**. | 나는 부양할 가족이 없다.
- He is the very man **to do** this work. | 그가 바로 이 일을 할 사람이다.
- He is not a man **to betray** us. | 그는 우리를 배신할 사람이 아니다.
- There are many sights **to see** in Seoul. | 서울에는 볼만한 것이 많다.

(2) 동사 뒤에서 주어나 목적어 설명

주격 보어
appear · chance · happen · seem 뒤의 to 부정사

- I happened **to meet** him. | 나는 우연히 그를 만났다.
- He appears **to be** happy | 그는 행복해 보인다.

목적격 보어
think · consider · believe · find · cause + 목적어 + to 부정사

- They **think** her **to be** honest. | 그녀는 정직하다고 생각된다.
- The rain **caused** the weeds **to grow** fast. | 비가 와서 잡초가 빨리 자랐다.

[tip]

(be + to 부정사)

1) ~ 할 예정이다
2) ~해야 한다
3) ~ 할 운명이다
4) ~ 할 수 있다
5) ~하려고 하다

- We **to be leave here for Busan tomorrow**.
  우리는 내일 이곳을 떠나 부산으로 갈 예정이다.
- You **are to** return the book at once.
  너는 책을 즉시 반납해야 한다.
- No bird was **to be seen** in the cage.
  새장에는 한 마리의 새도 보이지 않았다.
- If you **are to** win the game, you must train yourselves everyday.
  만약 여러분이 경기에서 이기려거든 훈련을 매일 해야 한다.
- She was never **to see** her mother again.
  그녀는 다시는 어머니를 보지 못 할 운명 이었다.

Step 68 :: 부정사의 용법(부사적 용법)

<to + 동사 원형>이 문장 안에서 부사적 기능을 하며 목적, 결과 · 원인 · 조건 · 양보 · 이유 · 판단의 근거 · 정도 등을 나타낸다.

① 목적 : ~하기 위하여

- He went to America **to learn** English.
= He went to America **in order to / so as to** learn English. | 그는 영어를 배우기 위해 미국에 갔다.
- We eat **to live**, not live **to eat**. | 우리는 먹기 위해서 사는 것이 아니라 살기 위해서 먹는 것이다.

② 결과 : ~해서 ~ 하다

- He awoke **to find** himself famous. | 그는 깨어나니 자신이 유명해 진 것을 알았다.
- I grew up **to be** a famous actor. | 나는 자라서 유명한 배우가 되었다.

③ 원인 : ~해서, ~하니

감정 형용사 sorry · glad · happy · surprised · pleased · delighted 다음에 to 부정사를 써서 원인을 나타낸다.

- I' **m sorry to hear** that you have been ill so long. | 그렇게 오래 앓으셨다니 유감입니다.
- He **was delighted to see** such a beautiful girl. | 그는 그렇게 아름다운 소녀를 보고 기뻤다.
- I **was surprised to hear** the news. | 나는 그 소식을 듣고 놀랐다.

④ 양보 · 조건 : ~에도 불구하고, 만약 ~한다면

<조건>

- **To hear** him speak English, you would think him an Englishman. | 그가 영어로 말하는 것을 들으면 너는 그를 영국인으로 여길 것이다.

〈양보〉

- **To do his best**, he could not succeed in it.

= Though he did his best, he could not succeed in it. | 최선을 다 했지만, 그는 성공 할 수 없었다.

- **To see** it, you would not believe it. | 네가 그것을 본다 해도 믿지 못할 것이다.

⑤ 이유, 판단의 근거〉; ~하는 것을 보니 ~하다

- Your brother must be honest to do so. | 너의 동생은 그렇게 행동하는 것을 보니 정직한 게 분명하다.

⑥ 독립부정사

부정사구문이 (조건 · 양보)의 뜻을 나타낸다.

- so to speak: 말하자면
- to be sure: 확실히
- to do ~ justice: ~을 공정하게 말하면,
- strange to say: 이상한 이야기지만,
- to make a long story short: 간단히 말해서,
- to be honest: 솔직히 말해서
- not to mention: ~은 말할 것도 없이
- to begin with: 우선 ,
- to tell the truth: 사실대로 말해서

- He is, **so to speak**, a walking dictionary. | 그는 말하자면 걸어 다니는 사전이다.
- He can' t buy a cell phone, **not to mention** a computer. | 그는 컴퓨터는 말할 것도 없고, 휴대폰도 살 수 없다.
- **To tell the truth**, I don' t know about it | 사실대로 말하자면, 나는 그것에 대해 모른다.

⑦ 주요 구문

1) too ~ to 부정사 : 너무 ~해서 ~할 수 없다

- He is **too** honest **to tell** a lie.

= He is **so** honest **that** he **cannot** tell a lie. | 그는 너무 정직해서 거짓말을 못한다.

2) enough to 부정사 : 아주 ~해서 ~하다

- She is fast **enough to catch** him.

= She is so fast **that** she **can** catch him. | 그녀는 아주 빨리 달려서 그를 붙잡을 수 있다.

Step 67~68

Actual Test

001

A telephone is one of the first inventions __________ for communication.

(A) is inventing (B) to be invented (C) being invented (D) be invented

002

Trees were planted along the street __________ the traffic noise.

(A) absorbing (B) to absorb (C) absorbed (D) to be absorbed

003

__________ historic buildings often ruins rather than improves them.

(A) Renovated (B) It renovation (C) To renovate (D) Renovate

004

The microscope may enable us __________ the bacteria.

(A) see (B) to see (C) seeing (D) seen

005

This bread is not good __________.

(A) for eating (B) to be eaten (C) to eat (D) eating

Step 69 :: 부정사의 의미상 주어

표시하지 않는 경우

1) 동사의 주어와 동일하거나
2) 일반적 사람을 나타낼 때,
3) 독립부정사

- **To get** well, he needs an operation. — 그는 병이 낫기 위해서는 수술을 해야 한다.
- It is impossible **to master** English in a year or two. — 1~2년 안에 영어를 숙달하는 것은 불가능하다.
- **To be frank with you**, it can't be any matter. — 솔직히 말해서 그것은 문제가 되지 않는다.

표시하는 경우

for + 의미상 주어 + to 부정사

- I think it difficult that he should solve the problem.

= I think it difficult **for him to** solve the problem. — 그가 그 문제를 푸는 것은 어렵다고 생각한다.

- It was impossible **for us to get** across the river — 우리가 그 강을 건너는 것은 불가능했다.
- He stood aside **for her to enter** the room.

= He stood aside **so that she** could **enter** the room. — 그는 그녀가 방으로 들어갈 수 있도록 옆으로 비켜섰다.

[tip]

단, 사람의 성질을 나타내는 careful(주의 깊은) · kind(친절한) · clever(현명한) · foolish(어리석은) · polite(공손한) · considerate(사려 깊은) · cruel(잔인한) · brave(용감한) · selfish(이기적인) · rude(무례한) · generous(관대한) 등의 형용사가 보어로 쓰여진 문장에서는 「**of + 의미상 주어 + to 부정사**」의 형태를 취한다.

- It is very kind of you to say so. — 네가 그렇게 말하는 것을 보니, 매우 친절하구나.
- It is careless of you to do so. — 네가 그렇게 하는 것을 보니 부주의 하구나.
- It' s very kind of you to invite me. — 초대해 주셔서 대단히 고맙습니다.
- It is rude of you to keep us waiting. — 우리를 계속 기다리게 하다니 무례하구나.

Step 69 **Actual Test**

001

It is impossible __________ her to finish the work by tomorrow.

(A) to (B) at (C) for (D) of

002

It was foolish __________ me to buy the radio set.

(A) to (B) at (C) for (D) of

003

It was careless __________ such a mistake.

(A) of you to make (B) you making (C) for you making (D) for you to make

Step 70 :: 부정사의 시제와 태

1) 부정사의 형태

시제 \ 태	능 동	수 동
단순	to do	to be done
완료	to have done	to have been done

2) 부정사의 시제

단순부정사

단순부정사는 주절의 시제와 부정사의 시제가 같은 것(또는 미래)을 말한다.

- She **appears to be** very happy.
  = It **appears** that she **is** very happy. | 그녀는 아주 행복해 보인다.

- He **expects to be** back on Sunday.
  = He **expects that** he **will be** back on Sunday. | 그는 일요일에 돌아올 예정이다.

완료부정사

주절 시제보다 부정사의 시제가 앞서 일어난 동작이나 상태를 나타낼 때 사용되며 「to have + **과거분사**」의 형태를 취한다.

- He **appears to have been** very happy.
  = It **appears that** he **was** / **has been** very happy. | 그는 아주 행복했던 것처럼 보인다.

3) 완료부정사의 주의할 용법

기대 · 희망 동사 및 be 동사의 과거완료형 다음에 부정사가 오면 과거에 일이 실현되지 않았음을 나타낸다.

[hope · expect · wish · intend · want · promise · be]

had + p.p + to ~ = 과거형 + to have p.p

- I **had hoped to write** a line to you. | 너에게 몇 자 적어 알려주려고 했는데 하지 못했다.
- We **hoped to have finished** the work by the evening.

= We **had hoped to finish** the work by the evening. | 우리는 저녁때까지 그 일을 마치려고 했지만 그렇게 못했다.

- I **had hoped to see** her yesterday.

= I **hoped to have seen** her yesterday.

= I had to see her yesterday, but I couldn' t. | 그녀를 어제 만나기를 희망 했으나 만나지를 못했다.

- I **was to have started** the work last week. | 나는지난주에그일을시작할예정이었지만그렇게하지못했다.

4) 부정사의 수동태: to + be + P.P (과거분사)

- Whether they win the game remains **to be seen.** | 그들이 경기에서 승리 할 지의 여부는 두고 볼 일이다.
- The boy is **to be congratulated**. | 그 소년은 축하 받아야 한다.

Step 70

Actual Test

001

People think that he was a famous actor.
= He is thought ___________ a famous actor.

(A) to have been (B) to be (C) to have being (D) to be had

002

Her aunt is said ___________ beautiful when young.

(A) that she was (B) to be (C) to have been (D) she was

003

My mother wanted the package ___________ by mail.

(A) send (B) to send (C) to be sent (D) sending

Step 71 :: 부정사를 동반하는 동사

부정사를 목적어로 취하는 주요 동사

- seem(~처럼 보이다)
- refuse(~을 거절하다)
- care(~을 좋아하다)
- manage(~이럭저럭 ~하다)
- promise(~을 약속하다)
- attempt(~을 시도하다)
- hope(~을 기대하다)
- arrange(~을 준비하다)
- agree(~을 동의하다)
- fail(~을 하지 못하다)
- decide(~을 결심하다)
- cease(~을 중단하다)

- He **promised to be** here tonight. — 그는 오늘 밤 여기에 오기로 약속했다.
- We **hope to start** tomorrow. — 우리는 내일 출발하고 싶다.
- I **attempt to** get it. — 나는 그것을 얻으려고 시도했다.
- I **decided to** go to the meeting. — 나는 회의에 가기로 결심했다.
- We **managed to** get there. — 우리는 그곳에 그럭저럭 도달 할 수 있었다.

부정사를 목적어나 목적격 보어로 취하는 주요 동사

- want(~을 원하다)
- intend(~을 시도하다)
- advise(~을 충고하다)
- encourage(~을 격려하다)
- remind(~을 상기시키다)
- ask(~을 요구하다)
- order(~을 명령하다)
- cause(~하도록 만들다)
- force(~을 강요하다)
- expect(~을 기대하다)
- allow(~을 허락하다)
- enable(~할 수 있게 하다)
- persuade(~을설득하다)

- He **wants to go** to Italy. — 그는 이탈리아에 가고 싶어 한다.
- He **wants** me **to go** to Italy. — 그는 내가 이탈리아에 가기를 바란다.

- They **allowed me to** enter the building. — 그들은 내가 그 건물에 들어가는 것을 허락했다.
- The doctor **advised** me **to stop** smoking. — 의사는 내게 담배를 끊으라고 충고했다.
- President Bush **appointed** him **to** lead the team. — 부시 대통령은 그가 그 팀을 이끌도록 임명했다.

원형부정사를 목적격 보어로 취하는 주요 동사

- 지각동사: see · feel · hear · watch · notice · look at · listen to
- 사역동사: make · let · have

단, help는 목적격 보어로 원형부정사와 to 부정사 모두 쓸 수 있다.

- I **heard** her **sing** on the stage. | 나는 그녀가 무대 위에서 노래 부르는 것을 들었다.
- I **saw** her **enter** the room. | 나는 그녀가 방에 들어가는 것을 보았다.
- I **made** him **write** a letter of apology. | 나는 그에게 사과 편지를 쓰게 하였다.
- He **helped** me **(to) push** the car. | 그는 내가 차를 미는 것을 도와주었다.

[tip] 지각동사와 사역동사가 있는 문장이 수동태가 되면, 보어로 쓰인 원형부정사는 to 부정사가 된다.

- She **was heard to sing** on the stage. | 그녀가 무대에서 노래 부르는 소리가 들렸다.
- He **was made to write** a letter of apology by me. | 나는 그에게 사과 편지를 쓰게 하였다.

원형부정사를 동반하는 주요 구문

- had better / would rather + 원형 (~하는 편이 좋다)
- cannot but+원형 (~하지 않을 수 없다)
- do nothing but+ 원형 (~하기만 하다).

- You had **better hurry up** if you want to get home before dark. | 어두워지기 전에 집에 가려면 서두르는 것이 좋다.
- I **cannot but escape** from it. | 나는 그 것으로부터 피하지 않을 수 없었다.
- She **does nothing but worry** every day. | 그녀는 매일 걱정만 한다.

부정사 앞에 형용사를 수반하는 부정사 (형용사+to 부정사)

- be ready to (~할 준비가 되다)
- be likely to (~ 할 것 같은)
- be anxious to(~을 열망하는)
- be certain to(~이 확실한)
- be willing to(~하려고 하다)
- be able to (~할 수 있는)
- be eager to (~을 희망하는)
- be prepared to(~할 준비가 되어있는)

- She **is likely to** get a ticket | 그녀는 표를 받을 것 같다.
- He **is certain to** get stopped by the police | 그는 경찰에 의해 틀림없이 멈추어 섰다.
- Apple **are ready to** be made into apple juice. | 사과는 사과 주스로 만들어 질 준비가 되어있다.

It (가주어)+ is+ 형용사+ (for +목적어)+ to+ 부정사 (진주어)
: 사람을 주어로 할 수 없는 형용사

: convenient(편리한) · necessary(필요한) · difficult(어려운) · important(중요한) · impossible(불가능한) · possible(가능한) · pleasant(즐거운) · easy(쉬운) · dangerous (위험한) 등의 형용사와 a pity(유감)와 같은 명사는 원칙적으로 사람을 주어로 할 수가 없다.

- It is necessary for us to do so. | 우리가 그렇게 하는 것은 필요하다.
- It is impossible for me to solve the problem. | 내가 그 문제를 해결 하는 것이 불가능하다.
- It is easy for Alex to master English in a year. | 알렉스가 영어를 1년 안에 마스터 하는 것은 쉽다.
- It is dangerous for them to swim in this river. | 그들이 이 강에서 수영하는 것은 위험하다.

Sam is easy to master English. (×)
I am possible to solve the problem. (×)
She is dangerous to bathe in this river. (×)

[참고] 사람 주어가 부정사의 타동사나 전치사의 목적어에서 온 경우엔 가능하다.

- Barbara is easy to please (o) | 바바라를 기분 좋게 만들기는 쉽다.

❀ 이 문장의 경우 주어자리에 있는 Barbara는 의미상 동사 please의 목적어로 해석된다.
이런 경우에는 주어에 사람이 오기도 한다.

Step 71

Actual Test

001

Bill refused __________ my offer to work with me.

(A) accept (B) to accept (C) accepting (D) accepted

002

He promised __________ to the library everyday.

(A) go (B) going (C) to go (D) gone

003

He failed __________ the physical examination.

(A) passing (B) in passing (C) to pass (D) passed

004

Kate allowed her son __________ to the amusement.

(A) go (B) to go (C) going (D) gone

005

I want to help her __________ English correctly.

(A) pronounce (B) pronouncing (C) pronounced (D) to pronouncing

Step 72 :: 부정사의 부정/ 분리부정사/ 특수구문

1. 부정사의 부정

: 부정어를 to 앞에 놓는다.

- I promised **not to** be late. | 나는 늦지 않겠다고 약속했다.
- He pretend **not to** understand. | 그는 이해하지 못하는 체 했다.

2. 분리 부정사

: 부사가 부정사를 수식한다는 것을 분명히 하기 위해 『to + 동사원형』이 부사에 의해 분리되는 것이다.

- He tried **to entirely understand** it.
  (entirely가 understand를 수식하는 분리 부정사) | 그는 그것을 전적으로 이해하려고 노력했다.

- I tried **to completely avoid** the accident. | 나는 그 사고를 완전하게 피하려고 했다.

3. 부정사 특수 구문

1) prefer to A rather than (to) B: B보다 A를 더 좋아하다.

- I **prefer to** drive **rather than** travel by subway.
  = I prefer driving to travelling by subway. | 나는 지하철로 여행하는 것보다 운전하는 것을 더 . 좋아한다

2) would rather+ 원형 =would prefer to 원형 : ~을 더 좋아하다

- I **would rather drive**
- I would prefer to drive. | 나는 차라리 운전하고 싶다.
- I **would rather stay** at home tonight **than go** to the park. | 나는 공원에 가느니 차라리 오늘밤에 집에 머물겠다.

3) too ~ to : 너무나 ~해서 ~하지 않다

- This stone is **too** heavy **for** me to lift. | 이 돌은 너무 무거워 들 수가 없다.

= This stone is so heavy that I cannot lift it.

4) 형용사+ enough to 원형 : ~ 할 만큼 충분히 ~ 한

- This poem is **easy enough** for me to understand.

= This poem is so easy that I can understand it. | 이 시는 내가 이해 할 수 있을 만큼 충분히 쉽다.

Step 72

Actual Test

001

The old man told little boys __________ so noisy.

(A) not to be (B) don' t to be (C) don' t be (D) not be

002

You may not go out if you want __________.

(A) about (B) in (C) for (D) to

003

My father is __________ tired to get up early in the morning.

(A) so (B) very (C) too (D) such

Step 72 **확인 문제**

001

다음 괄호 안에서 알맞은 것을 고르세요.

1) I promised (to not/ not to) be late.
2) I expect Jane (to pass/ passing) the test.
3) I think he tends (talking/ to talk) too much.
4) It seems that you lost weight.
= You seem (to lose/ to have lost) weight.
5) I waved to Mary but fail (attracting/ to attract) her attention.
6) Don' t forget (to post/ posting) the letter I gave you.
7) I didn' t move the table by myself. I got somebody (help/ to help) me.
8) Hot weather makes him (to feel/ feel) tired.
9) She was made (wait/ to wait) for one hour.
10) Please remember (posting/ to post) the letter.

002

다음 문장에서 잘못된 부분을 고치세요.

1) It was nice for you to take me to the airport.
2) He is difficult to understand the story.
3) They were seen get in the car.
4) I want all these books to return by the day after tomorrow.

5) She did nothing but to cry.
6) Jane is too heavy for me to lift her.
7) He is enough strong to endure it.
8) I had better to tell him the news.
9) The building seems to have painted.
10) I cannot but to admit the fact.

003

다음 문장의 괄호 안에 동사를 알맞은 형태로 고쳐 보세요.

1) I don' t allow people (park) in front of the building.
2) I refuse (answer) any more questions.
3) Please stop (ask) questions.
4) I hope (see) you again soon.
5) Bush pretended (know) the answer to my question.
6) My father encourages me (use) a dictionary.
7) The teacher permitted me (leave) early.
8) I prefer (drive) rather than (take) a plane.
9) What do you remember (do) when you were a child?
10) Don' t forget (do) your homework by eight.

분 사

✲ 분사는 동사와 형용사적 기능을 하며 현재분사와 과거분사로 나눈다.

특히 문장에서는 형용사 역할을 하여, 명사를 앞, 뒤에서 꾸미거나 주어나 목적어를 보충 설명하는 기능을 한다.

✲ 분사구문은 부사적 역할을 한다고 볼 수 있다.

분사구문은 접속사와 주어를 분사로 전환시키며, 문맥에 따라 시간 · 이유 · 조건 · 양보 등을 나타낸다.

✲ 현재분사와 과거분사의 비교

현재분사 ➔ 진행 · 동작 · 능동관계(~하고 있는).
과거분사 ➔ 완료나 상태, 수동관계 (~한, ~해버린).

Step 73 :: 분사의 한정적 용법

⚜ 명사의 앞뒤에 놓여 명사를 수식하며 단독으로 쓰일 때는 명사 앞에 위치하고, 보어 또는 목적어를 취하거나 부사의 수식을 받을 때는 명사 뒤에 놓인다.

(1) 현재 분사 : 동사원형+~ing

: 동작이나 진행, 그리고 능동의 의미를 갖는다.

① 명사 앞에 수식하는 경우 (분사가 단독으로 쓰일 때)

- Who is the **sleeping** baby? | 자는 아이는 누구니?
- There is a **fascinating** movie at the theater tonight. | 오늘밤 극장에서 멋진 영화가 상영된다.
- It was a very **satisfying** dinner. | 그 것은 매우 만족스러운 저녁식사였다.

② 명사 뒤에서 수식하는 경우 (분사가 목적어, 보어, 수식어구를 동반할 때)

- The people **attending** the meeting are my friends. | 회의에 참석한 사람들은 나의 친구들이다.
- My secretary came to me with a report **surprising** me. | 나의비서가나를놀라게만드는보고서를들고나에게왔다.

(2) 과거 분사

: 과거분사는 수동과 상태 및 완료를 의미하며 '동사-ed'형이나 불규칙 동사의 과거분사형을 취한다.

- I met a girl **named** Nancy. | 나는 낸시라고 불리워지는 소녀를 만났다.
- We read novels **written** in English. | 우리는 영어로 쓰여 진 소설들을 읽는다.

❀ 동사의 과거분사는 완료된 동작의 상태를 나타낸다.

- The **retired** mayor was welcomed. | 그 퇴역 시장은 환영받았다.

Step 73

Actual Test

001

Any students __________ to join the picnic should let me know.

(A) wanting (B) want (C) wanted (D) are wanting

002

A lot of people __________ for the train arrived at the station.

(A) waited (B) waiting (C) are waiting (D) wait

003

The money __________ from the bank was recovered two weeks later.

(A) stole (B) stealing (C) stolen (D) to steal

004

The pizza __________ in this restaurant is delicious.

(A) serve (B) serving (C) served (D) to serve

005

Soybean is an important crop __________ in food.

(A) use (B) using (C) to use (D) used

Step 74 :: 분사의 서술적 용법

분사가 주어나 목적어의 상태나 동작을 서술하는 경우이며,
주격보어나 목적격 보어의 의미를 갖는다.

1) 주격보어

- He sat **reading** the magazine. (현재분사: 능동 · 동작의 관계) | 그는 잡지를 읽으며 앉아 있었다.
- He remained **satisfied** with his salary. (과거분사: 수동 · 상태의 관계) | 그는 급여에 만족 한 상태로 남아 있었다.

[tip]

감정을 나타내는 동사의 분사 형은 사람이 주어 일 때 **과거 분사형**을 쓰고 사물이 주어 일 때 **현재 분사형**을 쓴다.

- surprise(놀라다)
- exite(흥분하다)
- please(기쁘게 하다)
- satisfy(만족시키다)
- disappoint(실망시키다)
- bore(짜증나게 하다)

- The game was **boring**. | 그 게임은 지루했다.
- The students was **bored**. | 학생들은 지루해했다.

- The results were **disappointing** to us. | 그 결과는 우리에게 실망스러웠다.
- We were **disappointed** at the results | 우리는 그 결과에 실망했다.

(2) 목적격보어

① 현재분사

목적어와 분사는 능동적 · 진행적 · 동작 관계.

- We found her **crying** as silent as she could. | 우리는 그녀가 할 수 있는 한 조용하게 울고 있다는 것을 알게 되었다.
- I won't have you **smoking** at your age. | 나는 네가 네 나이에 담배를 피우게 하지 않을 것이다.
- I saw him **crossing** the street. | 나는 그가 거리를 건너는 것을 보았다.

② 과거분사

목적어와 분사는 수동적 관계.

1) <동사+목적어+과거분사> :

2) <have/get+목적어+과거분사> 구문

의미상 긍정적인 경우는 [~이 되다], 부정적인 경우는 [~을 당하다]

- I saw a dog **caught** in a trap. | 나는 어떤 개가 덫에 걸려 있는 것을 보았다.
- I have never seen his work **played**. | 나는 그의 작품이 공연되는 것을 본적이 없다.

- I had the house **painted**. | 나는 집에 페인트칠을 했다.
- He got his wallet **stolen**. | 그는 지갑을 도난당했다.

Actual Test

001

"Did you enjoy the movie?"
"No, I was ___________."

(A) boring　(B) bored　(C) bore　(D) to be bored

002

Tom was ___________ with the result of the test.

(A) satisfy　(B) satisfying　(C) satisfied　(D) to satisfy

003

Both the door and the window remain ___________.

(A) lock　(B) to lock　(C) locking　(D) locked

004

I found him ___________ a letter on the bench.

(A) write　(B) to write　(C) writing　(D) written

005

I found the old man ___________ by the children.

(A) surround　(B) to surround　(C) surrounded　(D) surrounding

Step 75 :: 분사 구문

현재분사나 과거분사로 시작하는 말이 부사구가 되어 주절을 수식하는 구문을 말한다.

- 부사절을 대신하며, 시간 · 이유 · 조건 · 동시 상황 등의 의미를 갖는다.
- 분사 구문의 분사는 (접속사 + 동사) 의 기능을 한다.
- 분사구문과 주절 사이에 보통 콤마(,)를 쓴다.
- 문장을 간결하고 경제적으로 쓴다.

분사 구문 만드는 법

1) 접속사를 생략한다.(분명히 의미를 밝히고 있으면 그대로 두기도 한다.)
2) 종속절과 주절의 주어가 같으면 종속절 주어 생략
   종속절과 주절의 주어가 다르면 종속절의 주어를 그대로 둔다.
3) 분사구문은 시제와 태에 맞게 쓴다.
   주절과 같은 시제 : 동사 ~ing(단순시제)
   주절보다 앞 선 시제 : having P.P (완료시제)
   수동태 : (being) P.P (단순 수동태)
   (having been) P.P (완료 수동태)

(1) 분사구문의 형태

① 현재 분사가 이끄는 분사 구문

능동의 의미를 갖고, 주어를 설명한다.

- **Smiling** brightly, he raised his hand. | 밝게 웃으며 그는 손을 들었다.
- **Knowing** the name of the city, I told it to my friend. | 그 도시의 이름을 알고 있었기 때문에 나는 그 것을 나의 친구에게 말해주었다.

② 과거 분사가 이끄는 분사 구문

수동의 의미를 갖고 주어를 설명한다.

- **Left** alone, she began to cry. | 혼자 남겨졌기 때문에, 그녀는 울기 시작 했다.
- **Born** in Japan, he cannot speak English well. | 일본에서 태어났기 때문에, 그는 영어를 잘 말 할 수 없다.

③ Being, Having been이 생략 된 분사 구문

: 형용사, 명사, 과거분사 앞에 쓰인 being 또는 having been은 생략가능.
분사구문의 시제가 본동사 시제와 같을 때 being이 본동사 시제보다
하나 더 과거시제일 땐 having been이 생략 된다.

- (Being) **Angry** at my words, she began to cry.
= As she was angry at my words, she began to cry. | 나의 말에 화가 났기 때문에, 그녀는 울기 시작했다.

- (Being) **A man of promise**, he was respected by all workers. | 미래가 밝은 사람이었으므로 그는 모든 근로자에 의해 존경 받았다.

- (Having been) **Born** in better times, he would have been a great scientist.
= If he had been born in better times, he would have been a great scientist. | 더 좋은 시대에 태어났다면, 그는 훌륭한 학자가 되었을 것이다.

(2) 분사구문의 용법

① 시간 : 분사가 시간의 부사절로 설명된다

접속사는 when · while · as · since · after 등을 뜻한다.

- **Arriving** at the station, I found the train just going out.
= **When** I arrived at the station, I found the train just going out. | 역에 도착했을 때, 나는 기차가 막 떠나고 있는 것을 보았다.

- **Lost** in the forest, I began to cry.

= **When** I was lost in the forest, I began to cry. | 숲속에서 길을 잃었을 때, 나는 울기 시작했다.

② 이유 : 분사가 이유를 나타내는 부사절로 해석되며, 접속사는 as · since · because 등으로 설명한다.

- **Being** tired, I went to bed early.

(=As I was tired, I went to bed early .) | 나는 피곤해져서, 일찍 잠자리에 들었다.

- **Being** angry by the decision, the lawyer quickly left the courtroom.

(=As the lawyer was angry, the lawyer quickly left the courtroom.) | 그 판결에 화가 나서, 변호사는 법정을 서둘러 나가버렸다.

- **Not knowing** what to do, I asked for his advice. (부정어는 분사 앞에)

= As I didn' t know what to do, I asked for his a dvice. | 나는 무엇을 해야 할 지 몰랐기 때문에, 그의 조언을 구했다.

③ 조건 : 분사가 조건을 나타내는 부사절로 해석되며, 접속사는 if로 설명된다.

- **Knowing** of your arrival, I would have met you.

(=**If** I had known of your arrival, I would have met you.) | 당신의 도착을 알았더라면, 나는 당신을 만났을 텐 데.

- **Turning** to the left, you will find the museum.

= **If** you turn to the left, you will find the museum. | 왼쪽으로 돈다면, 당신은 박물관을 찾을 것이다.

④ 양보 : 분사가 양보절로 해석되며, 접속사는 though · although · even if · whether 등으로 해석된다.

- **Proven** or not, it is a fact.

= **Whether** it is proven or not, it is a fact. | 입증이 되 든 안 되든, 그것은 사실이다.

- **Admitting** what you say is true, I still don' t believe it.

= **Though** I admit what you say is true, I still don' t believe it. | 네가 말한 것이 사실로 받아지더라도, 나는 그것을 여전히 믿을 수 없다.

⑤ 동시적 상황 설명 : 분사가 주절의 동사와 동시적으로 나타나며,
접속사는 and · while을 사용한다.

- **Opening** the drawer, he took out a gun.
(=He opened the drawer **and** took out a gun.) | 그는 서랍을 열고 총을 꺼냈다.
- **Smiling** brightly, she went out of the room.
= **While** she smiled brightly, she went out of the room. | 환하게 웃으면서, 그녀는 방 밖으로 나갔다.

Step 75 Actual Test

001

__________ the sad news, every student in the class cried.

(A) To fear (B) Heard (C) Hearing (D) I heard

002

Bill, __________ the paper, has hardly made mistakes.

(A) submit (B) submitting (C) submitted (D) to submit

003

__________ secret documents to the enemy, the spy was arrested.

(A) Was given (B) Giving (C) Given (D) Has given

004

__________ 새 the barbecue, the guests had a good time.

(A) Inviting (B) They invited (C) Invited (D) To invite

005

__________ for displaying artistic works, the gallery sells a lot of art.

(A) Build (B) Built (C) Building (D) It builds

Step 76 :: 분사구문의 의미상 주어

(1) 의미상의 주어 생략

분사구문의 의미상의 주어가 주절의 주어와 동일한 경우에는 의미상의 주어를 생략한다.
의미상의 주어가 일반주어(we · you · they)일 때 생략한다.

- **Returning** to my apartment, I found my watch missing.
(=When I returned to my apartment, I found my watch missing.) | 아파트로 돌아와서 나는 손목시계가 없어졌다는 것을 알았다.
- **Strictly speaking**, the sentences have some errors.
(=If we speak strictly, the sentences have some errors.) | 엄격하게 말하면, 그 문장들은 약간의 오류가 있다.
- **Judging from** his appearances, he may be poor. | 그의 외모로 판단 할 때, 그는 가난 할 것이다.

일반인이 주어인 경우의 예

- generally speaking: 일반적으로 말해서
- frankly speaking: 솔직히 말해서
- taking ~ into consideration: ~을 고려하면
- roughly speaking: 대충 말해서
- granting(granted) that: 비록 ~라 할지라도
- judging from: ~로 판단하면

(2) 의미상의 주어의 명시 (독립분사구문)

분사구문의 의미상의 주어가 주절의 주어와 다른 경우에는 의미상의 주어를 명시한다.
분사구문의 의미상의 주어는 주격을 쓴다.

- **Night** coming on, **the fisherman** went away.

(= **When** night came on, the fisherman went away.) | 밤이 되자, 그 어부는 사라졌다.

- **It** being cloudy, **we** delayed our picnic.

= As it was cloudy, we delayed our picnic. | 날씨가 흐렸기 때문에, 우리는 소풍을 연기했다.

- **He** was reading a newspaper, **his wife** watching TV.

= He was reading a newspaper, and his wife was watching TV. | 그는 신문을 읽고 있었고, 그의 부인은 텔레비젼을 하고 있었다.

[tip] 분사구문의 주어는 일치해야 한다. 사람이 의미상의 주어이면 반드시 주어를 사람으로 쓴다.

- **Reading** a magazine, **I** threw it away. (O)

Reading a magazine, it was thrown away. (×) | 잡지를 읽은 후에 나는 그것을 던져버렸다.

: 위의 문장은 분사 reading의 의미상주어가 사람이 되어야 하므로, 사람 주어가 문장 주어가 된다.

Step 77 :: 분사구문의 시제 · 부정 · 강조

(1) 분사구문의 시제

① 단순 분사 구문

분사의 시제가 술어동사와 같은 시제를 나타낸다.

- **Playing** games and singing songs, we **had** a good time.

  = We **played** games and **sang** songs, and we **had** a good time. | 게임하고 노래하며, 우리는 즐거운 시간을 보내고 있었다.

❀ 분사 playing의 시제는, 주절의 동사시제(had)와 같다.

- **Living** in town, we **can** get to the theater easily.

  = As we **live** in town, we **can** get to the theater easily. | 시내에 살고 있기 때문에, 우리는 쉽게 극장에 갈수 있다.

❀ living 과 주절의 시제는 모두 현재를 의미한다.

② 완료 분사 구문

분사의 시제가 술어동사 이전의 시제를 나타낸다.

- **Having eaten** his dinner, he **rushed** out of the room.

  = After he **had eaten** his dinner, he **rushed** out of the room. | 저녁식사를 마친 후에, 그는 집 밖으로 뛰어 나갔다.

❀ having eaten은 rushed 보다 앞선 시제를 나타낸다.

- **Having written** my letter, I **posted** it.

  = After I **had written** my letter, I **posted** it. | 편지를 쓴 후에 나는 그것을 부쳤다.

❀ having written은 주절의 시제(과거) 보다 앞서 있으므로 과거완료를 의미 한다.

(2) 분사구문의 부정

분사의 부정은 부정사 동명사의 경우와 마찬가지로 분사 앞에 not이나 never를 둔다.

- **Never having** read book, I can' t criticize it. | 책을 읽지 않으면, 비평할 수도 없다.
- **Not** knowing the way, we got lost in the forest. | 우리는 길을 알지 못했기 때문에 숲속에서 길을 잃었다.

(3) 분사구문의 강조

<분사+as+S+V(be/do)>의 형식으로 분사구문을 강조한다.
동사가 **be 동사일 경우는 분사가 과거분사**인 경우이며, **do 동사일 경우는 현재분사**의 경우이다.

⚜ 과거분사 강조 ➔ as + 주어 + be 동사.
⚜ 현재분사 강조 ➔ as + 주어 + do(does)

강조적 의미: [사실상 ~하므로]

- **Living [as I do]** in a remote village, I have few visitors. | 사실 나는 외딴 마을에 살기 때문에, 방문객이 거의 없다.
- **Located [as the village is]** on a hill, the village commands a fine view. | 그 마을은 사실 언덕 위에 위치하고 있어서, 전망이 좋다.

- **Living as I do** in a remote village, I rarely have friends. | 나는 외딴 마을에 살고 있으므로, 거의 친구가 거의 없다.
- **Lost as I was** in the forest, I was very embarrassed. | 사실 나는 숲속에서 길을 잃어버렸으므로, 몹시 당황했다.

[tip]

동시적 상황 설명: **with+ 목적어+ 분사**: [그리고 ~ 하며]

① with + 목적어 + 현재분사 (목적어의 능동적 행동)

- He was walking down the street, **with the dog following him**.

= He was walking down the street, **and the dog was following him.**

| 그는 거리를 따라 걸어 내려갔고, 개는 그를 따라가고 있었다.

② with + 목적어 + 과거분사 (목적어의 수동적 행동)

- **With a right hand bandaged,** I could not write well. | 오른손을 붕대로 감고 있었으므로 나는 글을 잘 쓸 수 없었다.

③ with + 목적어 + 부사(구)/형용사

- **With John away**, we've got more room. | 존이 멀리 나가 있기 때문에, 우리는 더 많은 공간을 갖게 되었다.
- I usually sleep **with my feet on** the pillow. | 나는 대개 발을 베게 위에 올려놓은 채 잔다.
- Don't leave **with the door open.** | 문을 열고 떠나지 마시오.

Step 76~77

Actual Test

001

__________ he is not an artist.

(A) Strictly to speak (B) Speaking strictly (C) Strictly speaking (D) We speaking strictly

002

__________ , he washed cup.

(A) Having drank the coffee
(B) Drinking the coffee
(C) Having drunk the coffee
(D) After drank the coffee

003

The sun __________ , we started for home.

(A) being set (B) having set (C) had set (D) has set

004

The job __________ , they are packing to leave.

(A) doing (B) did (C) done (D) was done

005

__________ , I don't know him.

(A) Meeting not him before
(B) Not meeting him before
(C) Not having met him before
(D) Having not met him before

Step 77 **확인 문제**

001

다음 문장의 괄호 안에 올바른 것을 골라 보세요.

1) He found some (hidden/ hiding) books under the table.
2) He looked a little (surprising/ surprised) at it.
3) I saw David (crossed/ crossing) the road.
4) I felt (insulting/ insulted) when he refused to do it.
5) (Arrived/ Arriving) in Seoul, I visited my uncle.
6) The train left Busan at seven, (arriving/ arrived) in Seoul at nine.
7) She takes a walk everyday with her dog (followed/ following) her.
8) (Considering/ Considered) her abilities, she tried her best for the company.
9) (Knowing not/ Not knowing) the address of the post office, I got lost.
10) They' re having the building (painting/ painted) next week.
11) The football game was very (exciting/ excited). I enjoyed it.
12) John was really (amazing/ amazed) when he was offered it.
13) Why do you always look so (bored/ boring)? Is your life indeed so (boring/ bored)?
14) (Having finished/ Finishing) lunch, we went shopping.
15) All things (considering/ considered), he is a good teacher.

002

다음 문장을 분사구문을 이용하여 한 개의 문장으로 고쳐 보세요.

1) I was playing baseball. I hurt my hand.

➔

2) We bought our tickets. Then we went into the concert hall.

➔

3) I didn' t know her phone number. So I couldn' t contact her.

➔

4) Jane has travelled a lot. So she knows much about other countries' culture.

➔

5) Because I felt tired, I went to bed early.

➔

6) After I had done the shopping, I went for some coffee.

➔

7) If I had known of your arrival, I would have met you.

➔

8) Though I admit what you say is true, I still don' t believe it.

➔

9) It rained all the time and completely ruined our road.

➔

10) Since I had studied for the exam well. I got good records.

➔

003

다음 문장에서 잘못된 부분을 찾아 고쳐 보세요.

1) The police are chasing after the escaped prisoner.
2) What is the language speaking in Canada?
3) I had my eyes closing beside her.
4) Felt tired, I went to bed early.
5) Having not heard from him for ages, I was surprised to see him at the lobby.
6) I sat in the chair with my legs crossing.
7) Located as the village do on a hill, the village commands a fine view.
8) Having written my letter, I posted it.
9) I don' t like to see you disappointing.
10) The people attended the meeting were satisfied with the plan.

명사절

✻ 명사절은 <접속어(subordinator) + 주어 + 동사>의 구조를 이루며, 주어, 주격 보어, 직접목적어, 전치사의 목적어로 쓰인다.

1) 주어:

[How life began] has been a topic of debate for a long time.

[how+주어+동사=주어] | 생명이 어떻게 시작되었는지는 오랫동안 토론의 주제였다.

2) 주격보어:

This is [why it is so abundant].

[why+주어+동사=보어] | 이것은 그 것이 그렇게 풍부한 이유이다.

3) 직접목적어:

Scientists discovered [that the planet has a satellite].

[that+주어+동사=목적어] | 과학자들은 그 행성이 하나의 위성을 갖고 있다는 것을 발견했다.

4) 전치사의 목적어:

This is concerned with [how the prices rise].

[how+주어+동사= 전치사의 목적어] | 이것은 물가가 오르는 것과 관계가 있다.

✻ 명사절은 명사 역할을 하는 종속절로서 접속사절, 의문사절, 관계사절, 화법절 등으로 나눈다.

Step 78 :: 접속사절과 의문사절

(1) 접속사절

① that절

일반적으로 단정적인 내용을 말하며, [that +주어+동사] 구조가 주어 · 보어 · 목적어의 의미로 쓰인다.

- **That the world is round** is obvious. (주어역할) | 세상이 둥근 것은 분명하다.

※ 명사절이 문장의 주어일 때 주절에는 반드시 1개의 동사가 있어야 한다.

- I know **that Mary is a liar.** (목적어 역할) | 나는 메리가 거짓말쟁이라는 것을 알고 있다.
- I am sure **that things will improve.** (목적어 역할) | 상황이 향상될 것이라는 것을 나는 확신한다.

※ 명사절이 문장의 직접목적어 일 때 주절에는 반드시 1개의 주어와 1개의 동사가 있어야 한다.

- The problem is **that we have no money.** (보어역할) | 우리가 돈이 없다는 것이 문제다.
- I know **the fact that Jane has no money.** | 제인이 돈이 없다는 것을 나는 알고 있다.

※ 동격절을 의미: the fact와 that 절은 동격 관계

② if절

의심이나 의혹, 부정을 포함하는 내용을 이끈다.
주로 동사의 목적절로 쓰인다(= whether).

- He asked [**if I knew Mary**]. | 그는 내가 메리를 알고 있는지 물었다.

  [If it rains] doesn't concern me (X). 〈주어절에는 못 온다.〉

  The question is [if he will agree] (X). 〈보어절에는 못 온다.〉

  It depends on [if he will support us] (X). 〈전치사의 목적절에 못 온다.〉

③ whether절

사실성 여부에 대해 양자택일을 요구하는 내용을 이끈다.
주어 · 보어 · 목적어로 쓰인다.

- **[Whether he loves me (or not])** is not clear to me. (주어) | 그가 나를 사랑하는지 그렇지 않은지 확실치가 않다.
- The point is **[whether Jane likes John (or not)]**. (보어) | 존이 메리를 좋아하는지 그렇지 않은지가 문제다.
- I don't know **[whether it will rain or snow]**. (동사의 목적어) | 나는 비가 올 지 눈이 올 지 모르겠다.
- He wondered **[whether to accept the offer (or not)]**. | 그는 그 제안을 받아 들여야 할지 말지 의아해 했다.
- Everything depends upon **[whether we have money (or not)]**. (전치사의 목적어) | 모든 것이 우리가 돈이 있는지 없는지에 달려있다.
- **The question whether he likes her** is not certain. (동격절) | 문제는 그가 그녀를 좋아하는 것이 확실치 않다는 것이다.

(2) 의문사절

주어절 · 목적절 · 보어절 · 동격절 · 전치사의 목적절 · 형용사의 보어절 등이 있다,

- How he gets the money is his own affair. (주어절) | 그가 어떻게 돈을 벌었는지는 그 자신의 문제이다.
- **Who did it** is a question to me. (주어 역할) | 누가 그것을 했는지 나에게 문제가 된다

- I don't know what made him do it. (목적절) | 무엇이 그가 그것을 하게 했는지 모르겠다.
- Tell me **who did it**. (동사의 목적어) | 누가 그것을 했는지 말해다오

- My question is when he will come back. (보어절) | 나의 질문은 그가 언제 다시 돌아오는 가이다.
- The question is **who did it**. (보어 역할) | 문제는 누가 그것을 했느냐이다

- **My first question, why she did it**, has not been answered.

나의 첫 번째 질문인 왜 그녀가 그것을 했는가는 답해지지 않았다.

❀ 동격절 : my first question과 why she did it은 동격관계

- Everything depends upon **whom she loves**.
(전치사의 목적절)

모든 것이 그녀가 누구를 사랑하는 사랑하는지에 달려있다.

- There is no doubt as to **who did it**.
(전치사의 목적어)

그것을 누가 했는지에 대해 의심할 바 없다.

- I wasn' t certain **whose house I was in**.
(형용사의 보어절)

내가 누구의 집에 있었던 것인지 확실하지 않았다.

[tip]

간접의문문:
[의문사 + 주어 + 동사]로 사용되며 동사의 목적어 역할을 한다.

- Tell me **when you will leave**.
- I want to know **how I can solve the problem**.

나에게 네가 언제 떠날지에 대해 말해.
나는 어떻게 그 문제를 풀 수 있는지 알고 싶다.

Step 78

Actual Test

001

I know __________ Tom bought a necklace at the department store.

(A) that (B) when (C) what (D) if

002

I know __________ Tom bought at the department store.

(A) that (B) when (C) what (D) if

003

__________ Bob will move to Hawaii or not is not certain.

(A) that (B) what (C) if (D) whether

004

Many students think __________ English is difficult to learn.

(A) that (B) what (C) but (D) who

005

My friend told me __________ met again after they separated.

(A) how (B) if (C) how they (D) and they

Step 79 :: 명사절과 관계사절

⚜ 명사절에서 관계사절이란 선행사를 포함하고 있는 관계사를 말하며 What · 복합 관계사 · 선행사가 생략된 관계부사가 이에 속한다.

1. what 관계절

명사절을 이끌며 「~한 것」으로 해석된다.

- **What** you have to do is put the chairs together. | 당신은 함께 의자를 놓아야만 합니다.
- He gave me **what** money he had. | 그는 그가 가지고 있는 돈을 나에게 주었다.

2. 복합 관계사절

「Wh–관계사 + ever」의 형태로 명사절을 이끈다.

1) 타동사의 목적어

- Do **whatever** you like. | 당신이 좋아하는 것은 무엇이든지 하세요.
- You may take **whichever** course you like best. | 당신이 가장 좋아하는 어떤 코스든 할 수 있어요.
- He always says **whatever** comes into his mind. | 그는 항상 생각나는 것이면 무엇이나 말한다.

2) 전치사의 목적어

- I will give it to **whoever** comes first. — 나는 처음 오는 누군가에게 그것을 주겠다.
- He makes friends easily with **whomever he meets**. — 그는 만나는 사람이면 누구와도 쉽게 사귄다.

3) 주절

- **Whoever tries to read it** is probably wasting a lot of time. — 그것을 읽으려는 사람은 누구든지 아마 많은 시간 낭비를 하게 되는 것이다.
- **Whoever wants to come** is welcome. — 오는 사람은 누구든지 환영이다.

3. 선행사 생략 관계 부사절

일반적 의미의 선행사(the time · the place · the reason · the way)가 생략되어 관계 부사절이 명사절 역할을 한다.

1) 시간

- That was just (the time) **when** he lived there. — 그건 바로 그가 거기 살았던 때다.
- Night is (the time) **when** most people go to bed. — 사람들이 잠자리로 가는 때가 바로 밤이다.

2) 장소

- This is (the place) **where** I was born. — 여기가 바로 내가 태어난 곳이다.

3) 이유

- That' s (the reason) **why** I don' t like him. — 그 때문에 내가 그를 좋아하지 않는다.

4) 방법

- This is (the way) **how** it happened. — 이것이 일어난 방법이다.

Step 79 **확인 문제**

001

다음 문장에서 명사절을 찾아 그 역할이 주어 · 목적어 · 보어 중 무엇인지 설명하세요.

1) I couldn' t hear what the teacher said.
2) Where Alex went is a secret.
3) They talked about what Jennifer does.
4) What he said was impressive.
5) Please tell me where she lives.
6) Let' s ask him which one she wants.
7) Do you know how much it costs?
8) I wonder if he needs help.
9) Whether she comes or not is important to me.
10) I wonder why Jim was late for the meeting.

002

다음 문장에서 잘못된 부분을 찾아 고쳐 보세요.

1) Tell me where does he want to go.
2) She asked me that what did I intend to do after I graduate?
3) What did a student tell a teacher was unknown.
4) Barbara told me what it was the purpose of our meeting.
5) Whoever he wants to come is welcome.
6) I can go wherever does she want to go.
7) There are several reasons why are they studying Chinese.
8) I want to know who is your advisor.
9) I make friends easily with whomever do I meet.
10) She said that she is sick.

형용사절

✲ 분사는 형용사 역할을 하는 종속절로 관계대명사절 · 관계형용사절 · 관계부사절이 이에 속한다.

✲ 관계대명사는 선행사인 명사를 대신하는 대명사 기능과 선행사를 연결시키는 점에서는 접속사의 기능도 있다.

(This is the computer **which** I like.)

✲ 관계형용사는 관계대명사 뒤에 명사가 연결되어 형용사 역할을 한다.

(He spoke to me in German, **which** language I could not understand.)

✲ 관계부사는 두 문장을 연결시키는 접속사의 기능과 부사의 역할을 한다.

(전치사+관계대명사)

(This is the house **where** I live.) (where = in which)

Step 80 :: 관계대명사의 용법

- 관계대명사는 **「대명사 + 접속사」**의 역할을 하면서 선행사를 꾸며주는 형용사절이다.
- 선행사가 사람일 때는 인칭에 따라 who, whom을 쓰고, 사람 이외의 사물일 때는 which를 사용하며 that은 사람, 사물 모두에 쓰인다.
- 관계형용사는 두 문장을 연결하는 관계사가 관계절 내에서 형용사 역할을 하는 것을 말하며 선행사가 사람일 때는 whose, 사물일 때는 whose 또는 of which를 쓴다.

선행사 / 격(case)	제한적 · 비제한적 용법		제한적 용법	선행사 포함	유사 관계대명사
	사 람	사물, 동물	사람, 사물, 동물	사람, 사물	
주 격	who	which	that	what	as
목 적 격	whom	which	that	what	but
소 유 격	whose	whose (of which)	–	–	than

1) 관계대명사의 용법

(1) 제한적 용법

- 관계사절이 선행사를 제한하는 형용사절로 쓰이는 형태를 뜻하며 한정적 용법이라고도 한다.
- 전치사는 관계대명사 앞이나 절 뒤에 올 수 있으나 that과 who 앞에는 전치사를 둘 수 없고 절 뒤에 둔다.
- 목적격 관계대명사는 일반적으로 생략한다.
- 관계대명사 앞에 ,(comma)가 없고 뒤에서 올려 번역한다.

- The Bakers had four sons **who** became doctors. — 베이커 부부는 의사가 된 아들이 4명 있었다. 의사가 아닌 아들이 또 있었는지도 모른다.

- The lady **who** is sitting there is our teacher. — 저기 앉아있는 숙녀는 우리 선생님이시다.
- He is the man **that/whom** people like at first sight. — 그는 사람들이 첫 눈에 반하는 사나이다.
- The woman **who** lives next door is a professor. — 옆집에 사는 여자는 교수이다.

(2) 계속적 용법

⚜ 선행사를 부가적으로 설명하는 형태로, 접속사를 사용해서 고쳐 쓸 수 있고, 선행사 뒤에 comma를 쓴다.
⚜ 접속사(and, but, for, though) + 대명사의 역할을 한다.
⚜ 관계대명사의 생략이 불가능하고, that은 이 용법에 쓸 수 없다.

- The Bakers had four sons, who became doctors.
  (, who=and they) — 베이커 부부는 아들이 4명 있었는데, 모두 의사가 되었다.
- Everybody likes Tom, who is kind.
  (, who = for he) — 모두 Tom을 좋아한다. 왜냐하면 그는 친절하기 때문이다.
- I met a boy, who told me the news.
  (, who = and he) — 나는 한 소년을 만났는데, 그가 그 소식을 나에게 말했다.
- The farmer, who is poor, is honest.
  (, who = though he) — 그 농부는 비록 가난하지만 정직하다.
- I gave him a dollar, which was all I had with me.
  (, which= and it) — 나는 그에게 1달러를 주었는데 그것은 내가 가지고 있던 전부였다.

Step 81 :: 관계대명사의 종류

1) 선행사의 종류

- I am reading **a novel which** the novelist wrote. (a novel= 명사) — 나는 그 소설가가 쓴 소설을 읽고 있다.
- **All** is well **that** ends well. (all= 대명사) — 끝이 좋으면 만사가 좋다.
- **James' which** stands over the hill commands a fine view.(James' =소유대명사) — 언덕 위에 있는 James의 집은 경치가 좋다.
- He is **rich, which** I am unfortunately not. (rich= 형용사) — 그는 부자이지만 불행히도 나는 그렇지 않다.
- He wanted **to come, which** was impossible. (to come= 구) — 그는 오고 싶었지만 그것은 불가능하였다.
- **He said he saw me there, which** was a lie. (He said he saw me there= 절) — 그는 거기서 나를 보았다고 말했지만 그것은 거짓말이었다.

2) who: 선행사가 사람일 때

(1) 주격

❖ 선행사가 사람일 때 주격 관계대명사는 who 또는 that을 쓴다.

❖ 주격의 경우에는 일반적으로 that보다 who를 많이 사용하지만, 선행사가 최상급 형용사의 수식을 받거나 all · every · any · no · the same · the only · the very 등의 수식을 받을 때는 that을 사용한다.

This is the girl. + She is a good pianist.

➔ This is the girl who is a good pianist. (형용사절)

이 아이는 훌륭한 피아니스트인 소녀이다.

- **The policeman who** reported the accident has red hair. | 그 사건을 보고한 경찰관은 머리색이 붉다.
- **The man who** robbed you has been arrested. | 너를 강탈한 사람은 체포되었다.
- He was **the best king that** ever sat on the throne. | 그는 지금까지 즉위한 임금 중에서 가장 훌륭한 임금이었다.

(2) 동사의 목적격

⚜ 선행사가 사람일 때 목적격 관계대명사는 whom, who, that을 쓰며 목적격 관계대명사는 흔히 생략한다.

This is the boy. + I wanted to see him.

➔ This is the boy whom I wanted to see.

이 아이는 내가 만나고 싶은 소년이다.

: him이 목적격이므로 관계대명사 목적격이 쓰이고 있다.

- **The girls (whom)** you have employed are always complaining about their pay. | 네가 고용하고 있는 소녀들은 그들의 급료에 대해 항상 불평하고 있다.
- I employed **a man whom** I thought to be honest. | 나는 정직하다고 생각되는 한 남자를 고용했다.

(3) 전치사의 목적격

⚜ 선행사가 사람일 때 전치사의 목적격으로는 who(m) 또는 that을 쓰며, 일상영어에서는 전치사를 뒤로 돌리고 whom 대신 who나 that을 사용하거나 관계대명사를 생략한다.

- The man **from whom** I bought the lock told me to oil it.

= The man **who** I bought the lock **from** told me to oil it.

= The man **that** I bought the lock **from** told me to oil it.

= The man I bought the lock **from** told me to oil it. | 내가 자물쇠를 산 남자가 나에게 기름칠을 하라고 말했다.

(4) 소유격

✤ whose를 사용한다.

- I met Sandy **whose** mother writes detective stories. | 나는 탐정 소설을 쓰는 어머니를 둔 샌디를 만났다.
- People **whose** rent have been raised can appeal. | 임대료를 인상 받은 사람은 이의를 제기할 수 있다.
- He is a scientist **whose** fame is world-wide. | 그는 세계적으로 명성이 높은 과학자이다.

3) 선행사가 사물일 때: which

✤ 선행사가 동물이나 사물일 때 쓰이며 주격으로 which, 소유격으로 of which나 whose, 목적격으로 which가 쓰인다.

✤ which가 계속적 용법으로 쓰일 땐 구, 절, 형용사들을 선행사로 받는 용법이 있다.

(1) 주격

✤ 선행사가 사물일 때 주격 관계대명사는 which 또는 that을 쓴다.

I have **a book**. **It** is very expensive.

➔ I have a book **which** is very expensive.

나는 매우 값비싼 책을 갖고 있다.

- This is the picture **which/that** caused such a sensation. | 이것이 대소동을 일으킨 그 사진이다.
- I have a car **which/that** is made in Korea. | 나는 한국산 자동차를 가지고 있다.

(2) 목적격

⚜ 선행사가 사물일 때 목적격 관계대명사는 which 또는 that을 사용하며, 생략 가능하다.

⚜ 주격, 목적격에 관계없이 선행사가 최상급 형용사의 수식을 받거나 all · every · any · no · the same · the only · the very 등의 수식을 받을 때는 that을 사용한다.

This is the dictionary. I bought it yesterday.

→ This is the dictionary **which** I bought (목적어) yesterday.

이것은 어제 내가 샀던 사전이다.

- The watch (**which/that**) you gave me keeps perfect time. — 네가 내게 준 그 시계는 시간이 정확하다.
- This is the magazine (**which/that**) I bought yesterday. — 이것은 내가 어제 산 잡지이다.
- All the apples **that** fall are eaten by pigs. — 나무에서 떨어진 사과는 모두 돼지가 먹어 버렸다.

(3) 소유격

⚜선행사가 사물일 때 소유격 관계대명사는 whose 또는 of which를 사용한다.

I know **the man**

His bicycle was stolen.

➔ I know the man **whose** bicycle was stolen.

나는 그의 자전거를 도난당한 사람을 알고 있다.

This is **the sentence**.

I don't know the meaning **of it**.

➔ This is the sentence **of which** I don't know the meaning.

이것은 내가 그 의미를 모르는 문장이다.

[tip] which 앞에 전치사 of가 있을 땐 which를 생략 할 수 없다.

➔ This is the sentence (**which**) I don't know the meaning **of**.

[tip] which는 전치사 of의 목적격이므로 생략 가능.

➔ This is the sentence **the meaning of which** I don't know.

➔ This is the sentence **whose** meaning I don't know.

- Living in a house **whose** walls were made of glass would be horrible.
  벽이 유리로 된 집에서 사는 것은 끔찍할 것이다.
- We saw some people **whose** car had broken down.
  우리는 부서진 자동차를 갖고 있는 몇 몇 사람들을 보았다.

Step 80~81

Actual Test

001

The woman __________ is standing in the corner is my mom.

(A) whose (B) what (C) which (D) who

002

The painting __________ is on the wall is very expensive

(A) who (B) which (C) whose (D) what

003

He is working at a shop __________ owner is his uncle.

(A) who (B) which (C) whose (D) whom

004

I have two brothers, one of __________ lives in Japan.

(A) who (B) whose (C) whom (D) which

Step 82 :: 관계 대명사: that/ what

1. 관계대명사: that

- that은 한정용법에만 쓰이고, 계속적 용법에서는 쓸 수 없다.
- that은 사물 · 사람 · 동물에 모두 쓰이며 소유격이 없다.
- that 앞에는 전치사를 쓸 수 없다.

1) 선행사가 사람과 동물 또는 사물일 때

• He spoke of **the things and men that** he had seen abroad.	그는 해외에서 본 풍물과 사람에 관해서 이야기했다.
• I saw **a peasant and his cow that** were crossing the bridge.	나는 다리를 건너가는 농부와 그의 소를 보았다.
• **A man and his dog that** were passing by were injured.	지나가던 사람과 그의 개가 부상을 당했다.

2) 선행사가 최상급 및 서수사, 그리고 일부 한정 대명사일 때

all · every · any · no · the same · the very · the only · the first · the last 또는 최상급 형용사의 수식을 받을 때

• **All** is not gold **that** glitters.	번쩍인다고 다 금은 아니다.
• There is **no mother that** does not love her own child.	제 자식을 사랑하지 않는 어머니는 없다.
• He was **the first man that** flew across the Atlantic alone.	그는 대서양 횡단을 단독 비행한 최초의 사람이었다.
• He is **the greatest** scientist **that** Korea has ever produced.	그는 한국이 지금까지 배출한 시인 중 가장 훌륭한 과학자이다.

2. 관계대명사 what: 선행사를 포함한 관계대명사

what = 선행사 + 관계대명사= the thing which

what은 그 자체에 선행사를 포함하고 있는 관계대명사로서 명사절로 쓰인다.
what은 선행사를 밝힐 필요가 없을 경우에만 제한적 용법으로 쓰이며 생략되는 일이 없다.

- This is **what** I want.

= This is **the thing which** I want. | 이것이 내가 원하는 것이다.

- I gave her **what** little money I had.

= I gave her **all the little money (that)** I had. | 내가 가지고 있는 얼마 안 되는 돈을 모두 그녀에게 주었다.

- Did you hear **what** they said? | 너는 그들이 말한 것을 들었니?
- **What** they are doing is supported by the government | 그들이 하고 있는 것은 정부의 지지를 받는다.

Step 82

Actual Test

001

He was the youngest one __________ won a prize in a magic show.

(A) who (B) which (C) what (D) that

002

Who is the boy __________ is coming over here?

(A) which (B) that (C) whose (D) what

003

She is the first woman __________ climbed Mt. Everest.

(A) that (B) whom (C) which (D) what

004

He is __________ is called a book warm.

(A) which (B) who (C) whom (D) what

005

I was surprised by __________ he said.

(A) which (B) that (C) what (D) whom

Step 83 :: 관계대명사와 전치사

1) 전치사와 관계대명사의 어순

- 전치사는 관계대명사 앞에 오는 경우도 있고 문장 뒤에 오는 경우도 있는데, 관계대명사 that을 쓸 때는 반드시 전치사를 절의 뒤에 놓는다.
- 전치사가 문장 뒤로 갈 때는 관계대명사를 생략하는 경우가 많다.

• The hotel **at which** we stayed is near the station.
= The hotel **which / that** we stayed **at** is near the station.
= The hotel we stayed **at** is near the station. | 우리가 묵었던 호텔은 역 가까이에 있다.

전치사와 관계대명사의 관계

She is the woman. I told you **about her**.

→ She is the woman **whom** I told you **about**.

→ She is the woman **(whom)** I told you **about**.

(전치사가 생략되면 전치사는 뒤로 간다)

→ She is the woman **about whom** I told you

(전치사 + 관계대명사는 생략 불가)

그녀는 내가 너에게 말했던 여자이다.

The music was very good. They listened **to it** yesterday.

The music **to which** they listened ____ yesterday was very good.

The music ____ **which** they listened **to** yesterday was very good.

The music ____ **that** they listened **to** yesterday was very good.

The music ____ ϕ they listened **to** yesterday was very good.

그들이 어제 들었던 음악은 매우 좋았다.

cf) The music **to that** they listened ____ yesterday was very good. (X)

관계대명사 that 앞에는 전치사를 쓰지 않는다.

2) 전치사가 반드시 관계대명사 앞에 오는 경우

(1) all · most · some · many · none · half · neither · both + of + 관계대명사

- In my class there are **30 students**.
- **Most of them** are from Europe.

➔ In my class there are 30 students, **most of whom** are from Europe.

나의 반에는 30명의 학생이 있는데, 그들 대부분은 유럽 출신이다.

- He gave **10 reasons**.
- **Some of them** were not clear.

➔ He gave 10 reasons, some of which were not clear.

그는 10개의 이유를 제시했는데, 그 중 일부는 분명하지 않다.

- He has tens of books, **most of which** he had read.

그는 수십 권의 책을 갖고 있는데 그 책의 대부분을 읽었다.

(2) 계속적용법에 쓰이는 전치사

- I take care of my garden, **for which** my father gives me ten dollars a month.

나는 정원을 돌보는데, 그 대가로 아버지께서 한 달에 10달러씩 주신다.

3) 전치사가 문장이나 절의 뒤에 오는 경우

관계대명사가 동사나 전치사의 목적어로 생략 될 때 문장 뒤에 쓴다.

- The first thing **(that)** he **thought of** was to visit the place again.

그가 우선 생각한 것은 그 장소를 다시 한 번 찾아가 보는 것이었다.

- Hunting is an amusement **(which) I am** particularly **fond of**.

사냥은 내가 특별히 좋아하는 오락이다.

- This is a rabbit **(which)** he **caught sight of**.

이것이 그가 발견한 토끼이다.

4) 관계대명사의 생략

(1) 타동사의 목적어로 쓰일 때

- The boy (whom) I **saw** was Alex. (동사 saw 의 목적어) — 내가 본 그 아이는 알렉스였다.
- Money is an important thing **(which)** we cannot **ignore**. (동사 ignore 의 목적어) — 돈은 우리가 무시 할 수없는 중요한 것이다.

[주의] 관계대명사의 계속적 용법에서는 생략이 불가능하다.

- I met a famous movie star, **whom** I knew well. — 나는 잘 아는 유명한 영화배우를 만났다.

Step 83

Actual Test

001

I bought a mall house __________ my parents could live.

(A) which (B) to which (C) in which (D) in that

002

The subject __________ I am most interested is English.

(A) in that (B) in which (C) in what (D) in

003

That is his daughter __________ talent he is very proud.

(A) whose (B) of which (C) of whose (D) who

004

She has two sons, one of __________ is a doctor.

(A) who (B) whom (C) that (D) what

005

The town has five schools, two of __________ are high schools.

(A) who (B) which (C) that (D) what

Step 84 :: 복합관계대명사

- 관계대명사 who · whose · whom · which · what에 강조의 의미를 지닌 –ever를 붙인 것으로 그 안에 선행사가 포함되어 있다.
- 복합관계대명사는 선행사의 역할과 관계대명사 역할을 동시에 한다.

주 격	소 유 격	목 적 격
whoever = anyone who	whosever = anyone whose	whomever = anyone who
whichever = anything that = either that	–	whichever = anything that = either that
whatever = anything that	–	whatever = anything that

1) 명사적 용법

: 명사절을 이끌며 문장의 주어나 목적어가 된다.

- **Whoever can solve this problem** shall have a prize. (주격)
  이 문제를 풀 수 있는 사람에게는 누구에게든지 상을 주겠다.
- Please help yourself to **whichever you like.** (목적격)
  당신 마음에 드는 것이면 무엇이든지 마음대로 드세요.
- Give the pens to **whomever** you like. (= anyone whom; like의 목적어)
  네가 좋아하는 사람이면 누구에게나 그 펜을 주어라.
- I want to support **whatever** you need. (= anything that)
  나는 네가 필요한 것이면 무엇이든 다 지원해 주고 싶다.

2) 형용사적 용법

: 명사를 수식하는 형용사적 용법이다.

- You may read **whatever book** you like.
  = You may read **any book that** you like.
  네가 좋아하는 책은 어떤 책이든 읽어도 좋다.

- **Whosever horse** comes in first wins the prize.

= **Anyone whose horse** comes in first wins the prize. | 누구의 말이든지 맨 먼저 들어오는 말이 상을 탄다.

3) 부사적 용법

whoever · whomever · whosever · whatever · whichever가 **양보를 나타내는 부사절**을 이끈다.

- **Whoever comes first**, he may take it.

= **No matter who may come first**, he may take it. | 누가 먼저 온다 할지라도, 그가 그것을 가져 갈 수 있다.

- **Whichever you may take**, you won't be satisfied with it.

= **No matter which you may take**, you won't be satisfied with it. | 네가 어느 것을 택한다 할지라도, 그것에 만족하지 않을 것이다.

- **Whomever you may ask**, he will say so.

= **No matter whom you may ask**, he will say so. | 누구에게 물어보더라도 그렇게 말할 것이다.

- **Whosever soap it may be**, you may use it.

= **No matter whose soap it may be**, you may use it. | 누구의 비누이든 간에 너는 그것을 써도 좋다.

- **Whatever** you may do, you cannot do it in a week. (= No matter what) | 네가 무엇을 하더라도, 그것을 1주일 안에 할 수 없다.

4) 강조적 용법

whatever가 주로 부정문 · 의문문에서 at all · in the least(조금도, 전혀)의 뜻으로 쓰여 all · no · any의 뜻을 강조하는 경우이다.

- There is no doubt whatever. | 조금도 의심의 여지가 없다.
- Is there any chance whatever? | 어떤 가능성이 조금이라도 있습니까?

Step 84

Actual Test

001

__________ comes back first is supposed to win the prize.

(A) Those who (B) Anyone (C) Whoever (D) The one who

002

He tells the same story to __________ will listen.

(A) whom (B) whoever (C) whomever (D) who

003

__________ may happen, you must go your own way.

(A) Who (B) However (C) Whatever (D) Whomever

Step 85 :: 유사관계대명사

⚜ 유사 관계대명사란 원래 접속사이지만, 절 가운데서 주어 · 목적어 · 보어와 같은 관계대명사의 구실을 하는 것을 말한다.

1) as

⚜ as는 원래 접속사였으나 관계대명사 『that』과 비슷한 용법으로 쓰이며, such ~ as, so ~ as, the same ~as와 같이 상관적으로 쓰인다.

⚜ 선행사에 such · the same · as등이 있을 때, 뒤의 as는 관계대명사 역할을 한다.

(1) as가 단독으로 쓰일 때

- He was an Englishman, **as** they could perceive by his accent. | 그가 영국인이라는 것을 그들은 그의 어조로써 알 수 있었다.
- She made mistakes in writing, **as** is often the case. (as의 선행사는 (절)) | 그녀는 작문에서 실수를 했다. 그런데 그것은 종종 있는 경우이다.

(2) as ~ as, so ~ as

- **As** many men **as** came were caught. | 온 사람은 모두 붙잡혔다.
- The book is written in English **so** easy **as** beginners can understand. | 그 책은 쉬운 영어로 씌어 있어서 초보자들도 이해할 수 있다.

(3) such ~ as

- Don' t read **such** books **as** will do harm to you. | 너희들에게 해를 주는 책은 읽지 마라.

- Make **such** friends **as** will help you.
  (will의 주어; 주격) | 너에게 도움을 줄 수 있는 그런 친구들과 사귀어라.

(4) the same ~ as

- I want **the same** dictionary **as** your sister has. | 나는 너의 누나가 가지고 있는 것과 같은 사전을 갖고 싶다.

2) but

⚜ 선행사에 부정 또는 부정에 준하는 no · not · nothing · few 등이 포함되어 있거나 수사의문문의 경우에 쓰인다.

⚜ but은 that ~ not의 뜻이므로 이중부정이 되어 강한 긍정의 의미를 나타낸다

[tip] but은 선행사에 부정어인 not · no 등이 있는 경우 not의 뜻을 갖고 있다.

- There is no mother **but** loves her child.
  = There is **no mother that** does **not** love her child. | 아이를 사랑하지 않는 어머니는 없다.

- Who is there **but** wishes to succeed?
  = There is **no** one **but** wishes to succeed.
  = Who is there that does **not** wish to succeed?
  = **Everyone** wishes to succeed. | 성공을 바라지 않는 사람이 누가 있겠는가?

3) than

⚜ 주격이 비교구문일 경우에는 관계대명사로 than을 사용한다.

⚜ 선행사에 more가 있는 문장에서 주격 또는 목적격으로 쓰인다.

- Things went **better than** had been expected. | 사태는 기대했던 것보다 더 좋아졌다.

- There came more people than the auditorium could seat.
  강당에 수용할 수 있는 사람보다 더 많은 사람이 왔다.
- There are **more** people **than** are expected.
  기대 했던 것보다 많은 사람이 있다.

[tip] 관계형용사

관계대명사의 기능과 같으나 다음에 명사를 수반하여 형용사 역할을 하는 것이 다르다.

- They spoke to me in Chinese, **which** language I could not understand.
  그들은 나에게 중국어로 말했다. 그런데 그 언어를 나는 이해 할 수 없었다.
  (관계형용사로서의 which가 명사 language를 수식한다.)

- They stole me from **what money** I had. (all the money)
  그들은 나로부터 내가 갖고 있던 모든 돈을 빼앗아갔다.

Step 85

Actual Test

001

After tonight, he would never be the same man __________ he was before.

(A) what (B) who (C) as (D) but

002

The next war will be more cruel __________ can be imagined.

(A) that (B) as (C) which (D) than

003

There is no rule __________ has some exceptions.

(A) that (B) which (C) but (D) what

Step 86 :: 관계부사

- 두 문장을 연결하는 관계사가 관계절 내에서 부사어 역할을 하는 것을 말하며 격의 변화가 없다.
- why · how는 제한적 용법으로만 사용되며 이 외의 것은 제한적 용법 · 계속적 용법에서 모두 쓰인다.

1) 선행사에 따른 관계부사와 관계대명사와의 관계

선행사	관계부사	관계대명사	용법
시 간	when	at [on · in] which	제한적, 계속적
장 소	where	at [on · in · to] which	제한적, 계속적
이 유	why	for which	제한적
방 법	how	in which	제한적
위 모 두	that	at [on·in·to·for] which	제한적

(1) 시간

- Tell me **the day when (=on which)** she will come back. | 그녀가 돌아오는 날을 알려주시오.
- I went out for a walk, **when (=and then)** I met her. | 나는 산책을 하러 나갔는데, 그때 그녀를 만났다.

(2) 장소

- This is **the very place where (=at which)** the accident happened. | 이곳이 그 사건이 일어난 바로 그 장소이다.
- Finally she went to Los Angles, **where (= and there)** she settled down for the rest of her life. | 마침내 그녀는 LA로 갔는데, 거기서 그녀는 정착하여 여생을 보냈다.

(3) 이유

- I don't know **the reason why (=for which)** she broke the promise with him. | 나는 그녀가 그와의 약속을 어긴 이유를 모른다.

(4) 방법

- Would you tell me **the way how** I can keep in shape? | 건강을 유지할 수 있는 방법을 말씀해 주시겠습니까?

2) 관계부사의 용법

(1) 관계부사가 이끄는 절이 형용사 절이 되는 경우

- Put the book **where (=in which)** you found it. | 네가 그 책을 발견한 곳에 두어라.

(2) 관계부사가 이끄는 절이 부사절이 되는 경우

- **Where** there is a will, there is a way. | 뜻이 있는 곳에 길이 있다.

(3) 관계부사가 이끄는 절이 명사절이 되는 경우

- That is **why** I didn't attend the meeting yesterday. | 그것이 내가 어제 회의에 참석하지 않은 이유이다.

3) 복합 관계부사의 용법

복합 관계부사는 선행사를 그 속에 포함 있으며 장소 · 양보의 뜻을 나타내는 부사절을 이끈다. whenever (=at any time when) · wherever (=at any place where) · however (=no matter how) 등이 있다.

- Please come **whenever(= at any time)** you like. 언제나 좋을 때 오세요.
- My dog follows me **wherever (= to any place)** I go. 나의 개는 어디에 가든 나를 따라온다.
- **Wherever** you may go, you can' t find that book. 어디에 가든 당신은 그 책을 구할 수 없다.
- **However** carefully I may write, I sometimes make mistakes. 아무리 조심해서 써도 나는 가끔 틀린다.
- **However** we do it, it will be wrong. 우리가 어떤 식으로 하든, 그것은 잘못일 것이다.

Step 86

Actual Test

001

That was the year __________ I was born.

(A) where (B) when (C) into which (D) at which

002

The city has an amusement park __________ people get leisure.

(A) when (B) which (C) where (D) to which

003

People can live __________ food and water are found.

(A) and (B) but (C) however (D) wherever

Step 86

확인 문제

001

다음 두 개의 문장을 관계대명사를 이용하여 한 개의 문장으로 만드시오.

1) A boy was injured in the accident. He is now in hospital.
2) I liked the woman. I met her at the party last night.
3) The topic was interesting. Amy talked about it.
4) I am reading a novel. It was written by Alex.
5) The girl called the police. Her wallet was stolen.
6) The city is large. I grew up in the city.
7) I met the woman. Her husband is the president of the company.
8) Mr. Shin is standing over there. I was telling you about him.
9) My uncle gave me good advice. I spoke to him.
10) I apologized to the lady. I spilled her milk.

002

다음 문장의 빈칸에 알맞은 관계사를 쓰시오.

1) A woman (   ) husband had telephone arrived at the city hall.
2) He is my uncle to (   ) I gave the money.
3) Pass me the book (   ) you have read.
4) It was the only flower (   ) he gave to me.
5) (   ) I want to have is a cell phone.
6) She is a daughter (   ) our parents are proud of.

7) Make friends with such people (   ) will do you good.
8) There is more room (   ) is needed.
9) The reason (   ) he came is not clear.
10) The town (   ) he lives is by the river.
11) (   ) wants it may take it.
12) You can invite (   ) you like.
13) (   ) happened was my fault.
14) A widow is a woman (   ) husband is dead.
15) A cemetery is a place (   ) people are buried.

003

다음 문장을 관계사에 주의하여 해석해 보세요.

1) Kennedy tried on two jackets, **none of which** fitted him.
2) You may read **whatever book you like**.
3) I gave them **what** money I had.
4) My dog follows me **wherever** I go.
5) Who is there **but** wishes to succeed?

비교구문

✻ 형용사와 부사의 〈성질 · 상태 · 규모 · 수량〉 을 비교한다.

✻ 비교구문에는 원급 · 비교급 · 최상급이 있다.

⚜ 원급: Tom is as tall as Mary.

⚜ 비교급: Tom is taller than Mary.

⚜ 최상급: Tom is the tallest in the class.

Step 87 :: 비교의 변화 형식

1음절어 및 흔히 쓰는 2음절어는 비교급에 -er, 최상급에 -est를 붙인다.

- simple(단순한) – simpler(보다 단순한) – simplest(가장 단순한)
- easy (쉬운) – easier (보다 쉬운) – easiest(가장 쉬운)
- early(이른) – earlier(보다 이른) – earliest(가장 이른)

⚜ /y/로 끝나는 단어는/ier/로 끝난다.

- cheap(싼) – cheaper(보다 싼) – cheapest(가장 싼)

- Let' s go by subway. It' s **cheaper**. 지하철로 가자. 그것이 더 싸다.

대부분의 2 음절어 및 3음절 이상에서는 비교급에 more, 최상급에 most를 붙인다.

- active(활동적인) – more active(보다 활동적인) – most active(가장 활동적인)
- heavily(무겁게) – more heavily (보다 무겁게) – most heavily(가장 무겁게)
- expensive(비싼) – more expensive(보다 비싼) – most expensive(가장 비싼)

- Going by plane is **more expensive** than going by train. | 비행기로 가는 것이 기차로 가는 것 보다 비싸다.

라틴어 비교는 to를 이용하여 비교구문을 만든다. 라틴어 비교급은 대개 - or 로 끝난다.
여기서 to 는 전치사라는 사실에 주의한다.

- superior to = better than : ~보다 우수한
- prior to = before: ~ 보다 앞 선
- junior to = younger than: ~ 보다 어린
- senior to = older than : ~보다 나이가 많은
- inferior to = worse than: ~보다 열등한
- anterior to = earlier than: ~ 보다 이전의
- posterior to = later than : ~보다 뒤에

- He is senior to me by two years.

= He is my senior by two years. | 그는 나보다 두 살 많다.

Step 88 :: 비교구문(원급/ 비교급)

1. 우등비교

: ~ 보다 더 ~ 하다.

✤ 원급 + er

✤ more+ 원급

• Barbara is kind**er** than Jane.	바바라는 제인보다 친절하다.
• They have **more** money than we have	그들은 우리가 갖고 있는 것보다 많은 돈을 갖고 있다.

[tip] 비교급의 강조

비교급 앞에 much, a lot, far, even, still, a little 등이 와서 강조한다.

• It' s **much cheaper**.	그것이 훨씬 싸다.
• His illness was **far more serious** than we thought.	그의 병은 우리가 생각했던 것 보다 훨씬 심각하다.
• This photocopier has worked **even better** than it did.	이 복사기는 전 보다 기능이 훨씬 좋아졌다.

[tip] 동일인, 동일인물의 비교

한 사람의 성질을 비교 할 때는 음절에 관계없이 more를 쓴다.

• He is more clever than honest. (= rather)	그는 정직하기 보다는 영리하다.
• Alex is more wise than clever.	Alex 는 영리하기 보다는 현명하다.

2. 열등비교

: ~보다 더 ~ 못하다.

✤ less+원급

• He is **not as** clever as she is.	그는 그녀만큼 현명하지 않다.
• I spent **less** money **than** you.	나는 너보다 적게 돈을 썼다.

3. 동등비교

> ⚜ as + 원급 + as: ~ 만큼 ~ 하다.
> ⚜ not as + 원급 + as: ~ 만큼 ~ 하지 못하다.

- Tommy can run **as** fast **as** Joe. | 토미는 조만큼 빠르게 달린다.
- Tommy cannot run **as** fast **as** Joe. | 토미는 조만큼 빠르게 달리지 못한다.
- Mary is **not so** kind **as** Tommy. | 메리는 토미만큼 친절하지 않다.
- The town center is **not as** crowded **as** usual. | 시내 중앙은 보통 때 처럼 복잡 하지 않다.

4. 비교급에 차이의 정도를 언급할 때는 by를 사용하여 표현한다

- This is three inches longer than that.

= This is longer than that **by** three inches. | 이것은 저것보다 3인치가 더 길다.

5. 비교급 and 비교급 (점점 더 -하다)

- It is getting **harder and harder**. | 그것이 점점 더 힘들어진다.
- The city is getting **bigger and bigger**. | 도시가 점점 커지고 있다.
- I got **more and more bored** in my job. | 나는 점점 나의 일에 따분해 지고 있다.
- **More and more people** come to Seoul to see the beautiful scenery. | 점점 많은 사람들이 아름다운 경치를 보기 위해 서울에 온다.

> ⚜ **비교급에 the가 붙는 경우**
>
> 비교급 앞에는 원칙적으로 정관사 the를 사용하지 않지만,
> 다음의 경우엔 예외적으로 정관사 the를 사용한다.

① of A and B 또는 of the two 등의 구가 있을 때

『the + 비교급 + of the two』

- Tom is **the smarter of the two.** 톰은 둘 중에서 더 크다.
- Ann is **the taller of the two.** 앤은 둘 중에서 더 크다.

② 원인이나 이유를 표시하는 부사구 또는 부사절이 있을 경우

the + 비교급 + for (그만큼 ~하다)

- You will be **the better for** a little rest. 당신은 조금만 휴식을 취하면 그만큼 더 좋아질 것입니다.
- I worked **the harder, because** my teacher praised me. 나는 선생님이 칭찬해 주었기 때문에 더욱 더 열심히 일했다.

③ the + 비교급 ~ , the + 비교급 ~ : ~ 하면 할수록, 그만큼 ~하다

- **The warmer** the weather, **the better** I feel. 날씨가 따뜻하면 할수록, 나는 기분이 더 좋아진다.
- **The more expensive** the hotel, **the better** the service. 호텔이 비쌀수록, 서비스는 더 좋다.
- **The sooner** they leave, **the earlier** they will arrive. 그들이 일찍 떠날수록, 그들은 일찍 도착 할 것이다.

Step 87~88

Actual Test

001

Kathy is __________ as Jane.

(A) beautiful (B) more beautiful (C) as beautiful (D) the most beautiful

002

My neighbors are __________ than my old friends.

(A) more friendly (B) friendly (C) as friendly (D) the most friendly

003

Of the two blouses, the girl chose __________.

(A) the small one (B) the smaller one
(C) the smallest one (D) the one smallest

004

The breakfast is inferior __________ that of yesterday' s.

(A) than (B) to (C) under (D) with

005

She is __________ than wise.

(A) more kind (B) kinder (C) more kindly (D) as kind

Step 89 :: 비교구문(최상급)

1) the + 최상급 + 명사 + of(all) + 복수명사

- Shakespeare is **the most famous of all dramatists.**

2) the + 최상급 + 명사 + 주어 + have + (ever) + P.P

- Shakespeare is **the most famous dramatist that I have ever seen.**

3) 비교급+ than+ any+ other+ 단수명사

- Shakespeare is the **more** famous **than any other dramatist**.

4) 부정어(no)+ 비교급+than

- **No** other dramatists is **more** famous **than** Shakespeare.

5) 부정어(no)+ so+ 원급+as

- **No** other dramatists is **so** famous **as** Shakespeare.

➔ 셰익스피어는 모든 극작가 중에서 가장 유명하다.

최상급 앞에는 정관사 the를 쓴다.

- She is one of **the nicest** people I know. | 그녀는 내가 아는 가장 멋진 사람 중의하나이다.
- The film was **the most** boring I' ve ever seen. | 그 영화는 내가 본 것 중 가장 지루한 영화였다.

최상급은 장소와 더불어 in 이 사용된다.

- It is **the longest** river **in** the world. | 그것은 세계에서 가장 긴 강이다.
- The room is **the best in** the hotel. | 그 방은 그 호텔에서 가장 좋다.
- Alex is **the tallest** student **in** the class. | 알렉스는 반에서 키가 가장 큰 학생이다.

시간의 기간을 나타낼 때는 of를 쓴다.

- Yesterday was **the happiest** day **of** my life. | 어제는 내 인생에서 가장 행복한 날이었다.

- Today is **the coldest** day **of** the year. | 오늘은 일년 중 가장 추운 날이다.

최상급 뒤에는 현재완료 시제를 종종 쓴다.

- It is **the most** important decision he **has** ever **had** to make. | 그것은 그가 지금까지 했던 결정 중 가장 중요한 것이다.
- Christmas day was **the best** holiday I' **ve had** for a long time. | 크리스마스는 내가 오랫동안 즐겼던 휴일 중 가장 멋 진 것이었다.

[tip] 원급을 이용한 최상급 구문

as ~ as any + 명사 : 어느 누구에게도 못지않게 ~한

- He was **as** clever **as any** man in the world. | 그는 세상의 어떤 사람 못지않게 현명하다.

as ~ as ever + 과거동사 : 지금까지 누구에게도 못지않게 ~한

- He is **as** great a scientist **as ever** lived. | 그는 지금까지 살았던 어떤 정치가에도 못지않은 훌륭한 과학자이다.

[tip] 관사가 없는 최상급

같은 사람이나 같은 장소를 비교할 때

- This pond is **deepest** at this point. | 이 우물은 여기가 가장 깊다.

부사의 최상급

- Jennifer always works **hardest** in the office. | 제니퍼는 항상 사무실에서 가장 열심히 일한다.

Step 90 :: 주요 비교 구문

- no more than = only : 겨우, 단지.
- no less than = as many as = as much as : ~만큼이나.
- not more than = at most : 기껏해야.
- not less than = at least : 적어도.

- He has **no more than** 10,000 won. (그는 겨우 만원밖에 없다.)
- He has **no less than** 10,000 won. (그는 만원이나 갖고 있다.)
- I have **not more than** three hundred books. (나는 기껏해야 300권의 책을 가지고 있다.)
- I have **not less than** three hundred books. (나는 적어도 300권의 책을 가지고 있다.)

A is no more ~ than B : (양쪽부정) A가 아닌 것은 B가 아닌것과 같다.

- Money is **no more** the object of life **than** art is.
- Money is **not** the object of life **any more than** art is. | 돈이 인생의 목적이 아니 듯이, 예술도 인생의 목적은 아니다.

A is no less ~ than B : (양쪽긍정) A 는 B 만큼 ~ 하다.

- Sandy is **no less** beautiful **than** her sister.
- Sandy is **just as** beautiful **as** her sister. | 샌디는 그녀의 누이 동생 만큼 아름답다.

A is not more ~ than B: A는 B 보다 덜 ~ 하다.

- Jim is **not more** popular **than** his friends are.
- Jim is **less** popular **than** his friends are. | 짐은 그의 친구들 보다 인기가 있지 않다.

A is not less ~ than B : A는 B 못지않게 ~ 하다.

- Sandy is **not less** beautiful **than** her sister.
- Sandy is **more** beautiful **than** her sister. | 샌디는 그녀의 누이동생보다 더 아름답다.

⚜ 비교급을 이용한 주요 표현

not A so much as B = not so much A as B = B rather than A

: A라기보다는 B 이다

prefer A to B = B 보다 A를 더 좋아하다

would rather A(동사원형) than B(동사원형) : B보다 A를 더 좋아하다

- He is **not** a scientist **so much as** a businessman. | 그는 과학자라기 보다는 사업가이다.
- I **prefer** oranges **to** apples. | 나는 사과보다 오렌지를 좋아한다.
- I **would rather** go shopping **than** stay at hotel. | 나는 호텔에 머무느니 차라리 쇼핑하러 하겠다.

Step 89~90

Actual Test

001

Nile is the __________ river in the river.

(A) long (B) longer (C) longest (D) as long

002

Pusan is __________ city in Korea.

(A) the second largest (B) the second large
(C) second large (D) second larger

003

He is taller than __________ in his class.

(A) any boy (B) any other boy (C) any boys (D) all the boys

004

Korean is more interesting than any other language.
= Korean is the __________ interesting language.

(A) best (B) most (C) worst (D) good

005

She can speak English, __________ French.

(A) still less (B) much less (C) much more (D) more than

Step 90 **확인 문제**

001

다음 문장의 괄호안의 동사를 적절하게 고치시오. (단, 고칠 필요 없으면 그대로 두세요.)

1) Our shop is (cheap) than all the others in the city.
2) They stayed at the (expensive) hotel in the city.
3) I prefer this desk to the other one. It' s (comfortable)
4) Who is the (young) boy in the class.
5) It was the (good) holiday I' ve had for a long time.
6) She is much (patient) than he is.
7) What was the (happy) day of your life?
8) It' s the (important) decision he has ever had to make.
9) It was a difficult question. I answer it as (well) as I could.
10) The more electricity you use, the (high) your bill will be.

002

다음 문장 중 잘못된 부분을 찾아 고치시오.

1) Berry is richest man in town.
2) Tom is taller than any other boys in his class.
3) This sweater is superior than the one I bought yesterday.
4) Sarah is kinder than wise.
5) The more expensive the hotel, better the service.
6) Tom is taller of the two

7) Our apartment was the cheaper than all the others in town.

8) He worked harder, because his master praised him.

9) No mountain in the world is so high than Mt. Everest.

10) He is senior than me by two years.

003

다음 문장을 비교구문에 주의하여 해석해 보세요.

1) He is not so much a professor as a novelist.
2) Junk food is inferior to organic food.
3) I like him all the better for his faults.
4) No boy in this class is taller than Tom.
5) He gave me not less than 2,000 won.
6) A whale is no more a fish than a horse is.
7) I have no more than 500 won.
8) She is the last man to do so.
9) Time is more precious than any other thing.
10) He is as great a statesman as ever lived.

90/단/계/기/초/영/문/법

정답 및 해설

STEP 1 〈정답〉 확인 문제

01

001

(1) Jane can' t play the violin.
(2) You are not my only sunshine.
(3) He doesn' t live in Busan.
(4) They didn' t leave for home last week.
(5) He doesn' t have a computer in his office.
(6) Don' t sit down, please.
(7) He doesn' t work very hard until late at night.
(8) Let him not read the book.
(9) He has not finished the work on time.
(10) Mary and Jane will not go out for a walk.

002

(1) do → does
(2) does → did
(3) watched → watch
(4) where does he live → where he lives
(5) what → how

003

(1) How exciting the movie is!
(2) Don' t move the box over there.
(3) It is a very beautiful day.
(4) Let him go to the movies.
(5) Do they have breakfast early in the morning?
(6) Do you know what time it is?
(7) How old do you think she is?

004

(1) aren' t you
(2) doesn' t he
(3) didn' t you
(4) did you
(5) will you
(6) won' t you
(7) shall we

STEP 2 〈정답〉 확인 문제

001

1. he	2. our school
3. Jennifer	4. smoking
5. the sun	

002

1. dances	2. died
3. lives	4. begins
5. run	

해 설

02

001

1. 〈도착 하다〉라는 동사(arrive)의 주체가 되는 그(he)가 주어가 된다.
2. 〈~에 있다〉를 나타내는 be 동사(is) 의 주체가 되는 우리 학교(our school)가 주어가 된다.
3. 〈교회에 가다〉 의미의 'goes to church' 의 주체가 되는 사람 Jennifer가 주어가 된다.
4. 〈건강에 나쁘다〉의 의미상 주체는 '담배 피는 것'(smoking) 이다. 그러므로 주어는 smoking 이다.
   이때 be 동사(is)는 주어와 주어를 설명해 주는 말을 연결해 준다.
5. 〈수평선 위로 떠오르다〉에서 동사 rise의 주체가 되는 대상(the sun)이 주어가 된다.

002

1. 주어의 동작(춤추다=dance)을 나타내는 것이 동사이다.
2. 주어(many people)의 동작이나 상태를 나타내는 것이 동사이다. 동사 die는 주어의 동작을 설명해 준다.
3. 주어(Jane)의 상태를 나타내고 있는 것이 동사이다. 〈살고 있는=live〉 것이 바로 주어를 설명해 주는 동사이다.
4. 주어(the examination)가 설명하고 있는 상태나 동작은 〈시작한다=begin〉라는 동사가 된다.
5. 주어(the taxi)의 동작을 나타내는 것은 〈달리다=run〉 이다.

STEP 1~2 〈정답〉 Actual Test

1. (B) 2. (A)
3. (D) 4. (B)
5. (B)

해 설 02

1. 문장의 주어는 we이고 동사는 go(현재)나 went(과거)가 와야 한다. Yesterday가 과거시제이므로 went가 옳다.
2. 문장의 주어는 사람이 되어야 한다. (C)는 주어가 중복되어 있다.
3. 문장의 동사를 찾아야 한다. 주어가 3인칭 단수 일 때는 동사에 –s를 붙인다.
4. 문장의 주어는 Jane, 동사는 have의 과거시제인 had가 되어야 한다.
5. 문장의 주어와 동사를 찾는다. 주어는 I 이고 동사는 bought 이다. 영어의 문장에는 반드시 주어와 동사가 있어야 한다.

STEP 3 〈정답〉 확인 문제

001

1. him 2. soccer
3. a cell phone 4. her
5. reading

002.

1. a lawyer(주격보어/ Tom=a lawyer)
2. a good nurse
(목적격 보어/ her=a good nurse)
3. white(목적격보어/the wall=white)
4. happy(주격보어/they=happy)
5. ill(주격보어/Mary=ill)

해 설 03

001

1. 동사(love)의 대상이 되는 것이 목적어이다.
2. 동사(like)의 대상이 되는 것은 soccer이다.
3. 동사(has)의 대상이 되는 것은 a cell phone이다.
4. 〈동사+전치사〉는 하나의 동사구로 뒤에 대상이 되는 목적어가 온다. 동사구인 run after 뒤에 오는 말이 목적어가 된다.
5. 동사 like는 〈reading~ 〉을 대상으로 한다. 이때 〈동사+ing〉는 동명사 형태로 명사적 역할을 하는 목적어이다.
   동명사에 대해서는 뒤에서 자세히 다루기로 한다.

002

1. 주어(Tom)를 보충 설명해 주는 것이 주격보어이다. 주어인 톰(Tom)은 변호사(lawyer)라는 것을 알 수 있다.
2. 〈 ~make her a good nurse〉에서 〈그녀(her)를 훌륭한 간호사(a good nurse)로 만들다〉는 것을 알 수 있다.
   그러므로 her=a good nurse 라는 관계가 성립된다. 목적격인 her를 설명하므로 a good nurse는 목적격 보어가 된다.
3. 〈~paints the wall white〉에서 〈벽을 흰색으로 칠하다〉라는 의미이므로 목적어(the wall)가 목적격 보어(white)로 되는
   관계가 된다.
4. 주어(they)의 상태를 설명해 주는 말(happy)이 보어이다.
5. 주어(Mary)의 상태를 설명해 주는 주격보어는 ill 이다.

STEP 3 〈정답〉 Actual Test

1. (A)	2. (B)
3. (B)	4. (A)
5. (A)	

해 설 03

1. 동사 likes의 목적어가 필요하다. (B)는 목적격인 her가 되어야 한다.
2. 주어(My answer)를 보충 설명하는 보어는 형용사형이다.
3. 문장의 주어는 the ground around the house는 전치사구(수식어)이므로 동사와 보어가 필요하다.
4. Soccer(주어)를 보충설명 하는 말(보어)이 필요하다. 1문장에서 동사는 반드시 1개만 필요하다.
5. 동사(look up)의 목적어가 필요하다.

STEP 4 〈정답〉 Actual Test

1.(C)	2. (B)
3. (C)	4. (A)
5. (B)	

해 설 04

1. 빈칸은 1형식 구조인 주어와 동사가 필요하다.
2. 빈칸은 2형식 구조의 are가 필요하다.
3. 빈칸은 감각동사의 보어인 2형식 형용사가 필요하다.
4. 빈칸은 감각동사의 보어인 2형식 형용사가 필요하다.
5. 빈칸은 2형식동사인 became의 보어 형용사가 필요하다.

STEP 5 〈정답〉 Actual Test

1. (B)	2. (C)
3. (A)	4. (C)
5. (B)	

해 설 05

1. 빈칸은 3형식 문장인 동사가 필요하다.
2. marry(~와 결혼하다)는 타동사로서 목적어가 필요하다.
3. attend(~에 참석하다)는 타동사로서 목적어가 필요하다.
4. resemble(~와 닮다)는 타동사로서 목적어가 필요하다.
5. introduce는 3형식 동사로서 목적어가 필요하다.

STEP 6 〈정답〉 Actual Test

1. (C)	2. (D)
3. (C)	

해 설 06

1. show는 4형식동사로서 간접목적어 me가 필요하다.
2. 본문은 4형식구조로서 수여동사 tell이 필요하다.
3. explain은 3형식동사로서 목적어+to~를 취한다.

STEP 7 〈정답〉 Actual Test

1. (B) 2.(A)
3. (C)

해 설 07

1. 5형식 문장으로서 목적어(명사)+목적보어(형용사)가 필요하다.
2. 5형식문장으로서 빈칸은 목적보어 형용사가 필요하다
3. 5형식문장으로서 빈칸은 목적보어 형용사가 들어간다.

STEP 8~10 〈정답〉 Actual Test

1. (D) 2. (B)
3. (A) 4. (D)
5. (B)

해 설 08~10

1. 빈칸은 가산명사가 들어간다.
2. little은 「양」을 나타내는 형용사이므로 불가산 명사가 들어간다.
3. 집합명사의 군집을 나타내므로 복수로 받는다.
4. information은 불가산명사로 a나 –s를 붙일 수 있다.
5. friend는 가산명사로서「수」형용사로 수식한다.

STEP 11 〈정답〉 Actual Test

1. (D) 2.(B)
3. (C) 4. (D)
5. (C)

해 설 11

1. woman의 복수형은 불규칙형태이다.
2. sheep(양)은 단수, 복수가 같다.
3. Deer(사슴)은 단수, 복수 동형으로서 animals가 복수이므로 동사는 복수로 받는다.
4. goose의 복수형은 불규칙형태이다.
5. foot의 복수형은 불규칙형태이다.

STEP 12 〈정답〉 확인 문제

001

furniture, coffee, advice, information, paper, milk

002

1. (X)	2. (X)
3. (O)	4. (X)
5. (O)	6. (X)
7. (O)	8. (X)
9. (O)	10. (X)
11. (O)	12. (X)

003

1. leaves	2. deer
3. women	4. geese
5. potatoes	6. boxes
7. babies	8. oases
9. children	10. fish
11. feet	12. mice
13. teeth	14. pianos
15. media	16. lives
17. thieves	18. beaches
19. deer	20. crises

004

1) fox ➔ a fox
2) three furnitures
 ➔ three pieces of furniture
3) Bush ➔ a Bush
4) beauty ➔ a beauty
5) my mother ➔ my mother's
6) hand ➔ hands
7) fire ➔ a fire
8) works ➔ work
9) informations ➔ information
10) an advice ➔ a piece of advice

해 설

12

001

물질명사(furniture, coffee, paper, milk)와 추상명사(advice, information)는 셀 수 없는 명사이다.

002

1. family는 집합명사일 때는 단수취급 하고, 구성원들을 나타내는 군집명사일 경우 복수 취급한다. 하나의 가족은 family로 쓴다. (➔ family)
2. 신분을 총칭하는 police는 정관사 the와 함께 쓰여 '경찰 전체'를 나타낸다. (➔ the police)
3. 물질명사는 셀 수 없는 명사이며 별도의 세 는 단위를 만들어 써야 한다.
4. fish는 단수형과 복수형이 같다.
5. cattle과 같은 일부 동물 전체를 표시하는 명사는 관사 없이 단독으로 복수형이 된다.
6. Seoul은 고유명사이므로 원칙적으로 관사나 복수형이 없다.
7. Jennifer는 고유명사이지만, 때때로 복수형이 되어 <~ 부부>를 나타내며, 부정관사 a(n)이 앞에 붙어 <~와 같은 사람>을 표시하는 말이 되기도 한다.
8. 추상명사 information은 셀 수 없는 명사이므로 복수형이 없다. (➔ information)
9. 추상명사 beauty는 원칙적으로 부정관사를 붙일 수 없으나, a(n)가 붙을 경우 〈미인〉을 뜻하는 말로 바뀐다.
10. 이중소유격은 〈a(n), this(that), some(any), no, another〉뒤에 소유격을 쓰지 않으므로 'a+명사+of+ 소유대명사'의 형태로 쓴다. (➔ a friend of mine)
11. shake는 대상이 항상 복수형을 취하는 동사이며, shake hands로 바꿔 쓴다.
12. 명사 sheep은 단수와 복수가 같으므로 sheep으로 고친다.

003

1. 〈-f〉로 끝나는 명사는 〈-f〉를 〈-v〉로 고친 후 〈-es〉를 붙인다.
2. deer는 단수와 복수가 같다.
3. woman은 모음이 불규칙적으로 바뀌는 명사이다. (≫ women)
4. goose는 모음이 불규칙적으로 변한다. (≫ geese)
5. 〈-o〉로 끝나는 명사는 〈-es〉를 붙인다.
6. 〈-x〉로 끝나는 명사는 〈-es〉를 붙인다.
7. 〈y〉로 끝나는 명사는 〈-i〉로 고친 후 〈-es〉를 붙인다.
8. 외래어에서 온 〈-is〉로 끝나는 명사는 〈-es〉로 바뀐다.
9. child는 모음이 불규칙적으로 바뀐다.
10. fish는 단수와 복수형이 같다.

11. foot은 모음이 변한다.
12. mouse는 모음이 불규칙적으로 바뀐다.
13. tooth는 모음이 불규칙적으로 바뀐다.
14. 〈-o〉로 끝나는 것은 보통 〈-es〉를 붙이나, 예외적으로 〈-s〉만 붙이는 것도 있다.
15. 외래어에서 온 명사 중에서 〈-um〉으로 끝나는 것은 〈-a〉로 바뀐다.
16. 〈-f〉로 끝나는 명사는 〈-v〉로 바꾼 후 〈-es〉를 붙인다.
17. 〈-f〉로 끝나는 명사는 〈-v〉로 바꾼 후 〈-es〉를 붙인다.
18. 〈-ch〉로 끝나는 명사는 〈-es〉를 붙인다.
19. deer는 단수와 복수가 같다.
20. 외래어에서 온 〈-is〉로 끝나는 명사는 〈-es〉로 변한다.

004

1. 부정관사를 붙여 동물전체를 대표한다. (➔ a fox)
2. furniture는 셀 수 없는 물질명사이므로, 부정관사(a/an)와 복수형을 쓸 수 없고 별도의 세는 단위를 사용해야 한다. 이 때 pieces가 되는 것에 주의한다.(➔ three pieces of furniture)
3. Bush는 고유명사이므로 원칙적으로 부정관사(a/an)를 붙이지 않는다. 그러나 「부시와 같은 사람」을 나타낼 때는 관사를 붙여 a Bush라고 한다.(Bush ➔ a Bush)
4. beauty는 추상명사이므로 원칙적으로 부정관사(a/an)를 붙일 수 없으나, 붙일 경우 〈아름다운 사람〉을 뜻하는 말로 바뀐다.
5. 부정관사(a/an) 뒤에는 소유격을 쓰지 못한다. (이중 소유격) (➔ a friend of my mother' s)
6. 〈악수하다〉의 의미에서 shake는 목적어로 복수형을 취한다. (➔ hands)
7. 물질명사 fire는 원칙적으로 부정관사(a/an)를 붙일 수 없으나, 붙일 경우 〈화재사건〉을 의미하는 말로 바뀌게 된다.
8. 〈most of the police〉에서 의미상 주어는 〈the police〉이며 항상 복수를 의미한다. (➔ work)
9. information은 추상명사이므로 복수형이 없다.
10. advice는 추상명사로 셀 수 없는 명사이다. 별도의 세는 단위가 필요하다. (➔ a piece of advice)

STEP 12 〈정답〉 Actual Test

1. (A)	2. (D)
3. (B)	4.(D)
5. (D)	

해 설

12

1. 생물의 소유격은 's를 붙인다.
2. 이중소유격은 of +소유대명사 쓴다.
3. 시간, 거리, 가격, 무게, 무생물 소유격은 's를 붙인다.
4. 부합명사는 명사+명사 로 쓴다.
5. 복합명사형태로서 one of +복수명사를 쓴다.

STEP 13 〈정답〉 Actual Test

1. (B)	2. (B)
3. (D)	4. (A)
5. (D)	

해 설

13

1. be 동사의 보어는 형용사이다.
2. 자동사가 목적어를 취할 때는 전치사를 취하고 belong뒤에는 전치사 to가 온다.
3. 감각동사(sound)의 보어는 형용사이다.
4. 감각동사(smell)의 보어는 형용사이다.
5. 본 완전자동사(become)의 보어는 명사이다.

STEP 14 〈정답〉 Actual Test

1. (B)
2. (C)
3. (C)
4. (B)
5. (C)

해설 14

1. 자동사가 목적어를 취할 때는 전치사를 취하고 belong뒤에는 전치사 to가 온다.
2. resemble은 타동사이므로 뒤에 전치사가 올수 없다.
3. show는 4형식동사이므로 간접목적어 me가 온다.
4. 4형식문장이 3형식 문장으로 바꾸어 질 때 make는 for를 쓴다.
5. 5형식 문장에서 목적보어는 형용사이다.

STEP 14 〈정답〉 확인 문제

001

1. 1형식
2. 2형식
3. 3형식
4. 5형식
5. 4형식
6. 5형식
7. 2형식
8. 4형식
9. 3형식
10. 2형식

002

1. married with → married
2. happily → happy
3. entered into → entered
4. explained → explained to
5. to him → for him
6. saved much work for us
→ saved us much work
7. resembles after → resembles
8. mentioned about → mentioned
9. answered to → answered
10. beautifully → beautiful

003

1. 정직은 이익이 된다.(1형식)
2. 복사기가 오늘 작동 되지 않는다.(1형식)
3. 그녀의 어머니는 젊어서 돌아가셨다.(2형식)
4. 우리는 정거장에 접근했다.(3형식)
5. 회의가 4시간 동안 계속되었다.(1형식)
6. 그는 나에게 좋은 아이디어를 제안했다.(3형식)
7. 나는 시계를 도난당했다.(5형식)
8. 그들은 나를 정직하다고 믿고 있다.(5형식)
9. 매니저는 그의 아들을 변호사로 만들었다.(5형식)
10. 그들은 나를 팀의 주장으로 선출했다.(5형식)

해설 14

001

영어의 주어 구성 요소는 주어 · 동사 · 목적어 · 보어를 말하며, 부사나 전치사구는 수식어에 해당한다.

1. The leaves(주어) fall(동사) in autumn(수식어).
2. She(주어) came back(동사) safe(주격보어).
3. We(주어) discussed(동사) the matter(목적어) in detail(수식어).

4. They(주어) found(동사) the room(목적어) empty(목적격보어).
5. My friend(주어) made(동사) me(간접목적어) an apple pie(직접목적어).
6. (주어생략)Don' t leave(동사) your homework(목적어) unfinished(목적격보어).
7. This grape(주어) tastes (동사)sour(주격보어).
8. They(주어) showed(동사) me(간접목적어) how the machine worked(직접목적어).
   [how(의문사) the machine(주어) worked(동사] 는 명사절로 하나의 단위를 이루며, 목적어 역할을 하고 있다.
9. They(주어) raised(동사) the price of sweater(목적어).
10. He(주어) returned(동사) home(부사) a millionaire(유사보어).

002

1. marry(~와 결혼하다)는 타동사로 전치사 없이 목적어를 바로 취한다.
2. <~makes me feel happy>로 고쳐야 한다. feel과 같은 감각동사는 형용사를 보어로 취한다는 사실에 주의해야 한다.
3. enter(~에 들어가다)는 타동사로 전치사 없이 목적어를 바로 취한다.
4. explain(설명하다)은 주의해야 할 타동사로 <~에게>라는 의미는 반드시 (to + 사람)의 형식을 취한다.
5. buy(사다)는 4형식 문장구조에서 전치사 for를 쓴다.
6. save(구하다/ 덜어주다), forgive(용서하다), envy(부러워하다) 등의 동사는 특수한 4형식 구조로 반드시 [주어+동사+간접목적어(~에게)+직접목적어(~을)]의 문장구조를 취한다는 사실에 주의한다.
7. resemble(~를 닮다)는 타동사로 전치사 없이 목적어를 취한다.
8. mention(~에 대해 언급하다)은 타동사로 전치사 없이 목적어를 취한다.
9. answer(~을 대답하다)는 타동사로 목적어 없이 목적어를 취한다.
10. look(~처럼 보이다)은 감각동사로 형용사를 보어로 취한다는 사실에 주의한다.

003

1. pay(자동사=이익이 되다/ 보상을 주다)
2. work(자동사=작동하다)
3. Her mother was young when she died. young은 유사보어로 쓰였다.
4. approach(타동사= ~에 접근하다)
5. last(자동사= 지속하다)
6. suggest(타동사=~을 제안하다)
7. have 동사가 사역동사 쓰일 때 [have+목적어(사물)+목적격보어] 구조가 되며, <~을 당하다>라는 의미가 된다.
8. believe 동사가 5형식 구조를 만들어(~를 ~라고 믿는다)라는 의미가 되고 있다.
9. make 동사가 [<~를> <~로> 만들다]라는 5형식 구조를 이루고 있다.
10. elect동사는 (~를 ~로 선출 하다) 라는 의미의 5형식 구조를 이루고 있다.

STEP 15 〈정답〉 Actual Test

1. (C)	2. (B)
3. (C)	4. (D)
5. (B)	

해 설

15

1. something/anything/nothing을 꾸미는 형용사는 뒤에 온다.
2. be동사의 보어는 형용사이다.
3. 불완전자동사(keep)의 보어는 형용사이다.
4. catch동사의 5형식 목적보어로서 서술형용사가 쓰인다.
5. 5형식 문장의 목적보어는 형용사이다.

STEP 16 〈정답〉 Actual Test

1. (D) 2. (C)
3. (B) 4. (D)
5. (A)

해 설 16

1. friends는 셀 수 있는 명사이므로 lots of로 수식한다.
2. furniture는 셀 수 없는 명사이므로 a little로 수식한다.
3. traveling은 셀 수 없는 명사이므로 little로 수식한다.
4. 막연히 많은 수는 hundreds[thousands] of를 쓴다.
5. 구체적으로 숫자가 명사를 수식할 때는 단수를 쓴다.

STEP 17 〈정답〉 Actual Test

1. (D) 2. (C)
3. (C) 4. (D)
5. (B)

해 설 17

1. 명사를 수식하는 형용사로서 문맥상 「연휴」에 어울리는 successive가 답이다.
2. 혼동하기 쉬운 형용사로서 문맥상 considerate(자상한)가 어울린다.
3. 혼동하기 쉬운 형용사로서 imaginative(상상력이 풍부한)가 들어간다.
4. 혼동하기 쉬운 형용사로서 respectable(존경할만한)이 문맥상 맞다.
5. 명사를 수식하는 형용사로서 문맥상 economical(알뜰한)이 정답이다.

STEP 18 〈정답〉 Actual Test

1. (D) 2. (C)
3. (A) 4. (D)
5. (A)

해 설 18

1. 동사를 수식하는 품사는 부사이다.
2. 동사를 수식하는 품사는 부사다.
3. 형용사 rich를 수식하는 품사는 부사다.
4. 빈도부사 위치로서 always는 be동사 뒤에 온다.
5. 혼동하기 쉬운 부사로서 문맥상 late(늦게)-lately(최근에)가 들어간다.

STEP 19 〈정답〉 Actual Test

1.(D) 2. (A)
3. (B) 4. (B)
5. (C)

해 설 19

1. 문맥상 「아직도」이면서 현재진행형에 어울리는 것은 (D)이다.
2. be동사 뒤에 형용사 good이 오고 enough는 뒤에서 수식한다.
3. 비교급을 수식하는 것은 much이다.
4. so~that 관용구문으로 빈칸에 들어갈 말은 so이다.
5. too~to관용구문으로 빈칸에 들어갈 말은 too이다.

STEP 19 〈정답〉 확인 문제

001

1. alike
2. hundred
3. the fourth
4. fifths
5. little
6. lately
7. hard.
8. ago
9. yet
10. still
11. much
12. enough
13. either
14. little

002

1. well → good
2. hard → hardly
3. enough large → large enough
4. much → very
5. disappointing → disappointed
6. excited → exciting
7. bored → boring
8. happily → happy
9. strangely → strange
10. seriously → serious
11. so → such (so good a time)
12. chairs enough → enough chairs

003

1. quickly,
2. perfect,
3. nervous,
4. continuously,
5. reasonably

해 설

19

001

1. 서술적 형용사는 a로 시작하는 것이 많다. alike, afraid, ashame 등.
2. hundred는 명사 앞에서 형용사처럼 쓰이며 단수로 쓴다.
3. 서수 앞에는 정관사 the를 붙인다.
4. 분수는 분자는 기수, 분모는 서수로 쓰며, 분모가 복수이면 반드시 –s 를 붙인다
5. 셀 수 있는 말 앞에는 few, 셀 수 없는 말 앞에는 little을 쓴다.
6. late:늦은, lately: 최근에
7. hardly: 거의 ~않다. hard: 열심히
8. before: 완료시제와 함께 쓰이며, ago는 과거시제와 같이 쓰인다.
9. already는 [벌써], yet[아직]의 의미를 갖는다.
10. yet은 부정문, 의문문에 쓰이고, still은 긍정문에 주로 쓰인다.
11. very는 원급을 수식하고, much는 비교급을 수식한다.
12. enough는 형용사 뒤에서 수식하고, too는 앞에서 수식한다.
13. too는 긍정문, either는 부정문에 쓰인다.
14. little(거의 없는)은 부정적 의미, a little(조금 있는)은 긍정적 의미를 갖는다.

002

1. smell 같은 감각동사는 보어로 형용사를 취한다.
2. hard는 단수와 복수를 같이 쓴다. hardly는 별개의 부사로 (~ 하지 않는)이란 의미를 갖는 빈도부사이다.
3. enough는 형용사 뒤에서 수식하는 부사이다.
4. very는 원급이나 현재 분사 형을 수식하고, much는 과거 분사 형과 비교급을 수식한다.
5. disappoint와 같은 감정동사는 사람이 주어가 되면, 〈be+p.p〉의 수동태 구조를 취한다.
6. very는 현재분사를 수식한다.
7. 의미상 주어가 사물일 경우 감정동사는 현재 분사 형이 된다. 사람이 의미상 주어이면, 과거 분사 형이 된다.
8. feel은 감각동사로 형용사를 보어로 취한다.
9. taste는 감각동사로 형용사를 보어로 취한다.
10. 명사 injuries를 수식해 주는 것은 형용사이다. seriously(부사)에서 –ly를 제거해야 형용사가 된다.
11. so+형용사+부정관사(a/an)+명사
    such+부정관사(a/an)+형용사+명사
12. enough(형용사)+명사, 형용사+enough(부사)

003

1. 동사 passed를 꾸며 주는 것은 부사이다.
2. 명사 silence를 꾸며 주는 것은 형용사이다.
3. 감각동사 feel은 형용사를 보어로 취한다.
4. 동사 works는 부사가 꾸며 주게 된다.
5. 형용사 cheap은 부사가 꾸며 준다.

[주의] 형용사는 명사를 수식하고, 부사는 동사나 형용사를 수식한다.

STEP 20 〈정답〉 Actual Test

1. (A) 2. (B)
3. (C) 4. (D)

해 설 20

1. 인칭대명사의 격은 주어자리이므로 주격을 쓴다.
2. 인칭대명사격은 crop(작물)을 수식하므로 소유격을 쓴다.
3. 인칭대명사격은 동사의 목적어를 쓴다.
4. 문맥상 my computer 의미인 소유대명사를 쓴다.

STEP 21 〈정답〉 Actual Test

1. (D) 2. (C)
3. (C) 4.(C)
5. (D)

해 설 21

1. 앞에 나는 명사 predators가 복수이고 뒤에 명사를 수식하므로 소유격이 온다.
2. 지시대명사는 air pollution을 가리키므로 that of를 쓴다.
3. 가주어 지시대명사는 it이다.
4. 가목적어 지시대명사는 it이다.
5. ~하는 사람들의 뜻인 those who가 들어간다.

STEP 22 〈정답〉 Actual Test

1. (D) 2. (B)
3. (A) 4. (C)
5. (B)

해 설 22

1. 불특정 하나를 가리키는 것은 one을 쓴다.
2. 특정한 것을 가리키는 것은 it을 쓴다.
3. 긍정문에서는 some, 부정문에서는 any를 쓴다.
4. 둘 중에서 하나는 one이고 다른 하나는 곧 other를 쓴다.
5. 여러 개 중에서 막연한 다른 하나는 another를 쓴다.

STEP 23 〈정답〉 Actual Test

1. (C) 2. (D)
3. (D) 4. (B)
5. (C)

해 설 23

1. Every뒤에는 단수명사가 오고 그 대명사 역시 단수로 받는다.
2. 부정문에서 any를 쓴다.
3. but(~제외하고) 문맥상 None(=no one)이 맞는다.
4. but(~제외하고) 문맥상 Nothing이 맞다.
5. 부정문에서 또한, 역시는 either를 쓴다.

STEP 24~26 〈정답〉 Actual Test

1.(D) 2. (C)
3. (A) 4. (B)
5. (B)

해 설 24 ~ 26

1.간접의문문어순으로서 의문형용사+S+V가 온다.
2. 간접의문문어순으로서 의문부사+형용사+S+V가 온다.
3. 간접의문문이 think의 목적어일 때는 의문사가 문두로 나간다.
4. 부가의문문에서 평서문이 긍정이면 부정으로 쓴다.
5. 부가의문문에서 명령문은 will you를 쓴다.

STEP 26 〈정답〉 확인 문제

001

1. it 2. one
3. the other 4. that
5. yours 6. attends
7. was 8. wants
9. others 10. another
11. some 12. some, any
13. so 14. such
15. she 16. Its
17. This 18. The other
19. Most 20. students'

002

1. their → theirs
2. him → his
3. herself → himself
4. seek → seeks, their → his
5. states → state, have → has
6. Thousand → Thousands, player → players
7. none → no
8. some → any
9. nobody → anybody
10. Either → Neither.

003

1. himself 2. herself
3. ourselves 4. itself
5. themselves

004

1. any 2. neither
3. none 4. either
5. both

해 설

26

001

1. 앞에 나온 명사 notebook을 지시한다. 앞에 나온 명사를 다시 받을 때는 it이 된다.
2. 일반적인 명사를 받는 것은 one 이다. 지정된 것은 it (the + 명사) 으로 받고, 일반적인 것은 one(a + 명사) 으로 받는다.
3. 2개를 말할 때, 하나는 one, 나머지 하나는 the other이다.
4. 앞에 나온 명사를 받을 때 지시대명사 that을 사용한다.
5. 이중소유격은 〈a/an, this/that, some/any, no, another + 명사 + of + 소유대명사〉 로 표시한다.
6. every는 단수 취급한다.
7. 〈none of 명사〉는 뒤에 나오는 명사가 단수취급하면 단수, 복수취급하면 복수로 받는다. money는 셀 수 없는 명사로 단수 취급하므로 단수이다.
8. each는 단수 취급한다.
9. 전체 중에서 일부는 some, 나머지는 others이다.
10. 다른 것(different one)을 나타내는 것은 another 이다.
11. 긍정문에서는 some을 쓴다.
12. 긍정문에서는 some, 조건문, 부정문, 의문문에서는 원칙적으로 any 를 쓴다.
13. 동사 think를 수식하는 것은 부사 so 이다.
14. 앞에 나온 명사를 받는 것은 대명사 such이다. such는 a very important person을 가리킨다.
15. It is ~that 강조구문에서 강조되는 부분이 주격임을 알 수 있다. It is ~ that 을 없애보면 그 자리가 주격임을 알 수 있다.
16. 뒤에 명사가 나오므로 소유격이 와야한다.
17. 동사가 takes로 단수를 나타내므로 this가 맞다.
18. 전체가 정해진 숫자 중에서 나머지를 나타낼 때는 정관사 the 를 붙인다.
19. 〈대부분〉을 나타내는 말은 most이다. 〈거의〉라는 뜻이 another이다.
20. 명사가 뒤에 나오므로 앞에는 소유격이 와야한다.

002

1. their appearance= theirs(소유대명사)
2. his book=his(소유대명사)
3. he를 받는 재귀대명사는 himself이다.
4. every는 단수취급을 하고 he 로 받는다.
5. each는 단수취급을 한다.
6. 동사 take는 3인칭 단수가 아니므로 복수로 볼 수 있으며, 〈수많은〉이란 의미는 〈thousands of 복수명사+복수동사〉의 구조를 이루게 된다.
7. none=no+명사이며, no는 형용사이므로 뒤에 명사를 수식한다.
8. 부정문에서는 any를 쓴다.
9. 부정사가 있는 부정문에서는 nobody를 쓰지 않고, not+any의 구조를 취한다.
10. 〈둘 다 마찬가지로 아니다〉라는 의미의 부정어는 neither이다.

003

1. Kate를 받는 재귀대명사는 himself(남성)이다.
2. she를 받는 재귀대명사는 herself이다.
3. Let's=Let us 이므로 재귀대명사는 ourselves이다.
4. the film은 itself로 받는다.
5. Tom 과 Sandy는 themselves로 받는다.

004

1. not+any=never 가 된다.
2. 둘 중의 하나를 말할 때 either이며, 부정문일 때는 neither이다.
3. 접속사 but을 보면, 앞 뒤의 내용이 상반된 것이 되어야 한다. 〈none=no+명사〉이며, 뒤에 any가 있으므로 부정문이 되는 것을 알 수 있다.
4. 둘 중 하나는 either이다.
5. 둘을 말 할 때는 both를 쓴다.

STEP 27 〈정답〉 Actual Test

1. (D) 2. (C)
3. (D)

해 설 27

1. 그런 색깔의 옷은 불특정하나이므로 부정관사 a를 쓴다.
2. umbrella는 모음발음이므로 an을 써야한다.
3. hour는 h가 묵음이 되어 모음 발음이므로 an을 써야 한다.

STEP 28~29 〈정답〉 Actual Test

1. (D) 2. (C)
3. (C) 4. (C)
5. (B)

해 설 28~29

1. 단위명사 앞에는 정관사 the가 요구 된다.
2. 신체의 일부를 나타낼 때, 정관사 the를 쓴다.
3. 수식어로 한정된 명사 앞에 정관사 the가 요구된다.
4. 신체일부명사 앞에 정관사 the를 쓴다.
5. 관공서명사 앞에 정관사 the를 쓴다.

STEP 30~31 〈정답〉 Actual Test

1. (A) 2. (D)
3. (A) 4. (B)
5. (D)

해 설 30~31

1. too는 부사이므로 형용사가 뒤에 오고 부정관사 a는 형용사 뒤로 간다.
2. so는 부사이므로 바로 뒤에 형용사가 오지만 such는 형용사이므로 뒤에 부정관사(a)가 오고 형용사+명사 어순에 온다.
3. 운동 이름 앞에는 관사를 생략한다.
4. 국적 앞에는 관사를 생략한다.
5. by와 함께 쓰인 교통수단은 관사를 생략한다.

STEP 31 〈정답〉 확인 문제

001

1. a, an	2, the
3. the	4. the
5. a, a, the, the	6. the
7. the	8. a
9. a, the	10. the

002

1. the lunch → lunch
2. theater → the theater
3.. country → the country
4. telephone → the telephone
5. the captain → captain
6. the subway → subway
7. the book → book
8. the golf → golf
9. The waiter → waiter
10. hand → the hand
11. too a difficult → too difficult a
12. so a beautiful → so beautiful a

003

1. wolves	2. the bananas
3. All the pens	4. Women, men
5. the Swiss Alps	6. the United States
7. the Channel	8. the Johnsons
9. The rich	10. The piano

해 설

31

001

1. 발음 상 뒤에 모음이 오면 부정관사 an, 자음이 오면 a 가 온다.
2. 상황으로 보아 정해져 있는 이름 앞에서 정관사 the 를 쓴다.
3. 공공건물 앞에 정관사 the를 쓴다.
4. 〈book I lent you〉 는 〈book that I lent you〉의 구조로 〈I lent you〉가 명사 book을 수식한다. 수식받는 명사 앞에 정관사 the를 붙인다.
5. 일반적인 명사 앞에서는 부정관사 a(n)를 쓰고, 앞에 나온 명사를 다시 받을 때는 정관사 the 를 쓴다.
6. 최상급(best)앞에서 정관사 the를 쓴다.
7. 수식을 받는 명사 앞에 정관사 the를 쓴다. 〈the job that you applied for〉 의미상 you applied for는 명사 job을 수식한다. (네가 지원했던 일자리)
8. 〈일주일에 한번〉 once a week. 부정관사 a=per(~마다)
9. 일반적 호텔에는 부정관사 a, 앞의 그 호텔을 말할 때는 정관사 the를 쓴다.
10. 세상에 하나밖에 없는 대상에는 정관사 the를 붙인다.

002

1. 식사 이름 앞에서 관사를 쓰지 않는다.
2. 상황 속에서 무엇인지 정해져 있는 경우는 정관사 the 를 쓴다.
3. 〈시골에서〉 관용적으로 정관사 the를 붙여 쓴다. (in the country)
4. '발명품'을 표시 할 때는 정관사를 쓴다.
5. 신분이나 직위를 나타내는 명사가 보어로 쓰일 때 관사를 생략한다.
6. 교통, 통신 수단을 표현 할 때 관사를 생략한다.
7. 〈kind of+명사〉의 구조에서 명사 앞에 관사를 생략한다.
8. 운동 경기 이름 앞에 관사를 생략한다.
9. 부르는 말(호칭)앞에 관사를 생략한다.
10. 〈신체의 일부를 ~하다〉는 [동사+목적격(인칭대명사)+전치사+the+신체의 일부]로 표시한다. ex) take her by the hand/ look him in the face/ hit me on the head 등

11. too/so/as/how +형용사+a(n)+명사
12. so+형용사+a+명사

003

1. 동물전체를 표시 할 때, a wolf, the wolf, wolves 등으로 한다.
2. <저 나무위에 있는 바나나>에서 바나나(banana)는 저 나무 위에 있는(on that tree)에 의해 수식을 받고 있다. 수식을 받는 명사는 정관사 the를 붙인다.
3. all/double+the+명사
4. 남자/여자를 말할 때 관사 없이 쓴다.
5. 산맥이름 앞에는 정관사 the를 쓴다.
6. <여러 섬>이나 <제도, 주> 등으로 이루어진 나라이름 앞에 보통 정관사 the를 쓴다.
7. 해협이나 운하를 나타낼 때 정관사 the를 쓴다.
8. 가족이나 부부를 나타낼 때 이름 앞에 정관사 the를 쓴다.
9. the+형용사=복수명사(the rich=rich people)
10. 악기 이름 앞에 정관사 the를 쓴다.

STEP 32 〈정답〉 Actual Test

1. (B) 2. (C)
3. (D) 4. (C)
5. (C)

해설 32

1. 빈칸에는 a pair of shoes를 수식할 전치사구가 답이 된다.
2. 빈칸에는 is having을 수식할 전치사구가 답이다.
3. 전치사의 목적어로는 동명사가 올수 있다.
4. 전치사의 목적어로서 대명사는 목적격을 쓴다.
5. 전치사의 목적어로서 대명사는 목적격을 쓴다.

STEP 33 〈정답〉 Actual Test

1. (D) 2. (C)
3. (C) 4. (B)
5. (D)

해설 33

1. 장소 앞에 in, 월가 날짜 앞에 on, 시각 앞에 at을 쓴다.
2. 특정한날 앞에 전치사 on을 쓴다.
3. 기간을 나타내는 전치사 for를 쓴다.
4. 도구 재운전치사 in을 쓴다.
5. 교통수단의 전치사 by를 쓴다. : go by bus(train)

STEP 34 〈정답〉 Actual Test

1.(C) 2. (B)
3. (D) 4. (A)
5. (B)

해설 34

1. be interested in (~에 흥미가 있다)
2. be blamed for (~을 청취하다)
3. listen to (~을 청취하다)
4. be full off (~으로 가득차다)
5. 문맥상 out of(~로부터 벗어난)이 답이다.

STEP 34 〈정답〉 확인 문제

001

1. by
2. between
3. behind
4. through
5. on

002

1. in
2. on
3. at
4. in
5. on, in
6. at
7. in. in
8. at
9. at
10. on
11. on
12. in
13. on
14. at
15. in
16. at
17. at
18. at
19. by, on
20. by.
21. through
22. along
23. into
24. for
25. till
26. across

003

1. 그는 의자로부터 뛰쳐나갔다.
2. 전쟁은 7년 동안 계속되었다.
3. 그는 회의 도중에 잤다.
4. 나는 그의 죽음 소식에 놀랐다.
5. 그녀는 웃음 때문에 말을 할 수 없었다.
6. 그 집은 돌로 만들어졌다.
7. 그 배는 바람과 파도에 좌우되고 있었다.
8. 생각은 말에 의하여 표현된다.
9. 나는 파리를 경유하여 런던에 갔다.
10. 그는 논쟁을 위한 논쟁을 한다.
11. 그는 말에 따라서 행동했다.
12. 규칙에 따르면, 이 클럽의 팀장은 영어를 유창하게 말해야 한다.
13. 나는 병 때문에 너의 초대를 받아들일 수 없다.
14. 그들은 폭우에도 불구하고 밖으로 나갔다.

해 설

34

001

1. 통신, 교통수단은 by로 표시한다.
2. 두 사람 사이에서 between을 쓴다.
3. 〈나의 가방을 뒤에 남기다.〉
4. 〈~ 방법을 통하여〉는 through를 쓴다.
5. 〈주제와 내용에 관한〉 개념은 on을 쓴다.

002

1. in+ 월
2. on+ 특정한 날
3. at night: 밤에
4. in+ 연도
5. on+특정한 날짜, in+월
6. at the end of: ~이 끝날 무렵
7. in+큰 장소, 거리
8. at+작은 장소
9. at the door: (문에서)
10. on: ~위에 부착되어있는
11. on:~위에
12. in the sky : 하늘에
13. on the left-hand side: 왼손 쪽에서
14. at the top of the page: 페이지 위에
15. in hospital: 병원에
16. at university: 대학에 있는
17. at a football match: 축구 경기에 있는
18. at 100 degrees: 100도에서
19. by car: 차로, on foot: 도보로
20. by: 정도나 차이를 나타낸다.
21. through: ~를 통하여
22. along: ~을 따라서
23. into: ~쪽으로
24. for: ~로 향하여
25. till: ~까지
26. across: ~을 가로 질러

003

1. out of: ~로부터 벗어나서
2. for: (시간) 동안-객관적 시간을 언급한다.
3. during: (행사, 사건) 동안-주관적 시간을 언급한다.
4. was surprised at : ~에 놀라다
5. for: ~ 때문에 (이유)
6. was made of : ~로 만들어지다(재료)
7. at the mercy of : ~에 좌우되다
8. by means of: ~에 의하여
9. by way of:~을 경유하여

10. for the sake of: ~을 위하여
11. in accordance with: ~에 따라서
12. according to: ~에 따르면
13. on account of: ~ 때문에
14. in spite of: ~에도 불구하고

STEP 35 〈정답〉 Actual Test

1. (B)	2. (C)
3. (C)	4. (B)
5.(A)	

해 설 35

1. 등위접속사인 comma(,)와 and는 앞뒤 형태가 동일하다.
2. 등위접속사 and 앞뒤 형태가 같다.
3. 문맥상 앞뒤 나열하고 있고 형태가 서로 대등하게 연결되어 있으므로 등위접속사가 맞다.
4. 등위상관접속사 mot only A but also B(A뿐만 아니라 B) 구문이다.
5. 등위상관접속사 either A or B(A또는 B) 구문이다.

STEP 36 〈정답〉 Actual Test

1. (B)	2. (D)
3. (C)	4. (A)
5. (C)	

해 설 36

1. 전치사 뒤에는 명사가 오고 접속사 뒤에는 주어+동사가 온다.
2. 전치사 뒤에는 명사가 오고 접속사 뒤에는 주어+동사가 온다.
3. know의 목적어인 명사절을 이끄는 접ㅈ속사로서 bought의 목적어가 동시에 될 수 있는 의문사 what가 들어간다.
4. think의 목적어 자리인 명사절을 이끄는 접속사 that가 들어간다.
5. 주어자리인 명사절을 이끄는 접속사로서 문맥상 whether~or(인지~아닌지)가 온다.

STEP 37~38 〈정답〉 Actual Test

1. (B)	2. (A)
3. (D)	4. (C)
5. (B)	

해 설 37~38

1. 문맥상 이유접속사가 들어간다.
2. 주어+동사가 문장에 있기 때문에 시간접속사만 들어간다.
3. 주어와 동사를 이끄는 종속접속사 when이 들어간다.
4. 주어와 동사가 있기 때문에 문법상 접속사가 온다.
5. 형용사+as+S+V 양보 절 구문.

STEP 39 〈정답〉 Actual Test

1. (A) 2. (D)
3. (C) 4. (A)
5. (B)

해 설

39

1. 문맥상 조건을 나타내는 unless(~않는다면)가 들어간다.
2. 문맥상 ~할 경우 의미인 in case 접속사가 온다.
3. 문맥상 조건을 나타내는 접속사가 들어간다.
4. 문맥상 「너무~하여~하다」결과접속사가 들어간다.
5. 문맥상 목적을 나타내는 접속사가(~하지 않도록) 들어간다.

STEP 39 〈정답〉 확인 문제

001

1. if 2. since
3. Now that 4. or
5. and 6. but
7. but 8. Because
9. That 10. Whether
11. so 12. as

002

1. warm → warmth
2. shou → shouted
3. tel → telling
4.bitter → bitterly
5. watch → watching
6. is → are
7. is → are
8. watching → to watch
9. eat → eating
10. loud → loudly

003

1. 학기가 끝나기 때문에 나는 여행을 갈 것이다.
2. 금요일은 휴일이기 때문에, 나는 학교에 갈 필요가 없다.
3. 나는 비록 피곤했지만, 나는 축구하러 밖에 나갔다.
4. 제인은 가난하지만, 나는 부자이다.
5. 나는 날씨기 춥거나 말거나 일요일에 스키 타러 갈 것이다.
6. 네가 나에게 연락 할 필요가 있으면, 나는 나의 형 집에 있을 것이다.
7. 날씨가 아주 좋은 날이었기 때문에, 우리는 산책 할 수 있었다.
8. 나는 젖지 않기 위해 우산을 가져 갈 것이다.
9. 나는 차가운 날씨에도 불구하고 수영하러 나갔다.
10. 그는 내일 박물관이 열려있지 않으므로 박물관을 방문 할 수 없다.
11. 네가 아무리 노력을 한다 하더라도, 그 것을 일주일 안에 그것을 할 수 없다.
12. 그는 시험에 떨어지지 않기 위해 열심히 공부한다.

해 설

39

001

1. know뒤에 접속사는 if나 whether가 올 수 있으며, 이때의 의미는 <~인지 아닌지>라는 뜻이다.
2. 현재완료시제(have pp) 다음에는 since~(과거시제)가 온다. since는 완료시제와 함께 쓴다는 것을 명심한다.
3. 이유를 나타내는 now that(~이므로)가 옳다. in that(~라는 점에서)
4. 상관접속사 either는 뒤에 or 가 온다.
5. 명령문 뒤에 긍정적 의미이면 and(~하라 그러면)가 오고, 부정적 의미이면 or(~하라 그렇지 않으면)가 온다.
6. 상관접속사 not only 뒤에는 but (also)이 온다.
7. 상관접속사 'not A ~ but B' 구문이 because에 연결되어 있다.
8. 이유를 나타내는 because(왜냐하면)가 온다.
9. "접속사(that)+주어+동사"가 하나의 단위가 되어 주어, 동사, 목적어, 보어의 역할을 한다. 여기서는 "~하는 것"이라는 주어의 역할을 한다. what은 선행사가 포함된 관계대명사로 바로 뒤에 동사가 온다. what에 대해서는 '관계대명사' 편에서 자세히 설명하기로 한다.
10. 접속사 whether와 if는 "~인지 아닌지"라는 뜻인데, 뒤에 ~or not이 오면 반드시 whether 만 쓴다.
11. so+형용사, such+a(n)+(형용사)+명사
12. <형용사+as+주어+동사= ~비록 ~이지만(형용사)>

002

1. 병렬구조를 지켜야 하므로, "명사(security), 명사(warmth), and 명사(love)"의 구조가 필요하다.
2. 병렬구조는 시제도 같은 시제가 접속사에 의해 연결되어야 하므로, "과거시제(became~), and 과거시제(shouted)"가 되어야 한다.
3. 병렬구조에 의해 "~is looking ~ and (is) telling~"이 되어야 한다.
4. "부사 and 부사": "~angrily and bitterly
5. ~enjoy reading ~ or (enjoy) watching ~
6. neither A nor B 의 구문에서 동사는 B에 일치한다.
7. not only A but also B에서 동사는 B에 일치한다.
8. ~listen to ~or (listen) to watch
9. look forward to going~ and (to) eating
10. more clearly and (more) loudly

003

1. Now that: ~ 때문에, ~이므로
2. Since: ~ 때문에
3. Even though : 비록 ~지만
4. while: ~인 반면에
5. whether or not: ~이건 아니건
6. in case: 만약 ~한다면
7. such~ that−: 너무~하여 −하다
8. so that 주어 will not(won't)~: ~하지 않기 위하여
9. despite+ 명사: ~에도 불구하고
10. because: 왜냐하면
11. 동사+as+주어+동사: 비록 ~하더라도
12. lest 주어 should 원형동사: ~하지 않기 위하여.

STEP 40~41 〈정답〉 Actual Test

1. (B) 2. (A)
3. (D 4. (A)
5. (D)

해 설 40~41

1. 조동사 뒤 본동사는 동사원형(R)을 쓴다.
2. 조동사 뒤 본동사는 동사원형을 쓴다.
3. 문맥상 허락을 표시하는 조동사 may가 들어간다.
4. 문맥상「~당연하다」조동사 may well이 답이다.
5. 문맥상「~보다는 차라리」might as well~than이 들어간다.

STEP 42~43 〈정답〉 Actual Test

1. (B) 2. (A)
3. (D) 4. (C)
5. (B)

해 설 42~43

1. 「~해야 한다」의미인 조동사 have to(=must)가 들어간다.
2. 「현재의 강한추측(~임에 틀림없다)」의미인 조동사가 들어간다.
3. 「과거의 강한 추측(~이었음에 틀림없다)」의미인 조동사가 들어간다.
4. 명령문의 부가의문문은 will you? 이다.
5. 「권유 · 의향」표시의 조동사 Would you like?가 답이다.

STEP 44 〈정답〉 Actual Test

1. (D) 2. (C)
3. (A) 4.(B)
5. (C)

해 설 44

1. 당위성 동사 recommend는 (should) + 원형을 요구한다.
2. 당위성 형용사 necessary는 (should) +원형을 요구한다.
3. 당위성동사 requested는 (should)R을 요구한다.
4. 주절에 놀람(strange)이 오는 경우 should를 요구한다.
5. 주절에 당위성동사 demand는 (should)R을 요구한다.

STEP 45 〈정답〉 Actual Test

1. (B) 2. (B)
3. (D) 4. (D)
5. (C)

해 설 45

1. 문맥상 ought to have+pp(=should have+pp)가 들어간다.
2. ought to have+pp(~했어야 했다.)
3. 문맥상 과거의 규칙습관의 조동사가 들어간다.
4. be used to ~ing(~에 익숙해지다)의미
5. need는 부정문과 의문문에서 조동사 구실을 하므로 뒤에 원형(R)이 온다.

STEP 45 〈정답〉 확인 문제

001

1. must	2. must
3. could	4. should
5.must	6. should
7. need	8. should
9. may	10. will

002

1. 아이가 울고 있다. 아마도 배가 고픈 것 같다.
2. 나는 거짓말 하느니 직업을 포기하는 게 낫다.
3. 그녀는 그것을 잘못 대답했기 때문에 그 질문을 이해하지 못한 게 분명하다.
4. 너는 그것이 이미 끝났기 때문에 그 곳에 갈 필요가 없다.
5. 너는 누군가가 다치기 전에 카페트를 고쳐야 한다.
6. 그는 그 지침서를 매우 주의 깊게 읽는 편이 더 낫다.
7. 감히 네가 어떻게 그 것을 말하니?
8. 필요하다면 나의 펜을 사용해도 좋다.
9. 내가 어렸을 때 나는 시내에 계신 조부모를 방문하곤 했다.
10. 도로가 젖었기 때문에 어제 밤에 비가 왔음에 분명하다.

003

1. may	2. can
3. should	4. may
5. don' t have	6. must
7. Could	8. may
9. will	10. could

해 설 45

001

1. must be: ~임에 분명하다(현재의 추측)
2. must: ~해야 한다(의무)
3. as ~ as 주어 can(could): '할 수 있는 만큼 ~ 하게'
4. should have pp(과거분사): ~했어야 했을 텐데 (하지 못했다)
5. must be: ~임에 틀림없다.
6. natural, important, necessary 등(이성적 판단의 형용사)이 오면 조동사 should가 that 절에 나온다.
7. need not have pp= ~할 필요가 없었는데(~했다)
8. strange와 같이 감정이나 이성적 판단을 나타내는 형용사가 있으면 that 절에 should를 쓴다.
9. 양보절(아무리 ~ 하더라도)에서 조동사 may 를 쓴다.
10. 단순미래(~ 할 것이다)는 조동사 will을 쓴다.

002

1. may be: ~일 지 모른다.
2. may as well : ~하는 게 더 낫다
3. cannot have pp: ~했었을 리가 없다(과거의 부정적 추측)
4. need not:~할 필요 없다
5. ought to: ~해야 한다
6. had better: ~하는 게 더 낫다
7. dare: 감히 ~ 하다
8. may: ~해도 좋다(허가)
9. used to: ~하곤 했다(과거의 습관)
10. must have pp: ~했음에 분명하다(과거의 추측)

003

1. may be: ~일지 모른다(약간추측)
2. can not: ~ 할 수 없다
3. should: ~해야 한다
4. may: ~해도 좋다(허가)
5. don' t have to: ~ 할 필요 없다
6. must be: ~임에 분명하다(강한 추측)
7. Could~ ? : ~ 해 줄 수 있습니까? (공손한 부탁)
8. may be: ~ 일 지 모른다(약간추측)
9. will; 단순미래(~ 할 것이다)
10. could: ~ 할 수 있다

STEP 46 〈정답〉 Actual Test

1. (B)	2. (A)
3. (B)	4. (A)
5. (A)9	

해 설 46

1. every sunday는 습관을 나타내므로 현재시제를 쓴다.
2. 불변의 진리 · 습관은 현재시제를 쓴다.
3. 시간과 조건의 접속사에서는 현재시제가 미래를 대신한다.
4. 시간과 조건의 접속사에서는 현재시제가 미래시제를 대신한다.
5. 시간과 조건의 접속사에서 현재시제가 미래시제를 대신한다.

STEP 47 〈정답〉 Actual Test

1. (C)	2. (B)
3. (D)	4. (B)
5. (A)	

해 설 47

1. ago는 과거시제를 표시한다.
2. last night은 과거시제를 표시한다.
3. yesterday는 과거시제를 표시한다.
4. 년도 in 1990은 과거시제를 표시한다.
5. as soon as he could는 과거시제를 표시한다.

STEP 48 〈정답〉 Actual Test

1. (B)	2. (C)
3. (D)	

해 설 48

1. next year는 미래를 표시한다.
2. three months from now는 미래를 표시한다.
3. the end of this year는 미래를 표시한다.

STEP 49 〈정답〉 Actual Test

1. (C)	2. (B)
3. (B)	4. (C)
5. (D)	

해 설 49

1. tight now 는 현재진행시제를 표시한다.
2. now는 현재진행을 표시한다.
3. very soon은 가까운 미래를 표시하고 현재진행을 쓴다.
4. tonight은 가까운 미래를 표시하고 현재진행을 쓴다.
5. be about to + 원형은 가까운 미래를 표시한다.

STEP 50 〈정답〉 Actual Test

1. (B)
2. (C)
3. (D)
4. (D)
5. (C)

해설 50

1. for(기간)은 현재완료를 나타낸다.
2. since(이래로)는 현재완료를 표시한다.
3. already는 현재완료와 쓴다.
4. since(~이래로)는 현재완료와 쓴다.
5. lately(최근에)는 현재완료를 나타낸다.

STEP 51~52 〈정답〉 Actual Test

1. (C)
2. (D)
3. (C)
4. (D)
5. (C)

해설 51~52

1. returned(과거)를 기준으로 2년 동안은 과거완료시제를 표시한다.
2. arrived(과거)를 기준으로 저녁식사를 먹는 것은 과거완료다.
3. 주절의 시제 said(과거)를 기준으로 종속절시제는 과거완료를 쓴다.
4. by next week은 미래완료를 표시한다.
5. by this time next year은 미래완료를 나타낸다.

STEP 52 〈정답〉 확인 문제

001

1. broke
2. take
3. have seen
4. had written
5. have been studying
6. was
7. is
8. discovered
9. comes
10. would
11. rains
12. went
13. will leave
14. will have read
15. was having

002

1. decides → decided
2. produce → will have produced
3. will arrive → arrives
4. were you → have you been
5. was → have been
6. had been → was
7. met → had met
8. had called → called
9. will continue → will have continued
10. will be → is

003

was → is,
comes → came,
study → had studied(studied),
leaves → left,
were studying → studied,
stayed → has stayed,
graduate → will graduate,
enjoys → is enjoying,
graduate → graduates,
returns → will return

해설 52

001

1. 과거형 시제를 알려주는 'in 1950'은 시제를 반드시 과거로 쓰게 한다.
2. 조동사 shall은 미래시제를 나타내며, 동사의 원형이 그 다음에 온다.
3. before는 완료시제와 함께 쓴다.
4. 'when~ '이하의 시제는 과거를 나타내는데, 그 이전 사건을 나타내는 과거완료 시제가 알

맞다.

5. 'for ~ " 는 완료시제의 계속적 용법을 나타낸다. 지금까지의 동작을 강조하는 현재완료 진행형이 가장 적당하다.
6. 주절과 종속절의 시제가 일치해야 하는데 주절의 thought 가 과거를 나타내므로 be 동사의 과거형이 와야 한다.
7. '지구가 둥글다' 라는 사실은 진리이므로 시제 일치의 적용을 받지 않고 항상 현재형이 온다.
8. 'in 1492' 는 과거형을 지시하므로 과거시제가 온다.
9. 시간을 나타내는 부사절(when ~)은 미래시제를 대신하여 현재시제를 쓴다.
10. 주절의 동사가 과거형(told)이므로 종속절의 시제도 과거형 조동사가 온다.
11. 조건을 나타내는 부사절(if ~) 은 미래시제를 대신하여 현재형을 쓴다.
12. 'last month' 가 과거를 나타내므로 동사는 과거형(went)이 온다.
13. 시간의 부사절 (when ~)의 동사는 현재형(comes)을 쓰지만, 주절은 원래대로 미래시제를 쓴다.
14. 조건절(if ~)은 미래시점을 기준으로 한다. 그러므로 주절은 미래완료(will/shall have pp) 시제가 온다.
15. 시간을 나타내는 'while ~ "은 과거의 사실을 말한다. 주절은 내용상 같은 시점을 말하므로 과거진행형이 가장 좋다.

002

1. 'last year' 는 과거형을 나타낸다.
2. 'by 2010' 은 미래의 시점을 나타내고 있다. 여기서 미래를 기준으로 완료 상태를 언급한다.
3. 시간의 부사절 (when ~)은 현재형이 미래를 대신한다.
4. 시제가 현재를 기준으로 과거로부터 현재까지의 일을 나타내므로 현재완료 시제가 옳다.
5. 전치사 for 나 접속사 since 는 완료시제와 함께 쓴다.
6. 'ago' 는 명백한 과거시제를 말하므로 동사는 과거형이 된다.
7. 내용상 만난 시점(met)보다 이전의 내용을 말하므로 과거이전의 사실을 나타낸다.
8. 'when ~ "은 과거의 시점을 나타낸다.
9. 'by ~ '는 미래의 시점을 나타내며, 주절은 그때의 완료 상태를 표시한다.
10. 시간의 부사절은 현재시제가 미래시제를 대신한다.

003

I want to tell you about Ken. He was my cousin. : 항상 불변의 사실이므로 현재

He comes here three years ago.: ago 는 항상 과거

Before he came here, he study linguistics in Chile. : 과거시제 이전을 말하므로 과거완료(또는 과거)

When he leaves Chile to come here, he came with four friends.: 과거사실이므로 과거형

They were studying English in Ohio.: 단순 과거의 사실이므로 과거시제

Then he went to New York and stayed there for two years.: 'for ~ '는 완료 시제를 나타낸다.

He graduated from New York University two months later.: 과거를 기준으로 '2달 후' 는 현재에 해당 된다.

Now he enjoys his last vacation at my home.: 틀린 곳 없음

After he graduate, he returns to Chile: 시간의 부사절은 현재형을 쓰고, 주절은 미래 시제를 쓴다.

STEP 53 〈정답〉 Actual Test

1. (B)	2. (B)
3. (A)	4. (C)
5. (D)	

해 설

53

1. by(~에 의해서)는 수동태임을 암시한다.
2. 문맥상 전화번호(telephone numbers)가 수록된 의미의 수동태이다.
3. 문맥상 그가 생각되어지는 수동태이다.
4. by(~에 의해서)는 수동태임을 암시한다.
5. 문맥상 일(work)이 행해지는 수동태관계이다.

STEP 54 〈정답〉 Actual Test

1. (B)	2. (C)
3. (C)	4. (D)
5. (C)	

해 설 54

1. 문맥상 주어(you)가 허락되지 않는 수동태이고 시제는 일반적의미인 현재를 쓴다.
2. 성(castle)이 지어지는 수동태이고 ago는 과거시제 표시한다.
3. 기계(machine)이 수리되는 수동태이고 right now는 현재진행이다.
4. 소포(package)가 보내지는 수동태이고 tomorrow는 미래를 나타낸다.
5. 금(gold)이 보관되는 수동태이고 for(기간)는 현재완료를 표시한다.

STEP 55~57 〈정답〉 Actual Test

1. (B)	2. (C)
3. (C)	4. (D)
5. (B)	

해 설 55~57

1. by(~에 의해서)는 수동태임을 암시한다.
2. 문맥상 주어(the baby)가 돌봄을 받고 있는 수동태이다.
3. 명령문의 수동태는 let+O+be+pp이다.
4. 목적어가 that절일 경우 수동태는 복문과 단문이 있는데 본문의 to be로 볼때 단문 수동태이다.
5. 지각동사가 수동태인 경우 to R가 나온다.

STEP 58 〈정답〉 Actual Test

1. (D)	2. (B)
3. (B)	4. (B)
5. (A)	

해 설 58

1. be surprised at(~에 놀라다)
2. be covered with(~으로 덮혀있다)
3. be satisfied with(~에 만족하다)
4. be known to(~에 알려지다)
5. 사역동사(have)의 목적어(tooth)가 동작을 받는 수동태구조다.

STEP 58 〈정답〉 확인 문제

001

1. delivered
2. satisfied
3. done
4. praised
5. elected
6. made
7. ran
8. is
9. surprised
10. interested

002

1. Mice are caught by cats.
2. A short story was written by me yesterday.
3. Lunch was being eaten by him.
(과거진행형 수동태)
4. A new watch was brought Jim by her.
5. He is said to be a liar.
= It is said that he is a liar.
(that 절이 목적절인 경우)
6. The chance was made use of by them.
(군동사의 수동태)
7. The baby was embarrassed by the sight.
8. He was called Uncle Tom by us.
9. He was helped to do his homework by me.
(사역동사 help의 수동태)
10. The boy will be accompanied by me.
(미래시제 수동태)
11. The door has been opened by Tom.
(현재완료시제 수동태)
12. The house will have been built by Jim.
(미래완료시제 수동태)
13. Mr. Shin was given an award by him.
= An award was given (to) Mr. Shin by him
(4형식의 수동태)
14. He is believed to have been honest.
= It is believed that he was honest.
(that 절이 목적절인 경우)
15. Mary has to be told about the plans by them.
(has to 는 조동사로 취급하여 조동사 뒤에 be pp 를 붙여 수동태를 만든다.)

003

1. is belonged → belongs
2. by → with
3. locates → is located
4. by → as
5. thought → thought of
6. known → known for
7. fix → be fixed
8. make → be made
9. shocked → shocking
10. stay → to stay

해 설 58

001

1. 과거시점(while ~) 의 능동적 행위를 나타낸다.
2. 감정동사 satisfy 는 사람이 주어이면 수동태형을 취I한다.
3. 현재완료 수동 구문(have/has been pp by~)
4. 과거수동구문
5. 과거시점의 능동구문
6. 사역동사 make 가 수동구문이 되면 to+make 가 된다.
7. last night은 과거이므로 run 의 과거형이 온다.
8. 감정동사(worry)는 사람이 주어이면 수동구문이 된다.
9. 감정동사(surprise)는 주어가 무생물이면 능동형이 된다.
10. 감정동사(interest)는 주어가 사람이면 수동 구문이 된다.

003

1. belong to는 상태를 나타내는 동사로 수동형이 없다.
2. be satisfied with: by 이외의 전치사 구문에 주의한다.
3. locate는 수동구문을 취한다.
4. '뽑히는 주체'가 아니라 '자격'을 나타내므로 by 가 아니라 as 가 좋다.
5. think of 는 1개의 군동사로 수동태가 될 때 함께 움직인다.
6. be known to: ~에게 알려지다
be known as: ~로 아려지다
be known for: ~로 유명하다
be known by: ~을 보고 구별하다
7. 부정사의 수동태: 〈to be pp〉
8. 주체는 사람이므로 이 문장은 수동태가 되어야 한다.
9. 감정동사(shock)는 무생물 주어일 때 능동형인 현재분사를 쓴다
10. 사역동사 make 는 수동태가 되면 보어로 쓰인 동사원형이 〈to 원형〉으로 된다.

STEP 59 〈정답〉 Actual Test

1. (A) 2. (C)
3. (D) 4. (C)
5. (B)

해 설 59

1. 주절의 동사가 could 이므로 가정법과거다.
2. If절의 동사가 could이므로 가정법과거가 들어간다.
3. 주절의 동사가 wouldn't이므로 가정법과거가 들어간다.
4. 주절의 동사가 could 이므로 가정법과거가 들어간다.
5. if절의 동사가 가정법과거(were)이므로 주절은 가정법과거가 답이다.

STEP 60 〈정답〉 Actual Test

1. (D) 2.(D)
3. (B) 4. (D)
5. (C)

해 설 60

1. 주절의 동사가 would have+pp(가정법과거완료)이므로 가정법과거완료가 답이다.
2. if절의 동사가 had+pp(가정법과거완료)이므로 주절은 가정법과거완료가 들어간다.
3. 주절의 동사가 would have+pp(가정법과거완료)이므로 가정법과거완료가 들어간다.
4. everyday는 현재이므로 가정법과거가 답이다.
5. last night는 과거이므로 가정법과거완료가 온다.

STEP 61~62 〈정답〉 Actual Test

1. (A) 2. (C)
3. (C) 4. (A)
5. (B)

해 설 61~62

1.가정법미래는 if~should이다.
2. 혼합가정형태로서 then은 과거를 표시하는 가정법과거완료다.
3. 혼합가정형태로서 now는 현재를 표시하는 가정법과거이다.
4. supposing은 if대용어로서 가정법과거다.
5. 순수가정으로서 if~were to가 들어간다.

STEP 61~62 〈정답〉 확인 문제

001

1. were
2. had
3. have saved
4. would feel
5. had gone
6. were
7. Were
8. finished
9. had not said
10. had not helped

002

1. have tried → had tried
2. would have → would be
3. With → Without
4. would → will
5. have gone → would have gone
6. therefore → otherwise
7. is → were
8. Be I were → Were I
9. had not gone → did not go
10. doesn't take → takes

003

1. I wish I could go there with you.
2. If I were not poor, I could buy a car.
3. If you had not got up late, you could (would) have caught the bus.
4. If he were not sick, he could climb the mountain.
5. If she had not caught a heavy cold, she could have gone to a movie with us.
6. She behaves as if she were rich.
7. If you had helped me (With your help), I could have done the work.
8. If John had been strong, he could have carried the package.
9. If she were not busy with her job, my mother would join the club.
10. I wish my grandmother had not died a long time before.

해 설 61~62

001

1. 가정법 과거(if ~ were, ~ would)
2. 가정법 과거(if ~ had, ~ would)
3. 가정법 과거완료(if ~had gone, ~ would have saved)
4. 가정법 과거(if ~ took, ~would)
5. I wish 가정법 과거완료(~ had pp)
   :(at that time은 과거이므로, 가정법은 과거완료를 쓴다.)
6. ~ as if 가정법 과거시제(now가 현재이므로 가정법은 과거를 쓴다.)
7. 가정법 과거: if I were you = were I you (가정법에서 if 가 생략되면 주어와 동사가 도치 된다.)
8. it is time+가정법 과거(과거형 동사 : 바로 ~ 할 시간이다.
9. I wish 가정법 과거완료(~ had pp): 앞 문장이 과거이므로, 가정법은 과거완료가 된다.
10. 가정법 과거완료(if ~ had (not) helped, ~ should have failed ~)

002

1. 가정법 과거완료: if ~ had pp, 주어 should(would) have pp
2. 혼합가정법: if 절은 과거사실에 대한 가정법 과거완료 시제 ~ had pp,
   주절은 현재사실에 대한 가정법 과거시제 ~ would.
3. 가정법 과거완료: without=if it had not been for: ~ 이 없었다면
4. 가정법 현재: if ~ 현재형동사, 주어 will~ .
5. 가정법 과거완료: if ~ had pp, 주어 would have pp
6. 직설법+otherwise+가정법: otherwise(그렇지 않았다면)
7. 직설법+as if+가정법: 직설법이 현재이므로, 가정법은 과거(과거형 be 동사)
   가정법의 과거형 be 동사는 were 이다.
8. if I were there=were I there: 가정법에서 if 가 생략되면 주어와 동사가 도치된다.
9. 가정법 과거: if ~ 과거형동사, 주어 would.
10. unless=if ~ not, unless 는 부정의뜻이므로 not 을

다시 쓰지 않는다.

003

1. I am sorry +직설법= I wish+ 가정법
   (직설법의 부정은 가정법에서는 긍정, 직설법의 긍정은 가정법의 긍정이다)
   직설법 현재=가정법 과거, 직설법 과거=가정법 과거완료
2~5. 가정법 과거: If 주어 과거형동사~, 주어 과거형조동사(would/could/might/should)
   가정법 과거완료: If 주어 had pp~, 주어 과거형 조동사(would/ could 등) have pp
6. 직설법+ as if + 가정법
   직설법이 현재이므로 가정법은 과거
7~10. 가정법 과거: If 주어 과거형동사~, 주어 과거형조동사(would/could/might/should)
   가정법 과거완료: If 주어 had pp~, 주어 과거형 조동사(would/ could 등) have pp

STEP 63 〈정답〉 Actual Test

1. (B)	2. (C)
3. (C)	4. (C)
5. (B)	

해 설 63

1. 빈칸은 문장의 주어로서 동명사가 들어간다.
2. 빈칸은 전치사의 목적어로서 동명사가 들어간다.
3. 빈칸은 동명사의 의미상주어인 소유격이 들어간다.
4. 빈칸은 전치사의 목적어로서 동명사가 정답이다.
5. 빈칸은 동명사의 의미상주어인 소유격이 들어간다.

STEP 64 〈정답〉 Actual Test

1. (B)	2. (C)
3. (A)	4. (D)
5. (C)	

해 설 64

1. 창문을 깬 동명사의 시제가 주절의 동사보다 빠르기 때문에 완료동명사를 쓴다.
2. 주어(the bird)가 동작을 받는 동명사는 수동형을 쓴다.
3. 전치사의 목적어로는 동명사를 쓴다.
4. 동명사의 시제가 주절의 동사보다 빠르기 때문에 완료형을 쓴다.
5. need 다음에 오는 능동형동명사는 수동을 의미한다.

STEP 65 〈정답〉 Actual Test

1. (C)	2. (B)
3. (A)	4. (C)
5. (D)	

해 설 65

1. finish는 목적으로 동명사가 온다.
2. enjoy는 목적어로 동명사가 온다.
3. mind는 목적으로 동명사를 쓴다.
4. consider는 목적으로 동명사를 쓴다.
5. forget은 목적어로 동명사를 쓴다.

STEP 66 〈정답〉 Actual Test

1.(C) 2. (B)
3. (A) 4. (B)
5. (C)

해 설 66

1. 동명사의 관용구로 feel like ~ing를 쓴다.
2. 동명사의 관용표현으로 have difficulty ~ing를 쓴다.
3. 동명사의 관용구로 be worth ~ing를 쓴다.
4. 동명사의 관용구로 부정에 without ~ing를 쓴다.
5. 동명사의 관용구로 spend+O+~ing를 쓴다.

STEP 66 〈정답〉 확인 문제

001

1. doing 2. having
3, studying 4. pushing
5. working 6. seeing
7. telling 8. being laughed
9. being invited 10. going

002

1. avoid answering
2. given up reading
3. having stolen
4. went on talking
5. need cleaning
6. help laughing
7. to driving
8. like going
9. of telling
10. good trying

003

1. to go → going
2. to sleep → sleeping
3. to laugh → laughing
4. start → starting
5. to understand → understanding
6. to lend → lending
7. have → having
8. to meet → meeting
9. to have → having
10. to play → playing

해 설 66

001

1~4. 전치사 뒤에는 동명사가 온다.
5. stop+동명사(~ing)= ~을 그만두다.
stop+부정사(to+원형동사)= ~하기 위해 멈추다.
6. remember+동명사(~ing)= (과거의 일)~ 했었던 것을 기억하다.
remember+부정사(to+원형동사)=(미래의 일) ~할 것을 기억하다
7. avoid(피하다)+동명사(~ing)
8. 동명사의 수동태: being+pp(과거분사)
9. 동명사의 수동태: being+pp(과거분사)
10. consider(고려하다)+동명사(~ing)

002

1. avoid(피하다)+동명사(~ing)
2. give up(포기하다)+동명사(~ing)
3. 동명사의 완료형: having+pp
4. go on ~ing: 계속 ~ 하다.
5. 무생물+need+~ing=무생물+need+ to+ be+ pp
6. cannot help ~ing: ~하지 않을 수 없다
7. be used to~ing: ~에 익숙하다
8. feel like ~ing=feel inclined to=~하고 싶은 기분이다.
9. accuse A of ~ ing: A 에게 ~을 고소하다
10. It is no good ~ing: ~하는 것은 소용없다

003

1) I'm looking forward to go home next week.
2) I'm accustomed to sleep with the window open.
3) He told a really funny joke. I couldn't stop to laugh.
4) Sometimes he put off start his homework.
5) I have trouble to understand Jennifer when she speaks. She talks too fast.
6) I regret to lend him some money. He never paid me back.
7) What's the point of have a car if you never use it?

8) I can remember to meet him when I was a child.
9) He denied to have been there the day before yesterday.
10) What do you say to play tennis with me?

STEP 67~68 〈정답〉 Actual Test

1. (B) 2. (B)
3. (C) 4. (B)
5. (C)

해설 67~68

1. 빈칸은 앞의 명사(inventions)를 꾸미는 형용사적부정사가 온다.
2. 빈칸은 목적을 나타내는 부사적부정사가 온다.
3. 빈칸은 주어자리로서 명사적부정사를 쓴다.
4. 빈칸은 목적보어자리로서 형용사적부정사가 온다.
5. 빈칸은 앞의 형용사(good)를 수식하는 부사적부정사를 쓴다.

STEP 69 〈정답〉 Actual Test

1. (C) 2. (D)
3. (A)

해설 69

1. to부정사의미상주어는 for~로 표시한다.
2. to부정사의의미상주어는 사람의 성질형용사(foolish)가 올 때는 of~로 표시한다.
3. it~to R 구문에서 앞에 사람의 성질형용사(careless)가 올 때는 of로 표시한다.

STEP 70 〈정답〉 Actual Test

1. (A) 2. (C)
3. (C)

해설 70

1. 종속절의 시제가 주절보다 빠르므로 완료부정사를 쓴다.
2. when young 시제가 주절보다 이전이므로 완료형을 쓴다.
3. want의 목적어(package)가 문맥상 보내지는 수동관계이므로 목적보어는 수동형 to부정사를 쓴다.

STEP 71 〈정답〉 Actual Test

1. (B) 2. (C)
3. (C) 4. (B)
5. (A)

해설 71

1. refuse는 목적어로서 to부정사가 온다.
2. promise는 목적어로서 to부정사가 온다.
3. fail은 목적어로서 to부정사를 취한다.
4. allow는 목적보어로서 to부정사가 온다.
5.help동사는 목적보어로서 원형부정사나 to부정사가 온다.

STEP 72 〈정답〉 Actual Test

1. (A)　2. (D)
3. (C)

해　설 72

1. to부정사부정은 not to부정사를 쓴다.
2. want to(go out)의 대부정사를 쓴다.
3. too~to(너무~해서~할 수 없다)용법구문이다.

STEP 72 〈정답〉 확인 문제

001

1. not to　2. to pass
3. to talk　4. to have lost
5. to attract　6. to post
7. to help　8. feel
9. to wait　10. to

002

1. for you → of you
2. He is difficult to understand the story. → it is difficult for him to understand the story.
3. get → to get
4. to return → to be returned
5. to cry → cry
6. to lift her → to lift
7. strong enough → enough strong
8. to tell → tell
9. to have painted → to have been painted
10. to admit → admit

003

1. to park　2. to answer
3. asking　4. to see
5. to know　6. to use
7. to leave　8. to drive, to take
9. doing　10. to do

해　설 72

001

1. 부정사의 부정어는 바로 앞에 온다.
2. expect 와 같은 기대 동사는 부정사 to 가 온다.
3. tend to~: ~ 하는 경향이 있다.
4. 동사 seem은 현재, lost는 과거이므로 한 시제가 앞선 것은 완료시제(to have pp)로 표시한다.
5. fail to~: ~ 하지 못하다.
6. forget to~ : ~ 할 것을 잊어버리다.(미래사실)
   forget ~ing: ~했던 것을 잊어버리다.(과거사실)
7. get(사역동사)+ 사람+ to 원형= ~에게 ~을 시키다.
8. make 는 사역동사이므로 뒤에 원형부정사가 온다.
9. 사역동사(make)가 수동태로 바뀔 때, 보어로 쓰인 원형부정사는 to+원형부정사로 바뀐다.
10. remember to~ : ~ 할 것을 기억하다.(미래사실)
    remember ~ing: ~ 했던 것을 기억하다.(과거사실)

002

1. nice와 같이 사람의 성질을 나타내는 형용사가 오면, 의미상의 주어는 'of+의미상의 주어'가 된다. kind(친절한), cruel(잔인한), good(착한) 등이 해당된다.
2. "difficult, necessary, easy, possible", 등은 사람을 주어로 쓰지 않는다.
   가주어 it을 사용하여 'it is ~ for~ to' 의 패턴을 취한다.

[주의] He is difficult to please(o) :
이런 문장은 주어 he가 동사 please의 목적어 역할을 한다. (그를 즐겁게 한다는 것은 어렵다.)

3. 지각동사(see)가 수동태로 될 때 보어로 쓰인 동사는 to 가 붙는다.
4. 부정사의 수동태: to be pp (과거분사)
5. do nothing but 원형: ~하기만 한다.
6. lift(들어 올리다.)의 목적어는 문장의 주어자리에 있는 Jane 이다. 그러므로 lift 의 목적어를 별도로 쓰지 않는다.
7. '형용사+enough' 의 어순에 주의한다.

8. had better 원형: ~하는 편이 더 낫다.
9. 부정사의 완료 수동: to have been pp(과거분사)
10. cannot but 원형: ~하지 않을 수 없다.

003

1. allow A to B: A 가 B 하도록 허가하다.
2. refuse to: ~하기를 거부하다.
3. stop~ing: ~하는 것을 중단하다.
4. hope to: ~하기를 바라다.
5. pretend to: ~한 채 하다.
6. encourage A to B: A 가 B 하도록 격려하다.
7. permit A to B; A 가 B 하도록 허락하다.
8. prefer A(~ing) rather than B(~ing): B 보다는 A 를 더 좋아하다.
9. remember ~ing: ~ 했던 것을 기억하다. (과거사실)
10. forget to~ : ~ 할 것을 잊다. (미래사실)

STEP 73 〈정답〉 Actual Test

1. (A) 2. (B)
3. (C) 4. (C)
5. (D)

해 설 73

1. '학생들' 과 '원하다' 의 분사는 능동관계이므로 현재분사를 쓴다.
2. '사람들' 과 '기다리다' 의 분사는 능동이므로 현재분사를 쓴다.
3. '돈' 과 '훔치다' 의 분사는 수동관계이므로 과거분사를 쓴다.
4. '피자' 와 '제공하다' 의 분사는 수동관Pdlamfh 과거분사를 쓴다.
5. '작물' 과 '사용하다' 의 분사는 수동이므로 과거분사가 온다.

STEP 74 〈정답〉 Actual Test

1. (A) 2. (C)
3. (D) 4. (C)
5. (C)

해 설 74

1. 주어(It)가 지루하게 하는 능동관계이므로 현재분사를 쓴다.
2. 주어(Tom)이 만족되는 수동관계이므로 과거분사가 온다.
3. 주어(door and window)가 닫혀있는 수동이므로 과거분사를 쓴다.
4. 목적어(him)가 편지를 쓰는 능동이므로 현재분사를 쓴다.
5. 목적어(old man)가 수동관계임을 by가 나타내므로 과거분사가 온다.

STEP 75 〈정답〉 Actual Test

1.(C) 2. (B)
3. (B) 4. (C)
5. (B)

해 설 75

1. 분사구문의 의미상주어는 주절의 주어(student)이므로 능동형분사구문이 온다.
2. 분사구문의 의미상주어는 주절의 주어 (Bill)이므로 능동형분사구문이 온다.
3. 분사구문의 의미상주어는 주절의 주어(spy)이므로 능동형이 온다.
4. 분사구문의 의미상주어는 주절의 주어(guest)와 수동관계이므로 수동형분사구문이 온다.
5. 분사구문의 의미상주어는 주절의 주어(gallery)와 수동관계이므로 수동형분사구문의 온다.

STEP 76~77 〈정답〉 Actual Test

1. (C)
2. (C)
3. (B)
4. (C)
5. (C)

해 설

76 ~ 77

1. 무인칭독립분사구문으로 "엄격히 말해서(C)"가 답이다.
2. 분사구문의 시제가 주절보다 빠르기 때문에 완료분사구문을 쓴다.
3. 분사구문의 시제가 주절의 시제보다 빠른 완료분사구문을 쓴다.
4. 분사구문의 의미상주어가 독립분사구문인 The job과 수동분사구문을 쓴다.
5. 분사구문의 시제가 주절보다 이전이고 분사구문의 부정은 not을 I 앞에 붙인다.

STEP 77 〈정답〉 확인 문제

001

1. hidden
2. surprised
3. crossing
4. insulted
5. arriving
6. arriving
7. following
8. considering
9. not knowing
10. painted
11. exciting
12. amazed
13. bored, boring
14. having finished
15. considered

002

1. I hurt my hand playing baseball.
2. Having bought our tickets, we went into the concert hall.
3. Not knowing her phone number, I couldn' t contact her
4. Having travelled a lot, Jane knows much about other countries' culture
5. Feeling tired, I went to bed early.
6. Having done the shopping, I went for some coffee.
7. Having known of your arrival, I would have met you.
8. Admitting what you say is true, I still don' t believe it.
9. It rained all the time, completely ruining our road.
10. Having studied for the exam well. I got good records.

003

1. escaped → escaping
2. speaking → spoken
3. closing → closed
4. Felt → feeling
5. having not → not having
6. crossing → crossed
7. do → is
8. written → writing
9. disappointing → disappointed
10. attended → attending

해 설

77

001

1. hidden books: '숨겨져 있는 상태의 책들' (수동이나 상태관계는 과거분사를 쓴다.)
2. 주어가 사람일 경우 감정동사(surprise)는 수동형(과거분사)을 쓴다.
3. David(목적어)가 도로를 건너는 것은 능동관계이므로 현재분사를 쓴다.]
4. 주어가 사람 일 때 감정동사(insult)는 과거분사를 쓴다.
5. 주어인 I 와 arrive 는 능동관계이므로 현재분사가 온다.
6. 동사 arrive 는 자동사로 기차(train)가 도착하는 것은 능동관계. 현재분사가 맞다.
7. "with her dog following her"= 그녀의 개가 그녀를 따라가면서
 개가 그녀를 따라 가는 것은 능동관계이므로 현재분사가 온다.
8. 주어인 she와 consider는 능동관계이다. 현재분사가 분사구문을 유도한다.
9. 분사의 부정어는 분사 바로 앞에 놓인다.
10. have(사역동사) +목적어(사물)+ 과거분사(수동관계): ~하도록 만들다/ ~ 을 당하다.
 have(사역동사) + 목적어(사람) +원형동사(능동관계): ~하도록 시키다.
11. 주어가 무생물일 때, 감정동사(excite)는 능동형이 된다.
12. 주어가 사람일 때, 감정동사(amaze)는 수동형이 된다.
13. 주어가 사람일 때, 감정동사(bore)는 수동형이 된다.
14. 동사 finish의 시제가 하나 앞서 있으므로 완료시제(having pp)가 된다.
15. "모든 것이 고려되어 질 때" all things 와 consider는 수동관계이다.(When all things are considered)

002

분사 구문 만드는 방법
1) 접속사를 생략한다.
2) 동사를 분사로 만든다.
3) 주어가 주절과 종속절이 다를 때, 각각 쓴다.
4) 시제가 앞서있는 부분은 완료형을 쓴다. 완료형은 <having pp>이다.
5) 분사의 부정어는 분사 바로 앞에 둔다.

003

1. '도망가는(escaping) 죄수(prisoner)'; 능동관계이므로 현재분사가 된다.
2. '~language which is spoken in Canada'; 캐나다에서 쓰여 지는(spoken) 언어(language); 수동관계는 과거분사가 된다.
3. had +목적어(사물/신체의 일부)+ pp(과거분사): ~하도록 만들다
4. 주어 I 와 분사구문의 동사(feel)는 능동관계이므로 현재분사형이 온다.
5. 분사의 부정어는 분사 바로 앞에 온다.
6. 부대상황: with+목적어(신체 일부=my legs)+pp(과거분사=crossed)
7. 분사구문의 강조
 현재분사+as+주어+do(does)
 과거분사+as+주어+is(are)
8. "주어(I)는 편지를 쓰고(write) 난 후"('내가 편지를 쓰는 것'은 능동관계이므로 현재분사)
9. "~ see you disappointed": '당신(you)이 실망하다(disappoint)'에서 감정동사(disappoint)는 사람이 의미상 주어일 때 과거분사가 된다.
10. "the people (who is) attending the meeting": '회의에 참석하는 사람들(능동 관계)

STEP 78 〈정답〉 Actual Test

1. (A) 2. (C)
3. (D) 4. (A)
5. (C)

해설 78

1. know의 목적어인 접속사 that가 필요하다.
2. know의 목적어이면서 bought의 목적어인 의문사가 들어간다.
3. 주어인 명사절접속사인 whether~or not이 들어간다.
4. think의 목적어인 접속사 that가 필요하다.
5. 빈칸은 직접목적어인 명사절인 의문사가 들어간다.

STEP 79 〈정답〉 확인 문제

001

1. what the teacher said: 동사 hear의 목적어
2. Where Alex went: 주어
3. what Jennifer does: 전치사 about의 목적어
4. What he said: 주어
5. where she lives: 동사 tell의 목적어
6. which one she wants: 동사 ask의 목적어
7. how much it costs: 동사 know의 목적어
8. if he needs help: 동사 wonder의 목적어
9. Whether she comes or not: 주어
10. why Jim was late: 동사 wonder의 목적어

002

1. does he want → he wants
2. that what did I intend → what I intended
3. What did a student tell → what a student told
4. what it was the purpose of our meeting → what the purpose of our meeting was
5. Whoever he wants → Whoever wants
6. wherever does she want → wherever she wants
7. why are they → why they are
8. who is your advisor → who your advisor
9. whomever do I meet → whomever I meet
10. is → was

해설 79

002

1. 간접의문문= 접속사(의문사) + 주어 + 동사
간접의문문은 동사의 목적어절로 의문사로 연결된 문장이다.
"tell me where he wants~"
2. 간접의문문에서 의문사는 접속사 역할을 포함하며, 주어+동사의 어순을 지킨다.
3. 간접의문문: 의문사+주어+동사
4. 간접의문문: 의문사+주어+동사: it=the purpose of our meeting, it은 중복되므로 생략한다.
5. 복합관계대명사 whoever는 주어역할을 하므로 he 는 제거해야 한다.
6. "복합관계부사 +주어+ 동사" 의 어순에 주의.
7. 관계부사+ 주어+동사
8. 간접의문문: "who+주어+동사" 는 동사 know의 목적절.
9. 복합관계사+주어+동사
10. 주절이 과거형(said)이므로 종속절의 동사도 과거형(was)이 된다.

STEP 80~81 〈정답〉 Actual Test

1. (D) 2. (B)
3. (C) 4. (C)

해설 80~81

1. 선행사가 사람이고 빈칸은 주어이므로 주격관계대명사가 필요하다.
2. 선행사가 사물이고 빈칸은 주어이므로 주격관계대명사가 들어간다.
3. 선행사가 사물이고 빈칸은 명사(owner)를 꾸미는 소유격이 필요하다.
4. 선행사가 사람이고 빈칸은 타동사(meet)목적어인 목적격이 들어간다.

STEP 82	〈정답〉 Actual Test
1.(D)	2. (B)
3. (A)	4. (D)
5. (C)	

해설 82

1. 선행사에 최상급이 올 때 관계대명사 that을 쓴다.
2. 주절에 의문사가 올 때 관계대명사 that을 쓴다.
3. 선행사에 서수가 올 때 관계대명사 that을 쓴다.
4. what is called 소위 (이른바).
5. 선행사가 없기 때문에 관계대명사 what이 들어간다.

STEP 83	〈정답〉 Actual Test
1. (C)	2. (B)
3. (C)	4. (B)
5. (B)	

해설 83

1. 선행사가 사물이고 live뒤에는 전치사 in이 온다.
2. 선행사가 사물이고 interested 뒤에는 in이 온다.
3. 선행사가 사람이고 빈칸은 소유격관계대명사이면서 proud of가 온다.
4. 선행사가 사람이고 빈칸은 전치사의 목적어인 목적격이 온다.
5. 선행사가 사물이고 빈칸은 전치사의 목적어인 목적격이 온다.

STEP 84	〈정답〉 Actual Test
1. (C)	2. (B)
3. (C)	

해설 84

1. 선행사를 포함한 복합관계대명사가 들어간다.
2. 선행사를 포함한 복합관계대명사가 들어간다.
3. 선행사를 포함한 복합관계대명사로서 문맥상 「무슨 일이 발생하더라도」whatever가 들어간다.

STEP 85	〈정답〉 Actual Test
1. (C)	2. (D)
3. (C)	

해설 85

1. 유사관계대명사로서 the same~as가 온다.
2. 유사관계대명사로서 more~than이 온다.
3. 유사관계대명사로서 선행사에 부정어가 올 때 but(that~not)을 쓴다.

STEP 86	〈정답〉 Actual Test
1. (B)	2. (C)
3. (D)	

해설 86

1. 선행사가 시간(year)인 관계부사 when이 온다.
2. 선행사가 장소(park)인 관계부사 where가 필요하다.
3. 선행사가 포함되고 문맥상 장소인 복합관계 부사 wherever가 온다.

STEP 86 〈정답〉 확인 문제

001

1. A boy who is now in hospital was injured in the accident.
2. I liked the woman whom I met at the last night.
3. The topic about which(that) Amy talked was interesting.
 = The topic that (which) Amy talked about was interesting.
4. I am reading a novel which(that) was written by Alex.
5. The girl whose wallet was stolen called the police.
6. The city in which I grew up is large.
7. I met the woman whose husband is the president of the company.
8. Mr. Shin about whom I was telling you is standing over there.
 = Mr. Shin whom I was telling you about is standing over there.
9. My uncle to whom I spoke gave me good advice.
10. I apologized to the lady whose milk I spilled.

002

1. whose 2. whom
3. which 4. that
5. what 6. whom
7. as 8. than
9. why 10. where
11. whoever 12. whomever
13. what 14. whose
15. where

003

1. 케네디는 두 벌의 재킷을 입어보려고 했다. 그리고 두 벌의 재킷 중 어떤 것도 그에게 어울리지 않았다.
2. 너는 네가 좋아하는 책은 무엇이나 읽을 수 있다.
3. 나는 그들에게 내가 가지고 있는 모든 돈을 다 주었다.
4. 나의 개는 내가 가는 곳이면 어디나 나를 따라다닌다.
5. 성공을 바라지 않는 사람이 어디 있겠는가?

해 설

86

001

*관계대명사로 문장을 연결 할 때 주의 할 사항.
1. 공통된 부분을 관계대명사로 바꾼다.
2. 전치사가 있는 경우, 전치사와 관계대명사를 연결하여 문장을 쓴다.
3. 관계대명사의 격에 주의 한다.

002

1. 선행사가 사람이고, 뒤에 명사가 나올 경우 소유격이 된다.
2. 선행사는 사람이고, 전치사 뒤에 나오는 것은 목적격 관계대명사가 된다.
3. 선행사가 사물이고, read의 목적격.
4. 선행사에 only가 있으면 관계대명사는 that 이다.
5. 선행사가 포함된 관계대명사는 what(the thing which) 이다.
6. 선행사가 사람이고, 전치사 of 의 목적격이므로 whom 이다.
7. such ~ as + 동사: as는 유사관계대명사 역할을 한다.
8. more ~ than + 동사: than 은 유사관계대명사 역할을 한다.
9. 관계부사 why: 선행사가 reason(이유)일 때 – why=for which
10. 관계부사 where=in which
11. 복합관계대명사 주격: whoever+동사
 whoever wants it(그것을 원하는 사람은 누구든지)
12. 복합관계대명사 목적격: whomever
 whomever you like(네가 좋아하는 사람이면 누구나 다)
13. 선행사가 포함된 관계대명사: what=the thing which
14. 관계대명사의 소유격: whose
 선행사가 사람이고, 명사가 뒤에 나오면 소유격이 온다.
15. 선행사가 장소(the place)인 관계부사=where(in which)

003

1. none of which: which=two jackets
2. whatever book you like: whatever+명사~(~ 하는 것 무엇이든지)
3. what+명사~: all the +명사(모든 것)
4. wherever I go: 내가 가는 곳 어디든지
5. but= that ~ not(~ 하지 않는)

STEP 87~88 〈정답〉 Actual Test

1. (C)
2. (A)
3. (B)
4. (B)
5. (A)

해설 87~88

1. 동등배교는 as 원급 as를 쓴다.
2. 우열비교는 more~than을 쓴다.
3. the+비교급 of the two 구문이다.
4. 라틴어비교급은 than의미로 to를 쓴다.
5. 동일인의 비교는 more를 쓴다.

STEP 89~90 〈정답〉 Actual Test

1. (C)
2. (A)
3. (B)
4. (B)
5. (C)

해설 89~90

1. 셋 이상(in the river)비교에서는 최상급을 쓴다.
2. 셋 이상(in Korea)비교에서는 the+최상급을 쓴다.
3. 비교급 than any other+단수명사는 최상급의미를 갖는다.
4. 비교급 than any other+단수명사는 최상급의미다.
5. 비교급의 관용표현으로 「더욱이, 하물며」의미로 much[still] more를 쓴다.

STEP 90 〈정답〉 확인 문제

001

1. cheaper
2. most expensive
3. more comfortable
4. youngest
5. best
6. more patient
7. happiest
8. most important
9. well
10. higher

002

1. richest → the richest
2. boys → boy
3. than → to
4. kinder → more kind
5. better → the better
6. taller → the taller
7. the cheaper → cheaper
8. harder → the harder
9. than → as
10. than → to

003

1. 그는 교수라기보다는 소설가이다.
2. 정크 푸드는 유기농 식품보다 더 못하다.
3. 나는 그의 결점 때문에 더욱 더 그를 좋아한다.
4. 이 반에서 어떤 아이도 톰보다 크지 않다.
5. 그는 적어도 2,000원을 나에게 주었다.
6. 고래가 물고기가 아닌 것은 말이 물고기가 아닌 것과 같다.
7. 나는 겨우 500원을 갖고 있다.
8. 그녀는 결코 그렇게 할 사람이 아니다.
9. 시간은 어떤 다른 것보다 소중하다.
10. 그는 지금까지 살았던 누구에도 못지않은 정치가이다.

해설 90

001

1. 비교급(원급+–er)+than: '~보다 더 ~한'
2. 〈the 최상급+명사+ in ~〉 : '~에서 가장 ~ 한' (최상급: 3음절이상의 최상급은 most 를 이용한다)
3. prefer A to B: 'B 보다 A 를 더 좋아하다'. more comfortable(3음절 이상의 비교급)
4. the 최상급 in~ : '~에서 가장 ~ 한'
5. the 최상급 (that) 주어 have had~: '지금까지

~했던 것 가운데 가장 ~한'
6. much 비교급 than~: '~보다 훨씬 ~한' (much 는 비교급 강조)
7. the 최상급 + of+ 명사: '~ 가운데 가장 ~ 한'
8. the 최상급 (that) 주어 have had~: '지금까지 ~했던 것 가운데 가장 ~한' 3음절 이상의 최상급은 most를 붙인다.
9. as 원급 as 주어 can: '~ 할 수 있는 만큼 ~하게(원급)'
10. the 비교급 주어 동사, the 비교급 주어 동사: '~ 하면 할수록, 그만큼 더 ~하다'.

002

1. 최상급 앞에는 정관사 the 를 붙인다.
2. 최상급= 비교급+than+any+other+단수명사
3. superior to: (~보다 우월한)
4. 동일인의 성질비교: 같은 사람의 상대적 성질비교는 2음절이하의 단어에도 more를 이용해 비교급을 만든다.
5. the 비교급, the 비교급: ~하면 할수록, 더 ~ 하다.
6. the+비교급+of the two: 둘 중에 더욱 ~ 한
7. 비교급+than+all the 복수명사=최상급
8. the+비교급+이유(because): ~ 때문에 더욱 ~ 하다.
9. no+so+원급+as~= 최상급(~ 처럼 ~ 한 것(원급)이 없다.
10. senior to: ~ 보다 나이가 많은

003

1. not so much A as B: A 라기 보다는 B 이다.
2. inferior to: ~ 보다 못한
3. all the better for: ~ 때문에 오히려 더 좋아하다.
4. no+비교급+than~= 최상급(~보다 더 ~ 한 것은 없다)
5. not less than= at least= 적어도
6. 주어+no more A than B: '주어가 A 가 아닌 것은B 가 아닌 것과 같다.'
7. no more than =only (단지 ~ 한)
8. the last +man+ to ~ : ~ 할 사람이 아니다.
9. more than any other+명사: '어떤 다른 것 보다 도 더 ~ 한'
10. as+원급+as ever: 지금까지 ~ 한 것처럼 ~ 하게(최상급)